Les dix rois de la mer

ÉTATS-UNIS
GOLFE DU MEXIQUE
Golfe de Campêche
Bouches du Mississipi
Baie Chandeleur
Baie Apalache
FLORIDE
S. AUGUSTIN
Charlstown
Savannah
Tropique du Cancer
G. de Juan Ponce de Leon
Ressifs de la Floride
DÉTROIT DE LA FLORIDE
ILES LUCAYES
Petit Banc de Bahama
Canal de la Providence
Grand Banc de Bahama
VIEUX CANAL DE BAHAMA
DÉTROIT DE CORDOVA
C. Corrientes
C. St. Antonio
I. de Pinos
G. de Nagua
GRANDES ANTILLES
MER DES ANTILLES
MERIDA
Valladolid
Campêche
ANGLAIS
Honduras
Roatan
Guanaya
Delgado ou Honduras
C. Camaron
GUATIMALA
Pte de Guatimala
Pte de los Remedios
Suchitepec
Sacatecoluca
St. Miguel
G. de Fonseca
Realejo
Leon
Lac Nicaragua
Granada
G. de Papagayo
CARTHAGO
Nicoya
G. de Nicoya
G. Dulce
Anse de Montijo
G. de Parita
G. de Matina
Newfields
Grâcias à Dios
Serrana
Sta. Catalina
Alburquerque
Bane de la Bivore
Cascabel
Pte de Pedro
Jamaique
Cayman
TERRE FERME
ISTHME
G. DE PANAMA
G. de Darien
ANSE
NOUV. CAN. DE BAHAMA
Cayo de Sal
Alacranes
Bermeja
Cozumel
Baie de l'Ascension
Golfe de Campêche
Longitude Occidentale du Méridien de Paris

Carte Particulière
DES ANTILLES
et
du Golfe du Mexique
avec l'Isthme de Panama,
Par L. Vivien Géographe.
Gravée par Giraldon-Bovinet.
1825.
PARIS
Chez Ménard et Desenne, Rue Git le Cœur, N°. 8.
Tropique du Cancer
ATLANTIQUE
BAHAMA
Debonq.t de S.t Domingue
Canal de Mona
Porto Rico
Passe de Sombrero
PETITES ANTILLES
Guadeloupe
Dominique
Martinique
Barbade
ANTILLES
ILES SOUS LE VENT
G. de Venezuela
la Guaira
Lac de Maracaibo
Canal de la Trinité
Trinité
G. de Paria
Cumana
Angostura
GRENADE

Matanilla Reefs
Grand Cays
Roder Rocks
Canter Cay
Pensacola Cay
Spanish Cay
Little Bahama Bank
Seal Cays
Little Abaco
Settlement P.t
Great Bahama (British)
Great Abaco
Moose I.
The Everglades
Gulf Stream
Providence Channel N.W.
Providence Channel N.E.
G.t Isaac
BIMINI
Bemini I.s
Gun Cay
C. Florida
Harbour Cay
Berry I.s
Abaco L.H.
Royal I.
Pimlico I.s
Current I.
Sandy Cay
Key Large
New Providence
Nassau
Orange Cay
Andros
Sail Rocks
Bay
Reefs
Channel
Tongue of the Ocean
Waxi Cay
Exuma
Big Wood Cay
Cistern Cay
Great Islands (British)
Dog Rocks
Santaren Channel
Green Cay
Great Guana Cay
Espiritu Santo
WARDRICK WELLS CAY
Shot Cay
Cay Sal Bank
Cay Sal
Curly Cuts Cays
Anguilla I.s
Nicholas Channel
Bahama Bank
Wolf Rock
Cayo Verde
GUINCHOS CAY
Ginger Cay
Cayo Fragosa
Cayos S. Maria
Cayo del Coco
C. Paradon Grande L.H.
Lobos Cay
Cayo
Cayo Cruz
Cayo Romano
Diamond P.t
South H.d
Old Bahama Channel
Guajaba I.
Flamingo
Sagua la Grande
Alvarez
S. Juan de los Remedios
Villa Clara
Cienfuegos
Camarones
Guaracabulla
Moron
S. Espiritu
Ciego de Avila
Trinidad
La Guanaja
Cayo del Sabinal
P. Manati
P. Malagueta
Puerto Principe
S. Miguel de Nuevitas
C. Tarza
Cayos de Ana Maria
Cayo Breton
S. Pedro
Sibanicu
Guaimaro
Guaimarillo
Las Tunas
Holguin
CUBA (Spanish)

CAYAS
OR
BAHAMA
ISLANDS
Cat Island (Supposed S. Salvador)
Watlings Island (Guanahani or S. Salvador)
Landfall of Columbus October 12th 1492
Conception
Rum Cay
Long Island
Hog Cay
Crooked 1st Passage
Samana or Attwood Cay
Crooked I.
Pitts town
Fortune I.
Planas or French Cays
Mariguana
Acklin Island
Diana Bank
Nurse Cay
Racoon Cay
Gr. Ragged I.
Columbus Bank
Miraporvos
Castle I.
Cay Verd
Caicos Passage
N. Caicos
Grand Caicos
Lorimer's Creek
East Caicos
Providenciales I.
Cuidado
W. Caicos
Caicos Bank
Hogsty Reef
Cay S. Domingo
Little Inagua
Amberyris Cays
Grand Turk
Turk
Endymion Shoal
Ocean Bight
Great Inagua
Man of War B.
Statira Shoal
P. Yaguaneque
O

ISBN : 2-86276-179-6

Jacques et Pierre MAYOL

Les dix rois de la mer

Roman

EDITIONS JEANNE LAFFITTE
MARSEILLE

« Le Monde réel et le monde révélé par nos sens ne sont pas des choses différentes mais des aspects différents de la même chose. »

(Pensée Zen)

AVANT-PROPOS

Ce récit d'aventures n'est pas totalement le fruit de votre imagination. Il est basé sur certains événements réels et se déroule dans des sites géographiques qui existent, faisant revivre des personnages que nous avons rencontrés et connus. Pour ma part, je me suis installé à Miami en 1956, et c'est quelques années plus tard que j'ai pu me lier d'une amitié qui n'a de cesse de nos jours avec le Professeur Manson Valentine, de l'Université de Caroline du Nord, biologiste, paléontologue, zoologue, spécialiste des cultures Maya et pré-Maya, qui a aiguisé ma curiosité quant aux vestiges de ce qu'il appelle une « civilisation précataclysmique » dans la région des Iles Bahamas, des Iles Turks and Caicos où je suis actuellement domicilié, et des Caraïbes.

Les médias du monde entier ont parlé, souvent en termes incrédules, de ses nombreuses découvertes auxquelles j'ai maintes fois participé. Leurs origines demeurent inconnues et ce cher Manson, qui s'approche de ses quatre-vingt-dix printemps, refuse toujours d'y associer le nom de la mythique Atlantide.

Entre nous soit dit, il continue cependant (comme nous-mêmes et tant d'autres plongeurs) à en rêver. C'est donc en pensant à lui et à tous les rêveurs que mon frère et moi avons écrit ce livre.

Puissiez-vous y retrouver certaines des résonnances du Grand Bleu...

Ce monde a toujours appartenu et continuera à appartenir aux vrais rêveurs.

C'est donc à eux, à Manson Valentine et à tous ceux qui, comme lui, ont le courage de voir au-delà des « choses établies » que nous dédions « Les Dix Rois de la Mer ».

Jacques Mayol
Belle Sound
South Caicos
West Indies

Pierre Mayol
La Bouilladisse
Provence
France

Le 10 mai 1989

AVANT-PROPOS

PREMIERE PARTIE
Marseille, 21 janvier 1943

CHAPITRE PREMIER

– Nous y sommes.

Kurt arrêta les deux autres d'un geste.

Un instant ils restèrent immobiles dans la nuit.

La journée avait été longue, très longue, pour le jeune et ambitieux Capitaine de Corvette de la Kriegsmarine, Kurt Müller.

Durant tout cet après-midi, dans ces quartiers vétustes du Vieux-Port, il avait ressenti l'hostilité que sa présence, et surtout celle de ses deux compagnons membres du S.D. * avaient soulevée sur leur passage. Malgré leurs vêtements civils, l'officier et ses deux gardes de corps n'étaient pas passés inaperçus dans le dédale des vieilles rues, tantôt grouillantes, tantôt désertes.

Kurt s'en rendait compte maintenant : leur tentative de s'intégrer à cette foule bigarrée n'avait été qu'un échec. Les longs manteaux de cuir gris de son escorte et son propre imperméable bleu de la Marine, pourtant dénué d'insignes, ses cheveux blonds coupés en brosse et l'allure trop typée des deux autres, les avaient trahis.

Cols relevés et bord des chapeaux mous rabattus, ils attendaient dans la nuit devant la voiture rangée côté mer, tous feux éteints. Puis Kurt, le seul à être resté tête nue ouvrant la marche, ils traversèrent le Quai et, par la rue des Martegales franchirent le rideau des premières maisons vers la place de Lenche et les Accoules.

Là, devait se trouver leur objectif qu'ils avaient en partie localisé de jour. Insensiblement ils avaient ralenti.

Un peu plus haut devant eux, des marches aux bords arrondis par l'usure des pas au cours des siècles, coupaient l'étroite ruelle. Du milieu affaissé de ces escaliers un mince

---

*. S.D. : Sicherheit Dienst : Services de Sécurité allemands.

filet d'eau s'écoulait en suivant la pente. Un courant d'air froid et humide descendait maintenant des hauteurs de la butte et n'apportait, à leurs oreilles exercées, d'autres bruits que ceux de la nuit.

Une nuit de guerre, triste et morte.

Dans ce silence, l'eau bruissait. Sale, elle miroitait pourtant dans la pénombre. Le grincement d'un volet qui battait leur fit lever la tête.

Draps, chemises et pantalons accrochés après la lessive en travers de la rue, se balançaient dans le noir. Aucune lueur derrière les volets clos. Les habitants de ce quartier si turbulent de jour, devaient redouter les sanctions du couvre-feu, ou plus simplement, l'ennui et les restrictions les poussaient à se coucher tôt.

Silencieusement, ils se dirigèrent vers un portail, un peu plus haut sur leur gauche. Une corniche ouvragée surmontait l'ouverture sombre. Deux dauphins encadraient un large écu. En son centre, un dieu barbu et couronné, à queue de poisson et armé d'un trident semblait triompher.

— Poséidon, murmura Kurt. Poséidon...

Cela allait au-delà d'une simple coïncidence. Songeur, il marqua un temps d'arrêt.

— Alors, qu'est-ce qu'on attend ? L'un des gardes s'impatientait.

La pensée qu'il avait plus de liens communs avec ceux qui avaient dû jadis habiter ici qu'avec ses deux compagnons, traversa l'esprit du jeune officier.

— Rien... allons-y !

Ils s'enfoncèrent prudemment dans le passage.

Le mur rugueux était peint à la chaux blanche et ils en distinguaient les contours blafards dans le noir. Par instants, les tomettes vétustes craquaient sous leur pas, les immobilisant instantanément. Ils débouchèrent sur une arrière-cour. Elle s'ouvrait directement vers le ciel et, dans la lumière diffuse, la vieille maison semblait vouloir les écraser de sa masse. Une forte odeur saline les saisit. Dans la demi-pénombre se découpaient les taches sombres de nasses ventrues et de cordages lovés en tas. Dans un coin, une charrette dressait ses deux bras semblables aux antennes de quelque créature de la nuit.

Kurt eut son attention soudain attirée par un reflet métallique. Il s'immobilisa, imité par les deux autres. Suspendu à un portique, surmontant une combinaison de caoutchouc aux bras et jambes ballants, un casque de scaphandrier en cuivre renvoyait un faible rayon de lumière que laissait filtrer un volet d'une fenêtre de l'entresol. L'homme était bien là. Ils s'engagèrent dans l'escalier en montant avec précaution les marches irrégulières.

*
* *

Des images se bousculaient dans l'esprit de l'officier. C'était il y avait bientôt deux ans, en mai 1941. Les trimoteurs Junkers de la Luftwaffe lâchaient en vagues successives sur la Crète leurs nuées de parachutistes pour la première invasion aérienne de l'Histoire. Au même moment, Kurt à la tête d'un commando, débarquait d'un sous-marin sur un coin de la côte de l'île. Sa mission précise était de s'emparer d'un pêcheur d'éponges dont l'importance à l'époque ne lui avait pas paru évidente.

Il faisait très beau ce matin de printemps et le contraste entre les semaines de confinement dans l'étroit fuseau d'acier et la pureté et la luminosité du ciel avait impressionné le jeune spécialiste de la guerre sous-marine. Les premières stries d'ocre et d'or du soleil illuminaient les falaises escarpées de la côte que les deux radeaux pneumatiques atteignirent sans difficulté. Au fond d'une petite crique un port de pêche minuscule se blottissait. Au-dessus d'eux devaient se trouver les palais millénaires de Cnossos.

Kurt s'était demandé s'il existait une relation entre cette proximité et leur objectif. Il ne put l'apprendre cette fois-là.

Lorsque le commando déboula sur la maison où devait dormir leur « proie », ils ne trouvèrent personne. Debout devant les murs de chaux blanche que les premiers rayons de soleil rendaient éclatants et la lourde porte grande ouverte peinte d'un bleu outre-mer aux reflets presque transparents, il s'était senti frustré.

De toute évidence, malgré une étroite surveillance, l'homme s'était enfui.

*
* *

Il n'allait heureusement plus en être de même cette fois-ci. Patiemment, pendant des mois, Kurt avait tissé sa nasse grâce à une multitude de renseignements dont beaucoup paraissaient invraisemblables. Cet homme à la réputation déconcertante ne pouvait plus lui échapper.

Dans le plus grand silence, le trio s'immobilisa sur le palier de pierre. Kurt alluma une puissance torche et en dirigea le faisceau vers la porte. Elle était peinte, elle aussi, de ce curieux bleu outre-mer qui, sous l'éclairage intense, prenait la transparence sombre et mouvante de l'océan.

Intrigué, Kurt promena le cercle de lumière sur la surface

et s'arrêta sur une carte de visite fixée par une punaise :

GIORGIOS MARKANTAKIS
Scaphandrier

Il hésita un instant puis, d'un mouvement sec, il abaissa le loquet. La porte n'était pas fermée à clef ; sous la poussée elle s'ouvrit complètement et l'officier s'engouffra dans la pièce, les deux autres sur ses pas, Luger au poing.

Un homme se leva de derrière la longue table qui lui servait de bureau. Livres, papiers et rouleaux de cartes marines s'y entassaient pêle-mêle.

— Pas un geste ! avait crié l'officier en grec... Nous ne vous voulons aucun mal.

— Il y a longtemps que je vous attendais, Kaptan Müller, et votre visite n'a rien pour me surprendre. Il avait répondu en allemand.

Leurs regards s'affrontèrent et Kurt en éprouva une désagréable sensation. Il venait de l'appeler par son propre nom. Dans son jeu du chat et de la souris il n'était plus aussi certain d'avoir le rôle du chat. La présence de ses deux gardes du corps l'aida à surmonter ce premier instant de confusion.

Kurt observait l'homme attentivement. Grand, puissant, il émanait de sa personne une intense impression de vitalité contenue. Une barbe rousse et désordonnée entourait un visage aux traits réguliers que deux sillons dans les joues contribuaient à durcir. Une chevelure drue et bouclée coiffait le front haut que surplombaient des arcades sourcilières profondes où des yeux clairs et froids l'épiaient.

Le tricot rayé bleu et blanc, les objets disparates sortis des fonds marins, étalés en vrac sur la table ou éparpillés alentour éveillaient en Kurt l'image d'un Neptune échappé à son royaume sous-marin.

Sur un geste de l'officier, les deux gardes rengainèrent leurs armes et vinrent se placer de part et d'autre de la porte.

— Vous êtes bien Giorgos Markantakis, scaphandrier de votre état ?

Devant son silence, il ajouta sèchement :

— Je regrette, mais vous êtes mon prisonnier.

— Prisonnier ! c'est un bien grand mot. En réalité, mon cher Müller, les éléments qui ont déterminé notre rencontre vous échappent... d'ailleurs ou nous discutons librement ou il est inutile d'aller plus avant...

Légèrement décontenancé, l'Allemand prit conscience de son erreur.

— Ne vous méprenez pas sur mes intentions. N'oubliez pas que l'Allemagne est en guerre et que je suis astreint à un minimum de précautions...

Immobile et silencieux, l'homme le fixait.

Pour Kurt l'affaire s'annonçait bien aussi complexe qu'il se l'était imaginée. Au départ, les mesures entourant sa mission lui avaient paru excessives. Il s'agissait, en fait, de la capture d'un simple pêcheur d'éponges. Plus tard, au Grand Q.G. de la Marine, devant les consignes précises, il avait bien voulu, en admettre l'importance. Tour à tour, durant tout le temps de la traque et de son enquête, étonnement et scepticisme avaient alterné. A cet instant, d'une manière encore confuse il pressentait que cet homme représentait beaucoup plus que la simple carte de visite épinglée, sur la porte. Plus compréhensible aussi maintenant lui revenait à l'esprit cette journée de l'été dernier passée à l'Obersalzberg.

En compagnie des invités du jour, il avait remonté le large escalier menant à l'entrée sous arcades du Berghof, la villa que le Führer du IIIe Reich avait fait construire dans les Alpes bavaroises.

Il avait admiré le plafond en lambris vernissé du grand salon tandis qu'il attendait. Puis le secrétaire, silhouette trapue au visage rond et cauteleux, était venu le chercher.

Le Führer se tenait debout à côté de la grande mappemonde sur pieds en compagnie d'un haut dignitaire de la Wermacht qui s'était effacé pour les laisser seuls. Derrière les vitres de l'immense baie vitrée, les neiges éternelles de l'Untersberg déployaient leur splendeur immaculée.

— Je n'aurai pas besoin de vous, Martin...

L'apparence bourgeoise et banale avait surpris le strict officier de marine qu'il était. L'accent chantant et autrichien avait même paru vulgaire à ses oreilles d'Allemand du Nord. Seul le regard gris et perçant dénonçait une personnalité dangereuse.

La courte conversation lui était restée gravée dans la mémoire :

— Mon cher Müller... on dit le plus grand bien de vous... brillant, efficace et sportif... trois qualités rarement rencontrées chez le même individu. J'aime les hommes comme vous, ce sont eux qui, trompant le cours décadant de l'Histoire, forgeront notre Grand Reich... Vous avez un rôle à jouer qui pourrait bien se révéler comme essentiel dans cette lutte implacable que nous menons... Je vous ai choisi en tant que spécialiste du monde sous-marin... L'Obercommando de la Kriegsmarine vous a parfaitement mis au courant de ce qu'ils attendent de vous. Cependant, votre mission par bien des côtés vous paraîtra étrange, mais je compte justement sur votre puissance de raisonnement, que l'on m'a dite exceptionnelle, pour ramener à une réalité exploitable des faits et des informations qui, pour vous, risquent de relever de la chimère... Je veux que pour tout ce qui vous paraîtra dépasser le cadre de cette mission de guerre, vous vous adressiez uniquement et directement à moi... votre Führer.

Brusquement, sans y mettre d'autre forme, il s'était détourné de lui vers son secrétaire qui revenait accompagné d'un autre invité.

*
* *

A un changement dans son attitude, Kurt sentit que l'homme allait se mettre à parler. Psychologiquement il marquerait ainsi un premier point sur son adversaire. Mais sa tâche était complexe. Il allait falloir convaincre ce colosse de lui fournir l'ensemble des renseignements incroyables dont il avait le secret : l'existence d'un réseau de cavernes sous-marines gigantesques sous le plateau continental des Bahamas. Totalement invisibles de la surface, aménagées en bases opérationnelles pour les meutes des U-Boats de la Kriegsmarine, en plein cœur du dispositif économique et guerrier des U.S.A., elles représenteraient une arme terrible, un atout décisif dans cet impitoyable combat vers la victoire.

CHAPITRE DEUX

– Kaptan Müller, j'ai accepté de vous rencontrer parce que vous êtes originaire d'Héligoland, même si pour l'instant vous ne pouvez en voir le rapport.

L'officier accusa le coup. Ce simple pêcheur d'éponges était vraiment très bien informé. Trop même.

Il ressentit de nouveau cette impression d'insécurité et se retourna vers ses deux gardes du corps. Leur présence impassible le rassura.

– Je vois... Il affecta un ton indifférent. Nous sommes tous deux des insulaires. Cela facilitera le dialogue. J'ai souvent pu me rendre compte que ceux, nés sur une île, quelle qu'en soit sa latitude, ont beaucoup de points communs.

– C'est vrai, mais ce n'est pas ce que je voulais dire. Le Crétois souriait.

Ostensiblement il tourna le dos aux Allemands. Il fit un pas vers une panetière accrochée au mur. Il en retira deux verres et une bouteille entourée de raphia tressé.

– Un peu de rhum ? C'est du vrai. En provenance directe de la Jamaïque..

– De la Jamaïque ? Vous n'allez pas me faire croire que vous avez des liaisons directes avec les Caraïbes, maintenant, en pleine guerre !

– Croyez ce que vous voulez. Il leva son verre : par ces temps de grisaille, un peu de cette chaleur et de ce soleil des tropiques que vous avez si bien connus, nous fera du bien.

Pour gagner du temps et se reprendre, Kurt ôta son imperméable. Ainsi malgré toutes les précautions, cet insolite plongeur était parfaitement renseigné sur son compte. Il prit son verre et en huma l'arôme à la fois fort et sucré.

– C'est vrai finit-il par dire... J'ai navigué pendant quatre ans avant cette guerre dans les Caraïbes et les Antilles. Sur un petit navire de recherches océanographiques. Je connais tous les coins de Trinidad aux Bahamas... les bons coins aussi.

Il esquissa un sourire.

Le Crétois posa son verre et le regarda fixement.

– "Le Peter Kreuder II", dit-il après un instant. Je sais. Nos routes se sont croisées plus d'une fois.

Kurt feignit de se concentrer sur son rhum. Il cherchait à comprendre. Il fallait qu'il comprenne. Cet homme ne semblait rien ignorer de son passé. Pourtant, aux Caraïbes, il avait accompli cette mission secrète sous un nom d'emprunt. Troublé, il ne put que lui répondre :

– Il est trop facile de faire dans le mystère, Monsieur Markantakis.

Sans aucune gêne le Crétois éclata de rire :

– Le mystère n'existe que pour celui qui n'a pas la réponse.

D'un geste brusque, il se saisit de la bouteille et remplit les deux verres jusqu'à ras bord :

– Allez, détendez-vous. Ce soir il n'y aura plus de mystère. Buvons, buvons comme au bon vieux temps des frères de la côte et de la flibuste. J'étais un autre homme à l'époque... Croyez-moi... Kaptan Müller !!!

Stupéfait, Kurt scruta les yeux clairs, à la recherche de quelque signe de folie mais rien en cet homme jusqu'à présent ne laissait supposer un quelconque dérangement. Il cherchait plus probablement à le déstabiliser par des propos absurdes. Il fallait laisser venir, le mettre dans un climat de confiance.

Le Crétois avait supporté patiemment l'examen. Très à l'aise, de l'autre côté de la table, il dominait la situation de toute son immense taille. Ses mains feuilletaient un atlas posé à plat. L'officier devina tout de suite que son interlocuteur préparait une autre de ses manœuvres pour chercher à le confondre davantage. Il ne s'était pas trompé. Le Crétois s'arrêta brusquement et, d'un geste grandiloquent, pointa son index sur la page choisie :

– C'est ici, dit-il, il y a 12.000 ans, au début de l'ère du Lion, au milieu de l'âge d'airain, que disparut sous la surface des eaux, un immense royaume que vous appelez l'Atlantide.

La conviction avec laquelle il venait de prononcer ces mots ne manqua pas de produire sur Kurt l'effet recherché.

Le Crétois rit de nouveau, triomphalement. Ses dents blanches étincelaient au milieu de la barbe épaisse :

– Je vois, Müller, que cela vous paraît rocambolesque. Et pourtant tout ce que je vais vous dire repose sur des preuves tangibles. Vous pourrez les vérifier quand vous voudrez. Il marqua un temps d'arrêt. ... Mais à vos risques et périls.

Kurt enregistra la menace sans pouvoir la définir.

— Excusez-moi. Je ne vois vraiment pas où vous voulez en venir, dit-il. J'ai lu Platon, comme tout le monde et je veux bien admettre qu'il ait donné 2000 ans avant Christophe Colomb, une étonnante description de l'Atlantique, des archipels et du continent américain lui-même. Mais le reste n'est que de l'élucubration pure et simple, ou si vous préférez, œuvre de philosophie ou de poète. Ce qui pour moi revient au même.

— Vous me semblez apprécier ni les philosophes ni les poètes.

— Oui. Surtout lorsque l'on prétend faire une réalité de ce qui n'est qu'une fiction.

— Ah ! Müller, Müller... Le Crétois poussa un long soupir en soulevant ses puissantes épaules. Vous autres, hommes d'aujourd'hui avec tout votre rationnalisme, vous n'êtes que des gamins... de méchants gamins. Tant pis si vous ne savez plus lire entre les lignes.

Il avala son rhum d'un trait. Brusquement, d'une voix forte, presque agressive, il se lança dans une curieuse narration. Légendes et faits historiques s'y mêlaient étroitement. Il en parlait pourtant comme s'il les avait vécus lui-même. Tout au moins en semblait-il ainsi au jeune officier qui, insensiblement, se laissait gagner par ce débit puissant aux accents convaincants. Il finit par se secouer de sa torpeur, reprenant difficilement conscience. Ses yeux errèrent autour de la pièce. Combien de temps s'était ainsi écoulé ? Dans la lumière diffuse, il remarqua, pour la première fois, accrochées aux murs, des armes de toutes époques et de toutes provenances. Elles portaient en commun les traces de longs séjours sous les eaux. Dans un coin trois amphores couvertes de concrétions marines se dressaient sur leur fond pointu et un peu plus loin deux énormes vases pansus décorés d'animaux marins : Des « pithois » minoens d'une valeur inestimable s'ils sont authentiques, pensa-t-il.

Aux yeux de Kurt, la pièce donnait l'impression d'un sanctuaire personnel. Cet amoncellement d'objets d'art et de pièces antiques récupérés de la mer, contribuait en tout cas, à créer une atmosphère troublante autour de cet homme qui ne pouvait certainement pas être un simple pêcheur d'éponges.

Une voie ironique l'arracha à ses considérations.

— J'ai l'impression que vous rêvez !

— J'ai bien peur d'avoir perdu l'habitude des Caraïbes et de leur rhum.

Kurt avait répondu avec un certain humour, mais se sentait vexé de s'être ainsi laissé surprendre.

— Il ne tiendrait pourtant qu'à vous de la reprendre.

— Ah oui ! et en échange de quoi ?

Au lieu de répondre le Crétois se dégagea de derrière sa table :

— Vous paraissiez vous intéresser à mon petit musée, si je puis l'appeler ainsi.

Kurt se leva pour le suivre. Il s'approcha des grands vases. De la main il caressa un flanc lisse et arrondi. Il était magnifiquement décoré d'un poulpe ocre. Le mouvement des tentacules semblait presque réel.

— Minos, seconde période. L'art Crétois était à son apogée murmura l'officier.

— Je vais vous surprendre, le Crétois montrait son amusement, mais il est plus ancien d'au moins six mille ans.

— C'est impossible. Le poulpe... le motif des doubles spirales inversées sont caractéristiques.

— Oui, évidemment. Le symbolisme est le même. Il a sa racine dans la nuit des temps. C'est une des marques distinctives de ce royaume de la mer dont la Crète ne fut que le dernier rejeton lointain.

Kurt, silencieux, secouait la tête. Une deuxième fois ce mythe resurgissait. C'était absurde. Il ne se laisserait pas prendre à ce petit jeu.

— Certainement un objet d'extrême valeur fit-il enfin. Il chercha le regard de son interlocuteur. ... Comme tout ce qui est ici du reste. Comment avez-vous fait pour récupérer un tel trésor ?

Le grand Crétois éclata de son rire bruyant qui lui secouait les épaules :

— Oh, ce sont bien peu de choses. Je suis... collectionneur. Un peu particulier j'en conviens. Vous n'approuveriez pas tout à fait mes méthodes. Vous ne les comprendriez pas non plus d'ailleurs. De toute manière tout ceci n'est que provisoire.

— Provisoire ?

Il éluda la réponse d'un geste de la main :

— C'est une de mes passions. Une de mes fonctions aussi. Une justification de mon existence en quelque sorte. Je fais de la récupération.

— De la récupération ? Mais pour le compte de qui ?

— De moi-même... Pourquoi pas ? La mer est mon domaine et je considère que tout ce que j'y trouve m'appartient.

Il s'écarta et se baissa. Se relevant, il présenta des deux bras tendus un lourd bouclier rond. Le métal poli renvoyait la lumière et donnait tout son relief aux cercles concentriques qui le décoraient.

— Dites-moi, Kaptan Müller, selon vous, de quelle époque date cet objet ?

— A mon avis, il est en tout point semblable à ceux utilisés en Europe à l'âge du bronze... Je dirai Hallstatt.

— Bravo ! Parfaitement correct. J'ai retrouvé ce bouclier avec certaines épées que vous voyez ici, dans le delta du Nil. J'y ai effectué une série de plongées dans les années 1930. A l'emplacement exact où 1200 ans avant Jésus-Christ, prit place un gigantesque combat naval entre les Peuples de la Mer et la flotte du Pharaon Rhamses III.

Les deux hommes s'étaient assis de nouveau.

Tout en parlant le Crétois posa ses longues jambes sur le bord de la table. Kurt fut surpris par ce geste qui ne pouvait qu'appartenir à un américain ou à un homme ayant passé une grande partie de sa vie à leur contact.

— N'en déplaise à l'histoire classique, Kaptan Müller, vos ancêtres étaient établis dans le nord de l'Europe depuis des millénaires sur les îles au large des terres frisonnes actuelles. Il croisa les mains, puis faisant craquer d'un bruit sec les jointures de ses énormes doigts, il les ramena derrière sa nuque. Balançant son siège vers l'arrière, il s'étira de tout son long.

— ... elles étaient vastes car le niveau de la Mer du Nord se trouvait bien en-dessous de ce qu'il est actuellement. De là, ils contrôlaient un immense empire maritime... la Scandinavie du Sud, la Mer Baltique, la Mer du Nord, la totalité du littoral atlantique et une partie du Maghreb. Protégés par l'immense forêt qui recouvrait l'Europe occidentale, ils formaient un monde à part. Une thalassocratie entièrement et orgueilleusement tournée vers la mer. Perdus dans leur septentrion, nimbés d'une réputation légendaire, redoutés pour leur puissance guerrière et leur science du métal, ils vivaient tels des divinités de la mer, à l'écart des autres peuples qu'ils dédaignaient.

Ils se considéraient comme les descendants lointains du puissant royaume de Poseïdon englouti à jamais sous les flots.

Perplexe Kurt scrutait le visage du grand Crétois. Il paraissait sombre et sérieux. Où voulait-il réellement en venir ? C'était la troisième fois qu'il faisait une allusion directe à ce mythe que le jeune officier avait entendu plus d'une fois exposé dans les salons de Berlin, sous des aspects toujours plus fumeux les uns que les autres.

— ... brusquement vers la fin du XIIIe siècle avant J.C. des signes annonciateurs d'un cataclysme allaient contraindre ce peuple à rompre son isolement et se jeter vers les pays du Sud. Ce fut une épopée fantastique et cruelle, Kaptan Müller, telle que l'humanité n'en avait jamais connue et n'en connaîtra jamais plus. Sous le commandement des Dix Rois de la Mer la coalition des lointains descendants des Atlantes, défiant le sort comme leurs aïeux jadis, se mit en marche vers les régions convoitées.

Précédant les longues colonnes de chars à deux roues, emportant femmes, enfant et vieillards, une force d'invasion gigantesque allait déferler, par terre et par mer, jusqu'aux rivages méditerranéens. Tandis que le gros des forces s'enfonçait directement par l'Elbe et le Danube à travers le continent, le reste, par un mouvement en tenailles implacable, prenait à revers les civilisations opulentes et puissantes du Bassin Méditerranéen.

En Grèce, les orgueilleuses cités, malgré leurs fortifications colossales, s'écroulaient les unes après les autres.

Dans le fracas des armes, le cliquetis des longues épées, le bruit sourd des boucliers qui se heurtent, Mycène, Troie, Tyrinte disparaissent à tout jamais submergées par ce raz de marée issu de l'enfer. La riche Crète, elle-même, et ses palais somptueux sera rasée par le fer et par le feu...

Intrigué par cette reconstitution originale de faits historiques parfaitement connus de lui, Kurt ne perdait pas des yeux son interlocuteur. Par moment il avait les inflexions de voix et les gestes d'un chef d'Etat-Major commentant la dure campagne à laquelle il venait de participer :

— ... En Méditerranée, toutes les îles, les Baléares, Malte, la Corse, la Sardaigne, la Sicile sont conquises et ravagées par ces envahisseurs venus de la mer. A l'Est, entre temps, la deuxième branche de la tenaille se détache et pénètre en Asie Mineure.

Sous les coups de boutoir des Peuples de la Mer, le puissant empire Hittite s'effondre à son tour, rayé définitivement de l'Histoire... La route de l'Egypte est enfin ouverte. En 1200 avant J.C. l'assaut final est donné. Par l'Ouest et la Lybie une armée de coalition s'avance vers le Delta. Elle sera mise en pièces par les Egyptiens habitués à la guerre du désert. A l'Est aux frontières actuelles de la Syrie, Rhamses III lui-même, écrasera le gros des forces du Peuple de la Mer. Mais c'est sur l'eau que le désastre sera le plus humiliant. Les Dix Rois de la Mer ont décidé de porter leur assaut décisif dans le Delta du Nil.

Une flotte innombrable s'avance pour semer la mort et la destruction au cœur de l'Empire des Pharaons.

Tout a été prévu sauf le manque total de vent. Paralysées, les grandes barques à voiles — les ancêtres des "drakkars" vikings — sont assaillies par les galères à rames égyptiennes.

Sur ces mots, le Crétois retira ses longues jambes de dessus la table pour se relever de toute sa hauteur. Il prit de nouveau le bouclier entre ses mains, et continua son récit :

— Malgré les francs — bords protégés par les boucliers ronds comme celui-ci — les grêles de flèches tirées par les archers d'élite font mouche. C'est le carnage. Par milliers les hommes périssent. Une à une les barques sont retournées. Les survivants meurent noyés. Ainsi finit dans le désastre la grande aventure des Peuples de la Mer... sous la conduite de leurs Dix Rois, ils allaient retourner là d'où ils étaient venus dans la nuit des temps, sous l'Atlantique, dans les profondeurs d'immenses cavernes, de l'autre côté de l'océan, à l'Ouest.

[illegible] sont assaillis par les [illegible]

[illegible] sa lance. Il devint [illegible] de toute sa puissance. Il prit [illegible]

Malgré les [illegible] prouesses par les [illegible] des [illegible] C'est la [illegible] que les [illegible] sont [illegible]

[illegible] Ainsi [illegible] de la [illegible] des Mages [illegible] Das Kos [illegible] des temps [illegible] tradition [illegible] les [illegible] de l'Inde [illegible] de l'Est [illegible] l'Ouest.

CHAPITRE TROIS

Une grenade éclatant brusquement dans la pièce n'aurait pas eu plus d'effet sur l'officier allemand.

Depuis le début, l'ambiguïté des propos du Crétois avait masqué leur importance réelle. A travers ce récit fantastique et parfois absurde, ce que Kurt recherchait émergeait enfin. Pour la première fois, les cavernes, objectif de sa mission, apparaissaient en vue.

Mais il fallait rester prudent. Garder toute sa lucidité pour ne pas tomber dans le piège de conclusions trop hâtives. L'assurance avec laquelle s'exprimait son interlocuteur, son érudition, étaient des éléments essentiels dont il devait tenir compte. Si ce n'était pas un mythomane, l'existence de ces cavernes avait toutes les chances d'être réelle, et il en connaissait le site. La difficulté serait de séparer ce qui était vrai de ce qui n'était que pure fiction.

Ses ordres étaient fort simples. Négocier quels que soient la méthode et le prix. Kurt décida que le moment était venu d'abattre ses cartes sur la table.

— Personnellement j'ai du mal à vous suivre. Tout ceci me semble relever du fantastique.

— C'est possible. Le regard du Crétois derrière les profondes arcades sourcilières, l'épîait. Et je comprends très bien que l'existence d'un univers de cavernes gigantesques dans les Caraïbes vous paraisse peu croyable.

— Pas du tout, j'en ai toujours soupçonné l'existence. N'oubliez pas mes quatre années à bord du "Peter Kreuder II". Mais c'est le reste, M. Markantakis qui me gêne !

— Quel reste ? La leçon d'histoire que je viens de vous donner ? Tout ce que je viens de vous révéler est vrai. J'ai simplement voulu mettre l'accent sur l'opposition irréductible qui existe entre les terriens et les enfants de la mer, comme vous et moi. Et c'est justement à ces terriens que vous devez cette conspiration du silence sur la réalité de ce royaume de la mer. Regardez : le paradis n'a jamais existé que dans les îles ! Aujourd'hui encore, disséminées sur la surface des océans, la plupart reflètent encore un restant d'équilibre maintenu par la présence de la mer. Voyez en ce qui concerne ma chère Crète : il a fallu que la continentale Mycène s'empare d'une île épuisée par les tremblements de terre pour que les villes superbes de Cnossos, Haghia Triada et toutes les autres voient leurs palais transformés en forteresses barbares et les murettes de jardins paradisiaque en enceintes fortifiées ! Ce qui ne les empêcha pas de craquer, plus tard, sous les assauts vengeurs des peuples de la mer...

D'une voix forte, il continua :

– L'homme du continent est un esclave qui ne peut et ne doit marcher qu'à la trique, une bête de troupeau qui ne doit sa puissance qu'à sa seule quantité... L'Histoire en témoigne. Que ce soit en Europe, en Asie, en Amérique – et ne parlons pas de l'Afrique – toutes les grandes civilisations ont enfermé l'individu dans le double carcan féroce de la religion et de la hiérarchie. Et il en est aujourd'hui comme il en a toujours été... La mer en revanche chérit l'homme libre. Elle l'a placé dans l'île qui est sur le plan géographique l'expression de l'individualité...

L'image de la vie rude et paisible du petit port de pêche au pied des hautes falaises ocres et blanches d'Heligoland, perpétuellement battues par les flots rageurs de la Mer du Nord remonta dans la mémoire de Kurt. Pêle-mêle, un courant d'impressions vint s'y mélanger : souvenirs euphoriques d'îles lointaines, senteurs enivrantes de rivages tropicaux, échos de musiques joyeuses, rires de femmes, étreintes brûlantes, soleils éclatants et vagues rieuses...

Il se ressaisit. On était en guerre et il n'y avait plus de place pour l'attendrissement.

– Non, Monsieur Markantakis (sa voix était ferme et sèche), ce ne sont ni les cavernes, ni l'histoire présumée de mes ancêtres qui me gênent, mais le jeu que vous semblez vouloir mener. La nature m'a doté d'un esprit critique et pragmatique. J'ai comme tout le monde une petite place pour le rêve, mais c'est la raison seule qui me guide. Comme tout scientifique digne de ce nom, je ne puis croire qu'au fait démontrable ou contrôlable.

Il s'arrêta pour regarder l'autre qui restait impassible.

– Depuis le début de la soirée, j'admire votre érudition et votre connaissance de la mer que je soupçonne être encore plus importante que vous ne le laissez paraître. Mais trop d'heures ont passé. Il est temps que je vous éclaire sur le but exact de ma mission.

Il se leva de son siège, reprenant sans s'en rendre compte cette raideur inhérente à l'officier allemand.

— ... Je suis chargé par mon gouvernement d'entamer avec vous et de mener à bien des négociations concernant ces cavernes dont vous m'avez justement — et le premier — parlé. Notre pays est en guerre avec des ennemis impitoyables. Sur terre, le poids des hordes barbares de l'Est auxquelles se sont associés, pour leur malheur futur, nos frères de sang anglo-saxons, risquent par le simple jeu du rapport des masses d'avoir raison de la qualité et de l'héroïsme du peuple allemand. Notre flotte sous-marine se montre en revanche terriblement efficace et sème la dévastation et la terreur dans les lignes d'approvisionnements vitales de l'adversaire.

La création d'un réseau de bases inexpugnables et indestructibles où nos U-Boats auront la possibilité de faire relâche en toute sécurité est la condition première de la réussite du combat gigantesque que nous menons sur et sous les mers. Nous avons un besoin impérieux de nous rapprocher du territoire nord-américain d'où part un flot continu d'armes et d'approvisionnements vers leurs fronts d'Europe. Grâce à vos cavernes qui, d'après le peu de renseignements parvenus jusqu'à nous, se situeraient dans ces parages, nous pourrions couper définitivement ce cordon ombilical. Notre Führer m'a fait l'honneur de me recevoir à ce sujet. Pour des raisons qui m'échappaient, mais que je commence à deviner, il semblait croire à votre accord. Il est prêt à vous donner tout ce que vous lui demanderez : honneur, puissance et richesse. En ce qui me concerne, je suis persuadé qu'après la Victoire, seul notre Grand Reich offrira ces conditions idéales de développement et d'expression à une personnalité comme la vôtre.

Un long silence suivit. Dehors, faiblement, en provenance de quelque basse-cour clandestine, le chant d'un coq se fit entendre. Les deux hommes montraient maintenant des signes de fatigue. Nostalgiques et triomphantes à la fois, les notes s'égrenaient dans le lointain. Le grand Crétois fut le premier à reprendre parole :

— Votre requête, Kaptan Müller, est trop importante pour que j'y réponde tout de suite. J'ai une suggestion à vous faire. Pourquoi ne pas se rencontrer de nouveau la nuit prochaine ?

L'officier lui donna son accord sans protester. Il ne tirerait plus rien de cet homme aujourd'hui. De toute manière le terrain avait été défriché et ensemencé. Il en récolterait bientôt les fruits. Naturellement, il le ferait surveiller de près. Il ne voulait pas qu'il lui échappe.

– Entendu ! fit-il simplement, nous reviendrons demain à la même heure.

En commençant à descendre les marches de l'escalier, accompagné des deux autres, il entendit nettement le bruit des pènes de la lourde porte que l'on verrouillait.

– Parfait, pensa-t-il… Il s'enferme dans sa tanière.

CHAPITRE QUATRE

A l'approche du patrouilleur allemand, les hommes à bord de la barquette marseillaise reprirent leurs gestes habituels de pêcheurs.

Un groupe à l'avant hâla le lourd « gangui » * dont les mailles où s'entrechoquaient les grosses boules de verre vertes vinrent s'entasser sur le plancher pointu de la proue, emprisonnant un grouillement multicolore de poissons. Le long du mât trapu, le grand triangle brun et rapiécé de la voile latine entama une lente remontée.

Caché sous le rouf, l'homme qui s'y était réfugié après une série de plongées à poumons libres, acheva de revêtir en catastrophe son corps ruisselant d'eau. Il enfila avec plaisir les vêtements secs et chauds qui l'attendaient. Puis il contempla un instant les deux objets qu'il avait ramenés par vingt-cinq mètres de fond. Celui triangulaire percé de deux trous et recouvert de concrétions marines était certainement une ancre primitive. L'autre, le plus important, était un conglomérat ressemblant à des scories provenant de la fusion d'un minerai métallique.

— Giorgios sera content... il avait raison, murmura-t-il.

C'était du cuivre et sa fabrication en ces lieux, lorsque le niveau de la mer était bien inférieur à celui d'aujourd'hui, il y a quinze ou vingt mille ans, semblait impensable.

Il rangea hâtivement le tout ainsi que des palmes de son invention et des petites lunettes. Il les dissimula sous les nasses et les paniers afin qu'on ne puisse les remarquer, puis il sortit à l'air libre.

La brise d'Est commençait à se renforcer. Il regarda s'éloigner avec soulagement dans le bruit sourd et régulier de ses moteurs puissants, la vedette allemande apparemment rassurée.

---

*. Filet de pêche marseillais.

Appuyant sur une narine, puis sur l'autre, il chassa en se mouchant, le reliquat d'eau de mer qui s'était accumulée dans ses fosses nasales, malgré son pince-nez.

En poupe, bien câlé sur ses jambes, emmitouflé dans le vieux ciré huileux et humide, le patron du « pointu » le salua d'un jovial et tonitruant :

— Alors, Zé, tu les as vus tes fantômes d'un autre âge ?

Il ne put s'empêcher de sourire. Il adorait cet accent marseillais qui lui semblait refléter une vision optimiste de la vie, une volonté instinctive de lui sourire dans tous ses instants, à travers heurs et malheurs. Grec, imprégné profondément, ataviquement du sens du tragique, il en ressentait tout le charme brillant et solide à la fois, mais de loin et en étranger, comme si cette mentalité lui était hors de portée.

« Et pourtant nous sommes les fils de la même Méditerranée » pensa-t-il.

— Oui, j'ai pu vérifier tout ce que je désirais.

Par contraste le son de sa propre voix lui parut affecté.

— Alors c'est que ça va comme vous voulez.

Respectueux du mutisme dans lequel l'autre avait coutume de s'enfoncer, l'homme à la barre préféra conclure sur cette note encourageante.

Silencieusement celui que l'on avait appelé « Zé » s'appuya pour se réchauffer contre le logement du moteur, plaçant ses mains glacées par le froid de l'eau, les paumes ouvertes, devant l'ouverture d'un tuyau d'évacuation des gaz brûlant.

Il avait encore devant les yeux la vision de ce site étrange au large de Marseille, connu des pêcheurs sous le nom du « Veyron » et sur lequel il venait de « souter » * pendant près de deux heures. Il était allé de découvertes en découvertes dans ce véritable labyrinthe de grottes, de galeries et de couloirs communicants, parfois en angles droits. Il était tombé sur ce qui lui paraissait un véritable chantier de ces ancres primitives, taillées dans de la pierre dure et noire. Ces scories aussi... souvent de véritables coulées, semblaient témoigner que là, à une époque extrêmement lointaine on fabriquait du métal. Il regrettait de n'avoir pu plonger en scaphandre lourd car si le sommet de ce tertre, troué comme une meule de gruyère, se situait à une douzaine de mètres de la surface, ses pentes s'enfonçaient au-delà des cinquante... Beaucoup trop profond pour un plongeur en apnée dans une eau hivernale de surcroît !

A sa dernière plongée, ayant bien reconnu les lieux, il

---

*. Souter : ancienne expression du jargon de plongée marseillais qui veut dire en fait : plonger en apnée.

s'était enhardi et, nageant jusqu'au bout d'un des nombreux corridors horizontaux qui perçaient le flanc Ouest, il avait débouché dans une véritable chambre. Levant la tête vers la voûte il avait aperçu le miroir scintillant de la surface au bout d'une cheminée large d'un bon mètre et demi dans laquelle il n'hésita qu'une seconde avant de s'engager. En poussant de ses palmes, il s'était ainsi laissé remonter, traversant six ou sept mètres de l'énorme paroi avant de déboucher en eau libre.

– Oui, des hommes intelligents avaient vécu et travaillé là, il y a lontemps, très longtemps rêvait-il... mais comment diable ce sorcier de Giorgios pouvait-il avoir connu ce site, et surtout son emplacement exact ?

*
* *

En cet après-midi de fin janvier 1943 le temps était morne et gris. De lourds nuages sombres filaient à grande vitesse au ras d'une mer couleur de plomb. A l'horizon, sa grisaille s'illuminait d'une large bande étincelante, reflet éclatant sur la surface de l'eau d'un soleil obstinément caché, mais dont les rayons avaient réussi à percer tout en-dessous du plafond bas des nuées.

Dans ce scintillement argenté se découpaient les silhouettes au nez pointu et relevé des bettes * à fond plat et des barquettes autorisées depuis peu à reprendre la pêche. Tout proche, Planier et son phare marquaient aux pêcheurs la limite de la zone autorisée par la Kommandantur. Dans ces parages, la silhouette du patrouilleur allemand se profilait de nouveau.

Poussé par le vent, le voilier cinglait maintenant bon train vers le Lacydon laissant derrière lui les falaises déchirées et dénudées de Maïre et de Marseilleveyre, coiffées des longues stries cotonneuses et presque noires des brumes de mauvais temps.

A tribord, bien haut sur sa colline, la « Bonne Mère » juchée au sommet du clocher de Notre-Dame de la Garde, veillait sur sa ville engourdie par l'hiver, cette journée triste et grise et la guerre.

Entre le Château d'If et la Pointe des Catalans le vent tomba et c'est au halètement poussif mais régulier du vieux Diésel, après avoir longé la haute tour à machicoulis rose et carrée, à la fois élégante et puissante du Fort Saint-Jean que, passant sous les hautes structures d'acier du Pont Transbordeur, il pénétra dans le Vieux-Port.

---

*. Barque de pêche typique de la méditerranée dont la proue est décorée d'un symbole phallique.

A hauteur du vieux clocher arrondi de l'Eglise Saint-Laurent, paroisse des pêcheurs et des gens de mer, il ralentit. Amorçant un virage sur babord accompagné du teuf-teuf intermittent du moteur et des criaillements incessants des mouettes suiveuses, il se glissa avec précaution au milieu de la multitude de coques, barques et chalutiers en tout genre amarrés aux longues pannes aux planchers de bois. Il vint s'amarrer directement et parallèlement au quai du port devant une élégante balancelle majorquine, et tout près de la halle aux poissons.

Sans plus attendre, Zé sauta à terre. Dans la grisaille froide de cet après-midi, la foule habituelle déambulait le long du quai. Ce n'était certes plus le grouillement coloré et cosmopolite d'avant la guerre. Habits et allures des promeneurs reflétaient déjà la fatigue et les privations de bientôt trois années de défaite, d'occupation et d'humiliations.

Il évita de piétiner les longueurs de filets étendus à même les gros pavés irréguliers, les cagettes empilées, les nasses vides en osier et les amoncellements des fûts de bois, et il s'engagea dans les vieux quartiers par la rue Radeau.

Comme à chacun de ses retours à terre, l'odeur forte le surprit. Celle de la friture dominait un mélange indéfinissable : senteurs agréables des lessives innombrables accrochées aux fenêtres et des épices avec les puanteurs des détritus et des immondices jonchant les trottoirs étroits.

Le parfum de la rue Bouterie, en revanche, dans laquelle il se frayait un chemin au coude à coude dans la foule, ne lui déplaisait pas. C'était celui des filles innombrables de toutes races et de toutes couleurs, fillettes à peine nubiles ou matrones ravagées par l'âge, qui vivaient du commerce de leurs charmes. Elles dispensaient, par ces temps d'ennui, un plaisir assaisonné à toutes les sauces suivant les goûts et les possibilités du client.

Echappant, parce qu'on le connaissait, au piège habituel du chapeau enlevé d'une main preste et qu'il fallait ensuite aller récupérer au fond d'un bouge à plaisir, il rasa les innombrables bars, bistroquets, pizzerias, tripots, loges à filles, aux enseignes fatiguées.

Devant l'Athena-Bar, il s'arrêta.

Une grande brune bien plantée tenait ses deux mains enfouies dans les poches d'une pelisse de fourrure entr'ouverte sur ses formes généreuses moulées dans une robe criarde. Elle lui sourit, l'air narquois.

— Les gars sont là. Pour lui laisser le passage, elle s'effaça d'un mouvement qu'elle voulut provocant.

— Tu ne loupes jamais une occasion Rosette, maugréa-t-il en s'engageant dans l'étroit corridor.

Il ouvrit une petite porte sur sa droite et pénétra dans une arrière salle enfumée où flottait une forte odeur d'anis. Autour de deux tables, des hommes, visiblement des pêcheurs, jouaient au « Tavli ». Ils parlaient en grec et buvaient de l'Ouzo fabriqué clandestinement. A son entrée, un homme qui se tenait debout vint vers lui, la main tendue et le regard soucieux.

— Zé... Je suis bien content de te revoir. Depuis ton départ en mer, il se passe bien des choses. Il y a eu un attentat hier et les Fritz sont furieux. Ils sont allés coincer le Crétois chez lui et l'ont questionné jusqu'à l'aube. Ils doivent remettre ça cette nuit. Le couvre-feu est de nouveau en vigueur.

— Ah... je comprends à présent pourquoi ce patrouilleur a rôdé autour de nous toute la journée. Ça veut dire plus de sorties en mer pour nous non plus. Je descends avertir les autres.

En sortant, Zé s'arrêta devant l'affiche encadrée de noir et de rouge, plaquée contre le mur crasseux. Elle était libellée d'un côté en allemand, de l'autre en français :

BEKANNTMACHUNG - AVIS

A LA SUITE D'UN NOUVEL ATTENTAT, LE COUVRE-FEU EST DE NOUVEAU FIXE A VINGT HEURES. TOUTE CIRCULATION EST INTERDITE A PARTIR DE CETTE HEURE POUR LES PERSONNES NON MUNIES DE L'AUTORISATION DE CIRCULER LA NUIT.

MARSEILLE, LE 22/1/43, LE COMMANDANT DE LA PLACE :
GENERAL MAJOR MYLO

*
* *

Le long mugissement de la sirène annonçant la fin de l'alerte se termina en un sinistre decrescendo.

Très rapidement, l'activité reprit, fébrile mais méthodique, à l'intérieur de l'immense Bunker de béton, qui étendait sa masse toute neuve sur les terre-pleins de Mourepiane. Dans ce gigantesque nid de vipères, à l'abri des plus grosses bombes, trois sous-marins, de retour de leur course meurtrière, faisaient panser leurs plaies par les équipes de révision et de réparation de la Kriegsmarine. A travers les panneaux vitrés de son bureau qui surplombait l'ensemble du hangar géant, Kurt regardait d'un œil distrait le spectacle quotidien. Des nuées de mécaniciens dans leurs combinaisons blanches s'agglutinaient autour des longs fuseaux d'acier. L'éclairage intense des projeteurs dans cette grotte artificielle donnait à la scène un aspect fantomatique, un caractère d'irréalité qu'il remarqua pour la première fois.

D'en bas remontait aussi un concert de sons transformés, déformés par les échos contre les voûtes épaisses de béton : appels ou ordres gutturaux, grondements des compresseurs, tôles résonnant sous les coups, crépitements des chalumeaux et, de temps en temps, dominant brusquement le brouhaha, le cri strident d'un klaxon.

Il jeta un coup d'œil à sa montre : 20 heures 50... Bientôt il retrouvrait ce Markantakis.

Il s'étonna de son impatience et ressentit brusquement le besoin d'aller respirer un peu d'air frais et réfléchir.

Dehors le vent soufflait avec violence.

Les mains dans les poches, le col de sa veste relevé, il fit quelques pas. Près d'une barraque qui avait dû servir d'abri aux ouvriers, quelques marins de garde battaient la semelle autour d'un feu de bois improvisé.

Un instant l'odeur de la fumée la ramena à son enfance, chez lui, à Heligoland, où régnait le même vent brutal. Avec un pincement au cœur, il se revit écoutant émerveillé les récits et les légendes qu'aimaient raconter les vieux sur les exploits fabuleux des héros nordiques.

En fait, ce Crétois mystérieux était lui aussi à sa manière un extraordinaire conteur...

Les rafales qui redoublaient de violence l'obligeaient à lutter pas à pas pour avancer.

Il retourna chercher refuge dans le bunker géant. En regardant la voûte immense de béton, il songea soudain à « ses cavernes ». Combien de bunkers comme celui-ci pouvaient-elles contenir ? Tout ceci avait de fortes changes de n'être qu'un mythe, un bluff énorme. Mais il n'était plus le petit garçon qui se laissait conter n'importe quoi la bouche ouverte.

Pensant à la deuxième entrevue toute proche, il décida qu'elle serait la dernière quoi qu'il puisse être dit. Il le contraindrait par la force s'il le fallait. Regagnant son bureau, il trouva une note dactylographiée posée sur le sous-main. On lui signalait que le scaphandrier Markantakis n'avait pas bougé de chez lui de la journée. Le rapport du lieutenant commandant la vedette chargée de surveiller ses acolytes y figurait aussi. Kurt hocha la tête avec un demi-sourire. Le rapport était formel : les hommes à bord s'étaient livrés à des activités toutes autres que la pêche.

CHAPITRE CINQ

Il n'avait pas bougé. Les trois Allemands se retrouvèrent plongés dans la même pièce, le même décor de bric-à-brac marin où reposaient des fortunes, la même luminosité diffuse et un peu inquiétante, comme s'il s'était agi de la même nuit.

Seule la tension avait disparu. Les deux inspecteurs reprirent leur garde indifférente près de la porte et la conversation repartit sans heurt ni éclat.

Kurt et le Crétois se tenaient poliment sur un terrain neutre. Pendant un long moment ils discutèrent en techniciens et en spécialistes de la mer et, sans aucune réticence apparente de Kurt, de la guerre sous-marine elle-même.

Ce fut le géant qui mentionna de nouveau les cavernes. A un changement à peine perceptible dans son comportement, l'officier déduisit qu'il l'avait bien fait intentionnellement. Le jeu continuait mais cette fois ci, il était temps d'en finir.

– Je regrette, Monsieur Markantakis, dit-il brusquement d'un ton abrupt, mais nous avons assez fait de ronds de jambes. Il s'était levé et sans en être conscient, avait repris une attitude guindée. ... Il faut que vous preniez une décision. Nous voudrions des renseignements précis sur ces cavernes. Je vous l'ai déjà dit : vos conditions seront les nôtres.

Comme à son habitude, le Crétois prit son temps pour répondre. Il s'enfonça dans son fauteuil. Ses mains jouaient avec un court poignard qu'il dégageait et rentrait tour à tour dans sa gaine. Il devait s'en servir comme d'un coupe-papier.

– Très cher Kaptan Müller, veuillez vous asseoir, fit-il enfin d'une voix grave. Encore une fois, l'homme de mer que vous êtes s'est fait manœuvrer par ceux de la terre. Ce que je pressentais au départ se confirme. A aucun moment vous n'avez été mis au courant du but réel de votre démarche. Ces cavernes ne sont qu'un prétexte. Un gage à la rigueur. Bien au-delà d'elles, c'est l'alliance avec notre propre puissance qui est recherchée.

L'officier accusa le coup et il lui fallut toute sa volonté pour garder son sang froid. Une courte seconde il se demanda comment il avait pu rejeter purement et simplement l'hypothèse qu'il avait affaire à un mythomane. Il en avait côtoyé d'autres et non des moindres dans les arcanes du Parti. Certainement aussi brillants en apparence que ce Crétois.

— J'espère que vous mesurez toute la portée de vos paroles, dit-il laconiquement.

— Je n'ai pas l'habitude de parler à la légère. Vous êtes encore jeune, Kaptan Müller, jeune et endoctriné. Doublement "endoctriné" d'ailleurs. Par la politique et la science. Et c'est justement au nom de leur doctrine que ceux qui vous gouvernent se sont persuadés que nous pourrions les sortir de la catastrophe qui les guette.

— Que voulez-vous dire ? demanda brusquement l'officier.

— L'affaire est trop longue et secrète pour que je vous en entretienne ici. Sachez simplement que, contrairement aux enseignements et aux apparences, l'histoire ne se fait jamais en surface. Plus un fait politique parait évident, moins il a de chance d'être réel. Les grands courants de l'épopée humaine sont toujours occultes.

Il sembla hésiter, puis il reprit :

— ... les bribes de certaines vérités fondamentales et qui n'auraient jamais dû ressurgir en cet Age Sombre, sont parvenues aux oreilles de certains de vos responsables. Se croyant initiés ils veulent remonter le cours inexorable de l'Histoire. Cette entreprise, aussi grande que leur ignorance, est vouée à l'échec.

Kurt se raidit. Tout cela lui paraissait n'être plus qu'un tissu d'extravagances.

— Franchement, en d'autres circonstances, Monsieur Markantakis, j'aurais éclaté de rire. Je suis de plus en plus persuadé que vous vous moquez du monde.

Il s'interrompit soudain. La lumière dans la pièce lui semblait de plus en plus bleutée. Malgré lui, le souvenir de certaines eaux cristallines envahissait son subconscient. La fatigue des heures passées dans ce climat de tension devait commencer à se faire sentir. Comme la veille, il avait du mal à se défaire de la torpeur qui le gagnait.

— Vous avez raison, Kaptan Müller, il se fait tard et il est temps de conclure. La voix basse et tranquille lui parvenait lointaine, ... écoutez-moi quand même jusqu'au bout. Je vais faire appel à votre objectivité scientifique, sinon à votre raison ; je le fais pour vous, parce que je vous connais de longue date. Nous sommes de la même lignée. Le même sel des profondeurs marines coule dans nos veines. Ce que je vais vous dire heurtera votre logique et vos convictions. Pesez pourtant mes mots. C'est de leur compréhension que dépendra votre conclusion... il se tut un très court instant. ... et votre destin.

Sans répondre, Kurt se retourna légèrement vers ses gardes du corps. Ils paraissaient fatigués eux aussi, mais sur un petit signe de sa part, ils reprirent instantanément leur vigilance.

— Malgré les apparences, j'ai une certaine admiration pour les savants de votre IIIe Reich. La voix du Crétois lui parvenait de nouveau nette et précise. ... Leur avance dans le domaine militaire est considérable et reflète bien le génie particulier des vieilles tribus germaniques. Dans le secteur sous-marin, l'arme que l'Allemagne s'est forgée est, en un certain sens, digne des Peuples de la Mer. Pourtant vos sous-marins les plus perfectionnés sont aveugles et se traînent à quelques dizaines de mètres seulement de la surface.

— Vous avez sans doute mieux à nous offrir...

Le Crétois éclata de rire :

— Vos redoutables U-Boats ne me font pas plus d'effet que les canots à rames en promenade le dimanche sur les eaux de la Sprée à Berlin. Vous n'êtes que des gamins, je vous l'ai dit. Votre science n'a aucune idée des forces dont nous disposons. Elles relèvent de l'esprit et non de ce que vous appelez matière. Elles échappent totalement à votre mentalité contemporaine convaincue que tout procède de cette matière. N'importe quel “shaman” inculte des îles, n'importe quel sorcier de nos vieilles campagnes ou de nos belles Caraïbes en connaît certains aspects et sait les contrôler... Il y a évidemment des degrés dans la maîtrise de ces énergies. Il appartenait à mon peuple, dépositaire de cette science, de lui faire atteindre un degré de perfection inconcevable aux profanes sceptiques et ignorants que vous êtes.

— Et tout cela dans vos cavernes ! Kurt se sentait plein d'une amère déception.

Sans lui répondre, l'autre se leva. Sa masse était vraiment impressionnante. Sous le tricot rayé se devinait une puissante musculature d'homme rompu aux efforts physiques les plus durs plutôt qu'aux jeux stériles de l'intellect et aux marivaudages philosophiques. Il se saisit d'un rouleau de cartes marines qu'il déploya sur un bord de la longue table.

— Venez voir !

Kurt quitta son siège avec réticence. Il passa lentement de l'autre côté de la table et se pencha à son tour.

La carte représentait l'Atlantique.

De part et d'autre du bleu de l'océan des points ou des

annotations de différentes couleurs couvraient une partie des côtes. A sa stupéfaction, il ne fut pas long à repérer le code particulier et qui lui était familier, signalant l'ensemble de l'implantation des bases sous-marines de la Kriegsmarine. Elles y étaient toutes. Les bases connues comme les bases les plus secrètes, telles celles de la Terre de Feu ou de l'embouchure du Rio de la Plata. Son regard alla vers le Crétois. Celui-ci souriait.

— Vous voyez, je suis plutôt renseigné. Et ces renseignements, je ne les dois ni aux services de vos adversaires ni, à plus forte raison, aux vôtres. Je n'ignore simplement rien de ce qui se passe sous les eaux. Par principe et par vigilance.

Les idées se bousculaient dans la tête de l'officier. Par quels sortilèges cet homme avait-il pu avoir accès à des données aussi secrètes. Une seule explication lui parut possible : une fuite en très haut lieu à l'Oberkommando. Il lui fallait en priorité et avant toute autre démarche en connaître la source. Il s'apprêtait à interroger le Crétois lorsqu'il retint ses mots. Celui-ci venait de placer son doigt sur une zone cernée d'un bleu particulier qu'il reconnut : celui des portes. Il n'eut pas le temps de s'en étonner.

— Ces cavernes, ou plutôt ce gigantesque complexe inframarin, se situe dans cette zone quelque part sous le plateau continental des Bahamas. Malheureusement pour ceux qui vous ont envoyé, il est hors de leur portée. De la portée de quiconque d'ailleurs.

— Ah oui, pourquoi ?

— Voyons, Kaptan Müller, je croyais vous en avoir suffisamment dit pour que vous le deviniez.

Kurt le regarda un instant, hésita sur l'attitude à prendre et reprit sur un ton cassant :

— J'en ai assez de vos petits jeux, Monsieur Markantakis. Terminons-en. Qu'exigez-vous exactement en échange de vos renseignements ? J'ai bien peur d'ailleurs que vous n'ayez d'autre choix que de me répondre.

Les deux gardes s'étaient levés et se plaçaient de part et d'autre de l'officier.

Le géant gardait son calme :

— Cette zone est aujourd'hui le refuge de notre peuple. De l'immense royaume de la mer, il ne reste plus rien de visible. Il y a une indéfinité de formes d'existence. Votre matière n'en est que le mode le plus grossier. L'entité que nous formons représente une formidable concentration d'énergie, un quanta de forces tout entier concentré sur ce territoire. Mais il se place dans un univers qui exclut toute possibilité d'interférence avec le vôtre.

Kaptan Müller, je vous ai suivi pendant des années. J'ai aussi suivi votre formation avec un vif intérêt. Pour voir où ils voulaient en venir. Paradoxalement, ils ont fait de vous *mon* envoyé. Votre mission, c'est moi qui vais vous la donner. Vous retournerez voir ceux qui vous ont envoyé. Vous leur direz qu'il n'y a aucune négociation possible. Nous n'avons rien en commun. Je viens de...

— Assez ! Assez ! Kurt frappait du poing sur la table, mais pour qui vous prenez-vous pour me donner des ordres ? Un mot de moi et vous n'existez plus. Moi, je n'ai pas la prétention de vous connaître depuis longtemps, mais je vous garantis que votre folie des grandeurs se soigne très bien dans nos hôpitaux psychiatriques. Votre esprit ne procède que par affirmations gratuites. Jamais le moindre commencement de preuves !

Les deux hommes s'affrontaient du regard.

Lentement, sans quitter l'officier des yeux, le Crétois ouvrit un tiroir sous la table.

— La voici votre preuve. Il lui tendit un petit coffret. Soulevant le couvercle, il en retira une petite pièce plate dont le métal brillait d'éclats étranges.

Kurt s'en saisit après une légère hésitation.

— Qu'est-ce encore ? demanda-t-il en la détaillant. Le bijou lui parut fort beau dans sa simplicité. Sur un côté très finement gravé se déployait une double spirale. L'autre face était ornée d'une série de cercles concentriques avec en son centre deux dauphins en tête-bêche.

— Qu'est-ce que c'est ? reprit-il machinalement.

— Une pièce du diadème d'une vénérable et très antique reine du royaume de Poséidon.

Il releva les yeux. Un instant, songeur, il pensa au trésor de Troie ramené par Schlieman de ses fouilles d'Hissarlik. Il avait eu l'occasion en compagnie du conservateur du musée de Berlin de l'étudier de près et cette pièce lui rappelait effectivement certains pendentifs de coiffes royales. Mais la matière l'intriguait. Comme tout métal poli, elle reflétait la lumière, mais une lumière qui s'irisait de toutes les couleurs de l'arc-en-ciel.

— C'est de l'orichalque dit simplement le Crétois.

— De l'orichalque ? Le métal des Atlantes. C'est encore une de vos plaisanteries !

— Je ne plaisante pas avec ce genre de choses. Vous pourrez d'ailleurs facilement vérifier, lorsque je vous la remettrai, qu'il ne s'agit d'aucun métal connu jusqu'ici. Mais cela ne pourra se faire qu'à votre retour, si vous décidez de vous joindre à nous.

Avant que Kurt exaspéré ne puisse réagir, un cri de femme retentit tout proche. Au silence succédait brusquement un brouhaha qui allait en s'amplifiant. Bruits sourds de portes, claquements de volets et, juste sous la fenêtre, des sons feutrés mais distincts de gens prenant la fuite.

Très nettement, dominant la rumeur, un commandement guttural en allemand parvint jusqu'à eux.

L'officier surpris regarda les deux inspecteurs du S.D. qui hésitaient.

— Une rafle !

Le géant barbu mit ce court instant de flottement à son profit et, glissant de nouveau la main sous la table, il en sortit un revolver. Une détonation assourdissante remplit la pièce. Plus prompt que lui, l'un des gorilles avait tiré presque à bout portant.

Frappé en pleine poitrine, le Crétois s'écroula. Le sang giclait sur le tricot blanc rayé de bleu. Dans un sursaut, ses bras cherchèrent à s'accrocher, au passage, à la longue table. Puis, le lourd corps continua sa chute entraînant avec lui livres et rouleaux de cartes qui s'éparpillèrent sur le sol.

— L'idiot, cria le tueur. Il a essayé de nous avoir !

— C'est toi l'idiot. Tu n'aurais jamais dû. Il nous le fallait vivant.

Kurt, dans une rage folle, se rendait compte du désastre. Se penchant sur le corps, il se saisit d'un poignet et soulevant le bras, chercha à discerner le pouls.

— Il est mort. Vous n'êtes bon qu'à tuer ou à torturer. Il fallait qu'il parle. Allez, vite ! Plus une seconde à perdre.

Les deux inspecteurs fouillèrent très rapidement le corps et les tiroirs du bureau pendant que Kurt empochait le petit écrin et pliait en huit la carte de l'Atlantique qu'ils venaient d'étudier.

— Rien. Aucune pièce d'identité. Mais il y a de fortes chances pour que ce soit un agent américain dit l'un deux en se relevant et en tendant à Kurt le revolver à canon court. Smith et Wesson. C'est une de leurs armes favorites. Pratiquement introuvables ici.

Dehors les pavés résonnaient du bruit des semelles cloutées.

— Vite, là-dedans. L'officier pointa vers le vieux coffre devant l'entrée. Il ouvrit le pesant couvercle bombé pendant que les deux autres traînaient par les pieds le corps du Crétois, maculant le sol de son sang. Avec difficulté ils le lovèrent à l'intérieur. Kurt rabattit le couvercle et dut employer les deux mains pour forcer l'énorme clef rouillée.

— Il a exactement le cercueil qui lui convient fit l'un des deux gorilles.

Ils éclatèrent tous deux de rire sous le regard furieux de l'officier. Il se sentait d'autant coupable que cet étrange Crétois lui avait témoigné de la sympathie. Comme lui-même, c'était un vrai fils de la Mer.

Au moment où ils ouvraient la porte bleue, ils se trouvèrent face à face avec un petit groupe d'hommes qui s'apprêtaient à rentrer. Des Allemands en uniforme et des policiers français. L'un des deux gardes du corps sortit prestement de sa poche une carte frappée de l'aigle du IIIe Reich et la tendit à l'officier qui commandait manifestement le groupe.

— Commissaire Helmut Reiner du Sicherheitdienst dit-il. Voici l'inspecteur Schumacher et... Il hésita une seconde en montrant Kurt. ... l'inspecteur Braun... mes collègues. Mission spéciale des Services de Sécurité. Que se passe-t-il lieutenant ?

— Par ordre du Führer et des autorités françaises : évacuation immédiate et destruction de ces vieux quartiers du port.

— Il n'y a personne ici. Nous venons de tout fouiller.

Le lieutenant rendit la carte qu'il avait étudiée sous tous les angles puis il claqua les talons levant les bras.

— Heil Hitler !

— Heil Hitler !

Tandis que la patrouille remontait les marches du grand escalier vers les étages supérieurs, Kurt et les deux hommes descendirent calmement vers la cour centrale. Les premières lueurs du jour qui se levait conféraient un aspect encore plus sinistre aux panoplies de pêche et de plongée. Kurt en apercevant l'équipement du scaphandrier, toujours à sa place, eut un petit serrement de cœur.

Dehors dans les ruelles étroites, les gens hébétés ou pleurant se groupaient devant le pas de la porte avec devant eux le ballot des quelques affaires personnelles réunies en catastrophe qu'ils étaient autorisés à emporter.

Dans l'atmosphère glacée de l'aube, les files convergeaient vers les lieux de rassemblement sur le Vieux-Port.

Telle une fourmilière géante, frappée par surprise, le vieux quartier, agrippé depuis des millénaires à sa butte, dégorgeait sa vie par tous ses pores. Petites gens pour la plupart, ou spécimens d'une pègre interlope, ces habitants se regroupaient sur les pavés du quai, sous la surveillance des polices. Ils subissaient sans comprendre ce qui se passait ce matin de dimanche. Un dimanche qui aurait pu être comme les autres.

Pressant le pas, les trois Allemands franchirent les cordons de la Feldgendarmerie et des forces de la police française.

Devant la mairie, au-delà des lignes de camions où commençaient à s'entasser les premiers transfuges vers des camps d'où beaucoup ne reviendraient jamais, Kurt se retourna une dernière fois. En surimpression des toits et des façades de ses vieilles maisons, l'image sarcastique du visage barbu et buriné réapparut devant lui. Un long frisson le parcourut.

– On aurait dit le Dieu Poséidon en personne, murmura-t-il.

DEUXIEME PARTIE
Miami, septembre 1973

CHAPITRE SIX

C'était la troisième fois qu'il l'apercevait cette semaine.

Elle avait une manière à elle, presque enfantine, de s'accouder à la rambarde de la petite passerelle qui enjambait la fosse aux requins. Son visage reposant dans ses longues mains, elle semblait fascinée par ce qui se passait en-dessous.

Une petite brise, encore fraîche parce que matinale, soufflait par instant depuis la Baie de Biscayne sur le Seaquarium de Miami et soulevait les mèches folles d'une flamboyante chevelure rousse.

Jonathan s'était d'abord étonné de la voir ainsi solitaire, et toujours avant l'heure d'ouverture, puis il avait rapidement établi un rapprochement avec la présence ces derniers jours d'une remuante et bruyante équipe de télévision qui tournait dans les ateliers et bassins de la M.G.M., tout à côté.

Elle était toujours pieds nus, comme lui. Mais là s'arrêtait leur ressemblance vestimentaire. Le vieux blue-jean délavé, rapiécé et le T-shirt blanc troué par endroits qui couvrait son torse athlétique n'avaient rien d'une tenue affectée. Ils reflétaient très exactement l'état de ses finances.

En revanche, elle apparaissait toujours vêtue avec une élégance discrète. L'ensemble de shantung turquoise qu'elle portait aujourd'hui confirmait son sens et sa fréquentation des choses de prix. C'était tout au moins ce que pensait Jonathan en s'approchant rapidement : une fille habituée au fric mais aussi un sacré morceau !

Si la première constatation pouvait être un obstacle, la seconde justifiait toutes les audaces. En dragueur convaincu, mais aussi en authentique descendant d'un célèbre flibustier français de la grande époque venu jadis se perdre en Louisiane, il avait opté pour l'abordage immédiat.

« Elle le vit venir ». Sa connaissance de l'homme jointe à son intuition lui permirent de le jauger instantanément : Un jeune loup ou plutôt un jeune requin, sa place serait ici avec les autres squales, dans la fosse... à moins qu'il ne s'en soit échappé.

L'idée la fit sourire.

Jonathan LARUE fut ébloui. Il avait toujours eu un faible caché pour les grandes rousses, peut-être parce qu'elles étaient rares et qu'elles lui avaient toujours échappé jusqu'ici.

Le visage frais parsemé de taches de rousseurs, le nez mutin révélaient un caractère enjoué et spontané, tempéré cependant par le regard clair mais déjà désabusé des deux grands yeux verts.

— Vous savez dit-il sur un ton badin, ne vous penchez pas trop, il vaut mieux éviter de tomber dans cette soupe... ils ont faim ! l'heure de leur déjeuner est encore loin. Je le sais, c'est moi qui leur donne à manger.

— Et ils ne vous ont pas encore croqué ?

La réponse lui plut. Cette jeune personne avait même de l'humour.

— Vous savez, reprit-il, les requins ne se mangent pas entre eux, sauf s'ils sont blessés.

Son petit rire de gorge, moqueur, l'émoustilla.

Il me la faut, pensa-t-il, tout en cherchant les mots qui convenaient pour la suite. Il ne trouva rien. Il n'avait jamais été fort pour tenir des discours fleuris aux filles. Par contre, il savait parfaitement bien les emballer, ce qui, à ses yeux était le principal.

— Vous êtes du coin ? Elle avait repris son sérieux mais une lueur moqueuse brillait toujours dans ses yeux.

— Si l'on veut. Je suis engagé ici depuis une dizaine de jours... comme plongeur.

— Ah oui ! alors c'est vous que l'on voit avec cet énorme casque orange en train de donner à manger à toutes ces grosses bêtes. Vous n'avez pas peur ?

C'était bien là une réflexion de femme, jugea-t-il. Elle avait eu une jolie moue peureuse en disant cela et il l'aurait croquée sur place.

Il y avait belle lurette qu'il ne redoutait plus les habitants de cet univers sous-marin. En fait il ne se souvenait pas avoir jamais eu la moindre crainte. Il s'était toujours senti dans son élément sous l'eau, et ses habitants lui inspiraient déférence, curiosité, sympathie ou admiration mais en aucun cas la peur.

Il le lui expliqua et, tandis qu'il s'animait en lui décrivant la beauté et la sauvage puissance du grand Carcharodon Carcharias ou requin blanc lorsqu'il se jettait sur sa proie, elle se surprit à être gagnée par sa fougue. Le mélange fascinant de force insolente et de santé physique de ce jeune aventurier modelé par la mer la troublait. La fréquentation du milieu argenté mais frelaté dans lequel elle évoluait depuis que, par son mariage, elle avait réussi à s'extirper des boîtes de nuit bon marché où elle prétendait chanter lui avait fait oublier ce qu'était un vrai mâle.

— Et vous, que faites vous ici, tous les matins ou presque ?

Il avait posé la question pour la forme, connaissant déjà la réponse.

— Je m'ennuie, ou plutôt c'est parce que je m'ennuie ailleurs que je viens rêver ici.

Jonathan remarqua son alliance. Si elle était mariée, son mari faisait certainement partie intégrante de ce monde où elle s'ennuyait. Il vint s'appuyer sur la rambarde à côté d'elle, et prit conscience de la fragrance sophistiquée de son parfum. Il avait une sainte horreur de toutes les odeurs artificielles, mais il se garda bien de le lui dire.

Juste en dessous d'eux, sous la surface miroitante de l'eau un fuseau sombre et imposant fila silencieusement.

— Vous préférez peut-être la compagnie des requins ? demanda-t-il.

— Oh, des requins, il y en a partout, vous savez.

Ils éclatèrent tous deux de rire.

— Je suis moi-même d'une très mauvaise fréquentation, regardez je suis déjà tout près de vous.

Elle le releva de suite :

— Toute ma vie n'a été qu'une longue suite de mauvaises fréquentations.

La bonne humeur acheva de faire fondre les derniers obstacles qui pouvaient encore s'opposer à une mutuelle attraction.

— Que diriez-vous d'une bonne tasse de café avant le rush des visiteurs ? dit-il brusquement.

— Eh bien je ne dirai pas non.

Il la prit délibérément par la main pour la mettre à l'épreuve mais elle la retira prestement.

— Attention mon mari n'est vraiment pas loin.

Elle lui sourit et il fut sûr que l'affaire était gagnée, simplement remise à plus tard.

Côte à côte, ils se dirigèrent lentement vers la cafétéria. Une odeur humide et chaude se dégageait du gazon tropical, aux feuilles drues et épaisses, des immenses parterres du Seaquarium fraîchement arrosés. Le long de la voie cimentée, déjà brûlante sous l'action des rayons du soleil, des petites flaques d'eau achevaient de s'évaporer après le grand lavage du matin. Comme deux grands gosses ils y pataugeaient au passage.

Ils apprécièrent la fraîcheur, lorsqu'ils arrivèrent sous le grand auvent de l'établissement.

Une activité fébrile commençait à régner de l'autre côté du grand comptoir de zinc dans le brouhaha caractéristique des claquements, cliquetis et autres bruits divers d'une cuisine qui se réveille. L'appétissant fumet d'œufs et de bacon en train de grésiller sur une plaque chauffante vint leur chatouiller les narines.

— Peut-on avoir deux tasses de café, Mac ? demanda Jonathan au jeune noir de l'autre côté de la banque, impeccable dans sa chemise à manches courtes et sa toque d'un blanc immaculé et fraîchement amidonnée.

— Mais certainement, Frenchy.

Il prit les deux tasses et alla rejoindre la jeune femme qui s'était assise à une table après en avoir dégagé les chaises.

— Il vous a appelé Frenchy ? Une lueur amusée brillant dans les grands yeux verts.

— Oui, je suis moitié français, moitié cajun ; je viens de la Louisiane. Jonathan Larue, pour vous servir.

Il posa les deux tasses brûlantes sur la table et lentement se saisit de la main droite de la jeune femme qu'il couvrit des deux siennes.

Cette fois-ci elle ne la retira point.

— Vous travaillez vite chez vous, dit-elle simplement, arborant une expression faussement candide qui l'excita au plus haut point.

— Moi je suis Linda KLEIN, une O'REILLY et Irlandaise de naissance.

Il relâcha la main captive comme pour lui prouver que c'était lui qui gardait l'initiative.

— C'est une trop longue histoire... un peu compliquée. Il n'aimait pas en parler, mais il se sentait curieusement dans un climat de confiance avec cette fille et il eut brusquement envie de lui expliquer :

— Mon père a connu ma mère en France pendant la guerre où il était G.I. Il était artificier dans une Bomb Disposal Squad *. Ce qui aurait pu ne pas arriver, arriva malheureusement... en Allemagne. Alors que la guerre venait de finir, une charge qu'il était en train de désamorcer lui explosa au visage le tuant sur le coup. Quelques mois après je naissais. Comme le dossier de la demande en mariage était déjà parti à Was-

*. Equipes d'artificiers de l'U.S. Army.

hington, je fus reconnu légalement comme étant de père américain.

Ma mère choisit néanmoins de rester en France où je fus élevé jusqu'à l'âge de seize ans. Elle mourut dans un accident de la route. C'est à cette date que je débarquais pour la première fois sur le sol des U.S.A., sans un sou vaillant. Ce sont les deux frères de mon père qui me recueillirent dans la vieille ferme de la famille perdue dans le Bayou louisiannais.

C'étaient deux ruines et la baraque en bois aussi, mais qu'est-ce qu'ils trimaient au milieu de leur bourbier marécageux et leurs gros cochons noirs !

Jonathan était en forme. Il n'avait rien d'un littéraire, mais il avait l'instinct des mots. Ses descriptions faisaient mouche. La belle rousse riait parfois aux éclats, perdant sans aucune gêne ce vernis sophistiqué qu'elle s'était donné tant de mal à composer. Par association, des images de sa propre adolescence miséreuse dans le ghetto irlandais du Bowery à New York où son flic de père régnait en despote fauché sur sa nombreuse progéniture lui remontaient à l'esprit et pour la première fois lui apparaissaient sous un angle presque comique.

— A dix huit ans je m'engageais dans la Navy. Je n'en pouvais plus... je n'avais qu'une idée en tête : fuir ce merdier. Je n'étais pas fait pour ce travail d'esclave. Mes ancêtres en avaient suffisamment ramené des tout noirs d'Afrique pour que je ne fasse pas ce boulot à leur place.

Elle approuvait, à sa manière, elle avait fait exactement comme lui.

Leur refus de continuer à croître dans l'ornière miséreuse qui leur avait été impartie comme lot, par ces dieux féroces ou trop malicieux qui régissent le destin des hommes, relevait d'une force d'âme identique.

— J'eus la chance d'être versé dans les commandos spéciaux de la marine : les S.E.A.L.S. Ce fut une révélation. Toutes les tendances héritées de mes vieux forbans d'ancêtres à l'état de sommeil dans mes gênes explosèrent. Mieux qu'eux encore et sous la bénédiction officielle, j'appris à devenir un être dangereux non seulement sur l'eau mais sous l'eau... un vrai requin quoi !

Il éclata de rire sous le regard impressionné de la jeune femme.

— Avez-vous vraiment tué des hommes ?

— Je n'avais pas le choix.

Elle resta un instant silencieuse. Puis, regardant sa main :

— Cette cicatrice près du pouce ?

— Résultat d'un corps à corps mortel en pleine jungle

vietnamienne. J'étais désarmé. J'ai pu quand même me débarrasser à tout jamais de mon agresseur.

— A mains nues ?

— Eh oui ! le karaté qu'on nous enseignait dans les corps francs c'est autre chose que les arts martiaux japonais. Une main humaine peut devenir une arme mortelle.

S'arrêtant brusquement, il jeta un coup d'œil à une pendule électrique près de l'entrée.

— Soyons un peu sérieux. Il va falloir que je m'occupe de mes animaux. A quelle heure se revoit-on ? Linda. Je termine tôt aujourd'hui, demi-journée, vous savez.

En tout autre occasion elle aurait biaisé, joué la difficile, mais elle se sentait attirée par ce garçon, entraînée dans son sillage tumultueux. Pour une fois son éternel féminin ne la poussa pas à tricher pour se prémunir contre le danger de l'inconnu. Elle songea à David, son mari : il devait être en train de papillonner comme à son habitude au milieu de sa cour de starlettes prêtes à toutes les concessions pour un petit bout de tournage dans un film de T.V., fut-il publicitaire.

— Où vous voulez, quand vous voulez, se surprit-elle à lui répondre.

Il la regarda : ce n'était pourtant certainement pas une fille facile.

Il sentait confusément que ceci était plus qu'une simple « touche ».

Elle devait le comprendre, ou plutôt le deviner, avec cette intuition qu'ont les femmes et qui l'étonnait toujours. Il en ressentit comme une onde de chaude sympathie. Se levant soudain, il lui vola un baiser rapide sur la bouche :

— A deux heures devant la boutique à souvenirs près de l'entrée lui cria-t-il en s'éloignant rapidement.

Il se retourna pour la regarder. Elle s'était levée à son tour et lui souriait malicieusement d'un sourire qu'il estima complice.

Il la vit disparaître derrière les haies fleuries bordant la lagune des dauphins de la télévision et il se dirigea en direction opposée vers la baraque isolée, la Fish-house, où il devait dépecer les poissons congelés qu'il donnait à manger aux requins, quatre fois par jour.

*
* *

Tout en sifflotant il préparait quelques belles pièces : larges têtes de thon ou de mérou, tronçons de liche ou de raie qu'il accrochait au bout d'une chaîne en les balançant au-dessus des gueules affamées des pensionnaires du shark channel.

La fosse aux requins, cet immense canal en forme de roue où les squales de toutes sortes tournaient incessamment dans le sens des aiguilles d'une montre, large de trois mètres et profond de deux, était le pôle d'attraction n° 1 des touristes avides d'émotions fortes.

Jon se divertissait beaucoup plus à observer les expressions de la foule qu'à taquiner le plus longtemps possible (pour faire durer le show) les malheureux requins affamés, qui dans leurs efforts voraces, soulevaient parfois la gueule et une partie du corps bien au-dessus de la surface et presqu'à toucher la petite passerelle transversale d'où il opérait.

Il éprouvait même un certain érotisme à observer en particulier les réactions de certaines spectatrices à la vue de la furie de ces sanguinaires créatures.

Mais ce jour, il était pressé, il avait mieux à faire.

Le soleil était de plomb lorsqu'il se dirigea vers la sortie et le Gift Shop. Pour la première fois depuis longtemps il se sentait revivre. Il avait réussi à taper son équipier Herbie de 20 dollars et des clefs de sa vieille Mustang. La vie redevenait belle, restait à savoir si Linda serait effectivement au rendez-vous.

Il la repéra de loin tandis qu'il descendait l'allée couverte et son cœur s'accéléra légèrement comme tout de suite avant une plongée profonde.

Pour la première fois il remarqua les senteurs capiteuses, embaumant l'air moite et brûlant, en provenance des innombrables bosquets de fleurs multicolores formant la longue platebande centrale qu'il longeait.

Elle n'était plus pieds-nus. Les escarpins à talons qu'elle avait chaussés, accentuant sa cambrure, rehaussaient les courbes agréables de charmes féminins auxquels Jonathan ne savait absolument pas rester insensible. Elle arborait toujours ce petit sourire en coin :

– Où m'amenez-vous ?

Un chuintement et un bruit de grincements leur fit lever la tête.

– Je vous enlève pour faire un tour dans le monorail !

– Non merci. Je préfère les profondeurs marines aux risques de l'espace.

Ils rirent en regardant la petite cabine profilée, aux couleurs bleu et crème, pleine de visages hilares ou heureux, glisser lentement, accrochée à son rail entre ciel et terre jusqu'à sa sortie toute proche. Les portes franchies contre un flot montant et bariolé de visiteurs qui affluaient, ils se dirigèrent vers les voitures garées sur l'immense parking.

— Je vais vous faire changer d'air plaisanta Jonathan en ouvrant la porte du vieux coupé et en la maintenant galamment ouverte tandis qu'elle s'asseyait sur le siège fatigué et même troué par endroits.

— Elle est à vous cette voiture ?

— Oui, s'entendit-il mentir, pourquoi, elle vous gêne ?

— Ce n'est pas la voiture qui me gêne, elle souriait, mais plutôt ce qu'elle laisse pressentir.

— Vous voulez peut-être dire que j'ai l'air d'un fauché ? Eh bien vous avez tout à fait raison : je suis dans une dèche complète... je vous ai raconté des histoires... même cette voiture n'est pas à moi !!!

Il s'assit à son tour. La main sur la clef de contact se tournant vers elle, il la regarda droit dans les yeux dans l'attente de sa réaction.

— Je vous préfère mille fois ainsi car... Elle ne put achever. L'entourant de ses deux bras puissants, il écrasa ses lèvres sous les siennes. D'instinct elle voulut d'abord résister, puis elle céda à l'onde brûlante qui la submergeait.

Il démarra sec. Dans le grondement d'un moteur à l'échappement déréglé, la voiture fit un bond en avant plaquant la jeune femme contre le dossier de son siège.

Il marqua le stop réglementaire avant de s'engager sur la magnifique avenue bordée de palmiers et de cocotiers, le RICKENBACKER Causeway, qui reliait l'île de KEY BISCAYNE sur laquelle se trouvait le seaquarium, au littoral de Miami.

Une seconde il hésita : s'il tournait à droite il longerait la somptueuse forêt de pins, palmiers et cocotiers géants traversant ORANDON PARK et conduisant jusqu'au bout de l'île d'où ils auraient une vue superbe sur l'Atlantique. Là ils pourraient se promener dans les parages du vieux phare romantique, ils pourraient patauger dans les eaux peu profondes entre la plage de sable dorée et le long banc qui forme à marée basse une véritable petite île allongée parallèlement à deux cent mètres à gué du rivage : un coin rêvé pour la baiser au grand air. Ou bien ils pourraient terminer la soirée sur la vieille couverture qu'Herbie gardait toujours dans son tacot juste au cas où, à la belle étoile.

Il songea tout à coup au sable et aux moustiques et vira subitement vers la gauche, en direction de Miami.

Il connaissait par cœur ce tronçon moins verdoyant du Rickenbacker Causeway, mais il ne s'en lassait jamais : c'était pour lui comme une voie vers le large et l'aventure et c'était d'ailleurs ainsi qu'il considérait sa nouvelle expérience de plongeurdresseur au seaquarium.

Il accéléra.

Crinière rousse flottant au vent, Linda semblait ravie et jouissait elle aussi du paysage. A gauche, c'était la baie, aux eaux plutôt jaunies par la pollution croissante, mais le site était splendide.

Par une journée claire comme celle-ci ils apercevaient Soldier Key, Elliot Key et distinguaient le chapelet des premiers îlots de la longue chaîne s'étirant paresseusement jusqu'à KEY WEST à 150 miles au Sud-Ouest.

Du long pont précédant le péage, la vue donnait sur la mer d'un bleu émeraude. Comme toujours, l'air ici était vivifiant. Jon très concentré, respirait lentement, à pleins poumons. Linda le détaillait en catimini.

— Quel âge pouvait-il bien avoir ? Trente ans au maximum. Elle avait donc cinq ans de plus que lui.

Son regard s'attarda sur le cou large et puissant.

Elle sourit intérieurement.

Il avait dû sentir inconsciemment qu'elle l'observait car il tourna brièvement son visage vers la jeune femme : A quoi pensez-vous ?

Elle ressentit l'impact des deux yeux clairs qui la fouillaient et se troubla un très bref instant. Puis elle répondit en plaisantant :

— Il vaut mieux que je ne vous le dise pas.

Ils atteignirent la terre ferme, et s'engageant dans la ville, ils débouchèrent rapidement dans Southwest 8th Street.

Ce qui vingt ans auparavant n'était qu'un quartier vieillissant, s'était brusquement transformé en un secteur grouillant d'animation et haut en couleurs avec l'afflux des milliers de réfugiés cubains fuyant le régime de Castro. Sans transition la Mustang roulait maintenant dans ce qui aurait pu être une banale artère d'une quelconque ville sud américaine. Les enseignes peintes ou lumineuses : Bodegas, Panaderias, Farmacias, Ferreterrias se succédaient sur les murs des blocs carrés et bas des petits immeubles de briques peintes, témoignage de la puissance et du dynamisme de ces nouveaux conquistadores, venus curieusement cette fois-ci du nouveau continent.

Pour l'instant, l'avenue, longue et droite, écrasée par le soleil, sommeillait dans la torpeur d'un chaud début d'après-midi. Seul le va-et-vient des consommateurs apportait un peu d'animation devant cafés, drug-stores et restaurants où les menus, placardés en grosses lettres sur les vitres, offraient des arroz con pollo ou des moros y cristianos en guise des sempiternels hot-dogs ou cheese-burgers.

Little Havana s'enfonçait dans l'heure de la sieste.

— Dites, j'espère que ce n'est pas ici que vous comptez me faire changer d'air ?

Le ton mi-ironique, mi-alarmé, avec lequel Linda venait de rompre leur silence déclancha un franc éclat de rire chez son companon.

— Je vois ce que vous voulez dire… mais pas du tout, nous allons plus loin.

— Parce que, insista-t-elle, nous avons, David et moi, énormément d'amis cubains.

— Je vous amène chez des potes à moi, c'est différent vous verrez.

Très rapidement la large voie droite de la Nationale 41, la Tamiami Trail, s'ouvrit devant eux.

Abandonnant d'élégants quartiers résidentiels sur leur gauche, la Mustang prit de la vitesse. Les habitations se clairsemaient à l'image de la végétation. Bientôt de part et d'autres du long ruban d'asphalte surchauffé, les marais des Everglades étalèrent à perte de vue la monotonie de leurs étangs et bourbiers.

Curieusement, mais peut-être était-ce un effet de la canicule, il se maintenait dans un mutisme absolu qu'elle respecta. De temps en temps il tournait la tête vers elle et lui souriait. Il finit par lui dire, comme pour s'excuser de son comportement :

— Linda, j'ai pour règle absolue de me concentrer sur ce que je fais même si c'est une chose aussi simple que de manger, boire, dormir ou conduire ! La clef de l'efficacité au combat et ailleurs ! C'est ce que m'a enseigné au Japon mon vieux Maître TAKAHASHI.

— Vous y avez vécu longtemps ?

— Suffisamment pour y apprendre les arts du BUDO.

— Budo ?

— Oui les arts martiaux : kendo, aikido, karaté.

— B u d o, c'est charmant le Japonais. Oh ! Jon parlez-moi un peu dans cette langue… comment dit-on par exemple : je vous aime ?

— Anata o aishiteru.

— Oh ! comme c'est compliqué !

— Oui, mais c'est très amusant à apprendre. Par exemple savez-vous comment on dit allo au téléphone ?

— Non.

— Tout simplement moshi-moshi ! Joli n'est-ce pas ?

Linda riait comme une enfant.

Alors que la route et le canal qu'elle suivait allaient amorcer une large courbe vers la droite, la voiture ralentit pour s'arrêter à l'embranchement d'un large chemin de terre battue.

– C'est ici que nous quittons un moment cette civilisation pourrie. Je vous emmène dans un des derniers îlots de résistance, chez des hommes qui en ont encore.

Jonathan avait l'air particulièrement heureux.

Se penchant vers Linda, il rapprocha son visage, plaquant langoureusement ses lèvres sur les siennes. Elle réagit avec une brusque passion. La chaleur du long baiser scellait définitivement leur pacte.

– Se concentrer sur ce que l'on fait dit-il en plaisantant.

– Oui, je comprends ce que tu veux dire maintenant. Une lueur malicieuse brillait au fond de ses yeux verts.

– Allons-y.

L'aspect du paysage changea bientôt. Franchissant une première frange de hauts cyprès, ils pénétrèrent dans des bois touffus. Plusieurs miles d'une route cahotante dans un nuage de poussière que dégageaient les roues et ils débouchèrent à la sortie d'un virage dans une clairière, devant un groupe de maisons en bois délabrées, qui, avec les caravanes éparpillées dans la nature environnante, formaient une petite agglomération perdue.

– Voici PINECREST, Linda. Le coin a eu son heure de gloire du temps de la prohibition : Al Capone y avait fait construire un hôtel où selon la rumeur, plus d'un haut ponte du syndicat venu prendre des congés y a disparu sans laisser de traces... jetés en pâture aux alligators.

Même de nos jours, Pinecrest échappe à la loi. Sur le plan administratif elle est détachée du reste du comté. C'est un excellent coin pour se cacher. Une centaine de personnes y vivent refusant joyeusement les bienfaits de notre société de consommation. Tout le monde est armé et pourtant il y a moins de crimes que dans tout le reste du pays.

Ils s'arrêtèrent à une vieille station service. Linda se rendit aux toilettes et en profita pour mettre un peu d'ordre dans ses cheveux et son léger maquillage pendant que Jonathan faisait le plein.

Des bribes de sa conversation avec le pompiste lui parvenaient.

– Tu n'as pas eu d'ennui cette fois-ci, Frenchy ?

– Non... non, je viens simplement rendre visite à Tony, il est toujours là ?

– Ouais, il crèche toujours dans son trailer.

Elle sortit hâtivement lorsque les commentaires s'engagèrent d'une manière par trop précise sur elle.

Ils s'arrêtèrent de parler tous les deux et Jonathan s'avança.

Sans trop savoir pourquoi, il lui donnait l'impression de coller à ce décor un peu fou des années 30. Ou, plutôt si, tandis qu'il avançait traînant flegmatiquement ses six pieds de jeune carcasse musclée, sans une once de graisse, en arborant son sourire enjoleur, elle ressentit d'instinct son harmonie avec ce milieu frustre et encore libre.

Il lui prit la main.

– Viens, on va voir mon pote.

– Ah oui... Tony !

– Comment le sais-tu ? Il avait l'air franchement étonné.

– Mon intuition féminine.

– Il faut toujours que tu te moques de moi... mais je t'adore.

Il la prit par la taille et l'embrassa, fougueusement, violemment.

– Eh bien... tu n'y vas pas de main morte dit-elle en songeant au rouge à lèvres qu'elle venait de mettre.

Ensemble, ils se dirigèrent vers l'une des deux tavernes qui avec l'unique épicerie et la station d'essence formaient le centre commercial du hameau.

– "A la loge de l'alligator" disait, au-dessus de leur tête l'enseigne représentant le gracieux animal.

Ils franchirent la marche de bois vermoulue et pénétrèrent dans la grande salle qui par contraste paraissait fraîche. Dans la demi-obscurité ils vinrent s'appuyer au long comptoir vernissé et Jonathan commanda une bière pour lui même et un coke pour elle.

– Il faut que je t'explique qui est Tony.

Pendant qu'ils l'attendaient il lui brossa un tableau rapide : ils s'étaient connus au Vietnam... Les missions impossibles confiées à l'équipe du S.E.A.L. de l'U.S. Navy à laquelle ils appartenaient tous deux, les raids suicides sous l'eau derrière les lignes ennemies, les frousses et les enthousiasmes communs. Alors qu'il s'exaltait au flot des souvenirs qui ressurgissaient intensément, elle eut brusquement envie de lui. Il y avait trop longtemps qu'elle affectait d'être rangée. Elle en avait assez aussi de ces étreintes rapides, par trop simplifiées et de plus en plus espacées avec un David KLEIN, son mari, qui de toute manière, le salaud, devait trouver son compte ailleurs.

Au beau milieu d'une phrase, Jonathan s'arrêta net.

– Eh, je ne suis pas venu ici pour te raconter ma vie...

Il la regarda. Il lui sembla qu'une lueur inhabituelle brillait dans ses prunelles. Etait-ce la chaleur ? Une fine transpiration couvrait sa peau halée d'une moiteur qui l'excita.

Sa main gauche tapotait nerveusement sur la surface de bois du bar. Il la pressa et fut surpris de la trouver brûlante.

Comme elle se retournait vers lui il lui dit tout de go :

— Tony va nous prêter sa piaule.

Elle s'étonna de sa propre réaction. Cette journée n'était décidément pas comme les autres et Jonathan non plus. Loin de le gifler comme il seyait à une jeune femme de son nouveau rang social elle se lova contre lui et vint chercher ses lèvres.

— Eh bien les enfants, on ne s'en fait pas !

Un grand gaillard d'une quarantaine d'années, aux cheveux blonds coupés très courts, vêtu d'un pantalon clair de l'armée et d'une chemise bariolée à manches courtes, les bras couverts de tatouages venait de surgir derrière eux.

— Linda, je te présente Tony ANDERSON, le plus grand baroudeur mais aussi le plus grand bluffeur de tous les temps.

— Je vois, Frenchy, que tu as la langue toujours aussi bien pendue.

— A quand la prochaine chasse au trésor ?

— Non. Pour moi ces petits jeux-là... c'est fini. Je me consacre à l'élevage des alligators. J'y ferai sans doute jamais fortune mais c'est plus sûr.

— A moins que tu te fasses croquer par l'un d'eux.

Ils éclatèrent de rire.

— Non... les requins ne m'ont jamais eu et c'est pas ces petits lézards là qui me boufferont.

Il toisa Jonathan amicalement : « Et toi petit comment vas-tu depuis ? »

— Mal sur le plan financier et bien sur le plan sentimental puisque, comme disent les français : malheureux en affaires, heureux en amour.

— En tout cas mes félicitations à tous deux. Se tournant vers Linda, Tony ajouta en plaisantant :

— Ma chère Linda, vous n'auriez pu tomber plus mal.

Jonathan sans se vexer l'interrompit et expliqua rapidement à la jeune femme : ils avaient mis au point ces deux dernières années depuis leur retour du Vietnam où Tony avait été sérieusement blessé, diverses expéditions dans les eaux des Bahamas et des Caraïbes à la recherche d'hypothétiques trésors — les quelques primes encaissées pour leur démobilisation y étaient passées — Elles s'étaient toutes soldées par des échecs.

La dernière fut la plus désastreuse. Un cyclone imprévisible et tout le dispendieux matériel de plongée et de récupération acheté à crédit, était allé rejoindre dans les grands fonds les lingots et autres trésors qu'ils étaient supposés récupérer.

Les plaies pansées par le temps, Tony et Jonathan riaient

maintenant aux éclats à l'évocation de leurs déboires.

— Si tu nous avais vus Linda, accrochés désespérément pendant 48 heures à un petit récif de corail. Le cruiser de location avait sombré... le compresseur, la suceuse, les bouteilles, tout avait été emporté par la tempête. Pour une fois que l'on était sûr d'avoir décroché le magot... Ah ! Tony tu en faisais une tronche lorsque la vedette des Coast Guards est venue nous ramasser.

— Ça va... ça va... légèrement mortifié, Tony se calmait.

— Vous savez Linda, le plus fort c'est qu'il dit vrai, Jon est capable des pires conneries rien que pour la beauté du geste. Et quels sont tes nouveaux projets ? ajouta-t-il avec prudence, brusquement conscient que son ami n'était pas venu seulement pour s'envoyer la fille. D'expérience il savait qu'il se débrouillait toujours pour joindre l'utile à l'agréable.

— Je compte remettre ça.

— Mais tu es cinglé, avec quel argent ?... en tout cas sans moi cette fois-ci, je te l'ai dit.

— Le pognon on le trouvera mais il faut que tu viennes, Tony.

— Non mon vieux, ne compte plus sur moi ; ce coup-ci c'est fini la mer, je ne veux plus en entendre parler. Je suis devenu cul-terreux et le coin me plaît. Et puis, qui donnerait à bouffer à mes alligators ?

Alors qu'il s'apprêtait à insister, Jonathan se rendit compte que la décision de l'autre était irrévocable. Même les plus durs, à un moment donné, devaient avoir envie de se caser.

— Dommage dit-il, subitement sérieux. Je suis sur un coup fantastique, le plus riche trésor de tous les temps, et à portée de la main. Il n'y aura qu'à ramasser.

— Ah oui ? Tony avait l'air impressionné par la tranquille assurance de ce compagnon dont il connaissait par cœur les moindres réactions... et peut-on savoir où ?

— Warderick Wells Cay, tu connais ?

— Non.

— Eh bien, tu en entendras parler.

CHAPITRE SEPT

— Tu as vraiment l'intention de repartir ?

Ils étaient allongés, nus tous les deux, sur le grand lit du Trailer. Elle avait prononcé ces mots d'une voix douce qui le surprit après la furie qui avait présidé à leurs ébats.

Il se retourna sur un côté et s'appuya sur un coude. De sa main libre, il dessina des arabesques imaginaires d'un doigt qu'il faisait glisser doucement sur la peau humide de transpiration de Linda, les seins un peu lourds, le ventre plat, le mont de Vénus à la toison incroyablement dorée.

— Pourquoi, cela t'ennuierait ?

Il éprouvait, lui aussi, un sentiment nouveau pour cette jeune femme. Non point qu'il s'en sentît amoureux — il ne croyait pas en l'amour — mais il admettait l'attachement qu'un homme qui lutte peut avoir pour une compagne qui le comprenne, et la valeur de ce sentiment. Il fut sur le point de lui demander si elle aimerait l'accompagner mais il se ressaisit.

Ne confondons pas sexe et business, disait toujours Tony. Et dans le fond c'est lui qui avait raison.

Il changea complètement sa phrase :

— Je reviendrai très riche tu sais et je pourrai m'occuper complètement de toi.

— Tu te leurres Frenchy, elle avait dit Frenchy, presque tendrement plutôt que Jon ou Jonathan. Nous ne pourrions jamais vivre ensemble, nous nous ressemblons trop, deux petits fauves aux dents trop longues ayant appris à survivre, puis à conquérir, pour mieux vivre dans la jungle de notre société moderne. Nous finirions par nous déchiqueter mutuellement. Il vaut beaucoup mieux que nous nous fassions nos griffes et nos crocs sur les autres, chacun de son côté.

Il fut impressionné par sa lucidité. C'était vraiment une bête de race. Elle faisait l'amour avec toute la passion et l'ardeur d'une lionne en rut mais elle en avait aussi l'intelligence rusée et clairvoyante.

Une nouvelle fois un chaud élan de sympathie le traversa, il pensa la serrer tendrement, il n'était pas coutumier de cette attitude et voulut lui expliquer tout ce que ceci avait de rare chez lui et combien cela prouvait l'admiration qu'il pouvait avoir pour elle. Mais les mots ne vinrent pas.

— Tu as raison, tu as tout à fait raison, se contenta-t-il de murmurer.

Il se remit à la caresser. Ce fut le départ d'une nouvelle sarabande qui remit les ressorts du lit à rude épreuve.

— J'ai faim.

— Moi aussi.

— Mais que peut-on manger dans un trou pareil ? s'exclama-t-elle en se levant d'un bond.

Il admira son corps aux formes pleines et, devant les tâches de rousseurs innombrables, dans sa vanité d'homme contenté, il ne put s'empêcher de penser en souriant qu'il venait d'accomplir une grande première pour lui : il avait enfin fait l'amour avec une vraie rousse.

— Jon, que peut-on manger ? répéta-t-elle, j'ai une faim de loup.

— Tu seras surprise. La grande spécialité dans ce Big Cypress Swamp, c'est les cuisses de grenouilles.

Elle eut un sursaut de recul alors qu'elle s'escrimait les bras ramenés dans le dos à agrafer son soutien-gorge.

— Quelle horreur ! tu dis ça pour me faire marcher, parce que tu es à moitié français.

— Pas du tout, c'est très bon, tu verras.

— Jamais de la vie !

— Je te les ferai manger de force.

Ils s'amusaient à se chamailler comme deux enfants, tout à la joie d'un exceptionnel moment de bonheur.

Par la fenêtre qu'il venait de rouvrir leur parvenait dans le lointain les trilles allègres d'un violonneux jouant de la country music.

Ils sortirent rapidement de la caravane. Le jour commençait déjà à baisser et les sous bois environnants renvoyaient des fragrances lourdes des terres mouillées que traversaient par effluves fugitives, les senteurs poivrées de quelques fleurs de nuit tropicales, en train de s'ouvrir et de s'offrir à l'obscurité.

Le monde du samedi avait commencé à affluer et ils ne purent trouver place autour d'une table dans la grande salle rustique de l'auberge que grâce à Tony qui les y attendait assis en solitaire devant une bouteille de bière fraîche. Trois autres bouteilles vides semblaient prouver qu'il y était depuis un bon moment.

— Ah ! voilà les tourtereaux s'écria-t-il en les voyant rentrer.

— Il a l'air content de nous voir commença à dire gentiment Linda.

Jonathan l'interrompit ironiquement.

— Il en avait surtout marre de nous attendre.

Tony prit la jeune femme à témoin :

— Vous voyez le peu de cas qu'il fait d'une véritable amitié. C'est tout à fait Jon.

— Elle a faim, idiot, et je vois que tu n'as toujours rien commandé.

Face à une énorme portion de grenouilles frites, Linda oublia ses premières réticences et se mit à manger de bon appétit.

Tandis que les deux hommes discutaient tout en mangeant, elle se laissa distraire par une jolie voix qu'accompagnaient les accords typiques de la musique. La mélodie était vivante mais nostalgique. Pendant un instant la jeune femme fut loin, bien loin, toute seule avec la musique. Elle se sentit soudain tirée par un bras.

— Excusez-moi, dit-elle à Jonathan et à son compagnon c'est une chose qui ne m'était pas arrivé depuis bien longtemps. Ça me change tellement de ces boîtes de nuit artificielles où mon mari m'entraîne d'habitude.

Elle s'appliqua à les écouter. Jon essayait toujours de convaincre Tony d'une participation à la nouvelle expédition qu'il voulait mettre sur pied. Petit à petit Linda se laissa gagner par le parfum extraordinaire d'aventure qui se dégageait de cette conversation, fascinante pour elle mais apparemment fort banale pour eux.

Ils étaient de ceux qui vivaient en marge de cette société de plus en plus codifiée. La notion de temps et d'espace leur semblait inexistante et demain se confondait avec aujourd'hui et hier.

Elle frémissait à l'exposé des périls affrontés, mais le mépris du danger et des risques matériels et physiques pour eux-mêmes lui laissait entrevoir leur parfaite indifférence pour le sort d'autrui.

C'était cependant leur attitude vis-à-vis des réalités dites quotidiennes qui la stupéfiait. Jonathan, lui avait confié loger encore à l'asile de nuit et s'être nourri des reliefs de repas et morceaux de sandwiches jetés par les touristes rassasiés dans les corbeilles des plages de Miami.

Or il parlait en cet instant de pièces de huit, de doublons d'or, de lingots, de fortunes en joailleries et en perles gisant au fond de l'eau dans ce récif corallien des Caraïbes, comme si ce trésor était déjà le sien, réservé pour lui de tous temps par la providence qui veillait sur sa destinée.

Elle le dévisageait avec attention et enviait chez Jon cette force d'âme et ce feu intérieur qui lui permettraient, elle en était certaine, de mordre tôt ou tard, à pleines dents, dans l'énorme gâteau que représentent les richesses de ce monde. Elle avait, à sa manière, elle aussi, réussi à la force du poignet son ascension difficile. Mais à plus de trente ans elle estimait avoir atteint son sommet. Blasée, elle n'irait pas plus loin. Frenchy était venu à point pour la secouer un peu. Il lui avait apporté, par cette journée, une nouvelle envie de vivre.

— Non, ce coup-ci, rien ne m'arrêtera disait-il ; l'argent, je le trouverai. Plus rien n'a été laissé au hasard, tous les tuyaux du vieux de COCKBURN HARBOR, je les ai recoupés par ce que j'ai pu recueillir dans les archives à Séville et à Cadix.

Elle éprouva un brusque élan de tendresse, il était vraiment beau Jonathan lorsqu'il s'énervait ainsi !

Mais dans cet univers égoïste où il évoluait, indifférent à tout ce qui ne satisfaisait pas ses instincts de jeune animal encore tout-fou, elle savait qu'elle ne représenterait jamais qu'une simple passade.

Elle avança impulsivement la main et le toucha au bras à la hauteur du biceps musclé. Il se retourna, en lui souriant machinalement.

Brusquement, elle décida qu'elle ferait quand même tout pour l'aider.

*
* *

Comme échappées d'un dessin animé, grotesques et maladroites deux tortues massives s'évertuaient à mordiller les lambeaux de paille de fer qui pendaient entre la ceinture de plomb et la combinaison étanche d'un Jon suspendu entre deux eaux dans le bassin principal du Seaquarium.

Respirant depuis un narghilé, il était accroché tant bien que mal au rebord d'une des larges vitres qu'il nettoyait. C'était journée de corvée aujourd'hui. Il lui restait encore exactement 24 fenêtres sous-marines à nettoyer. Il avait déjà fini les hublots de l'étage supérieur de cet énorme aquarium où dauphins, tortues, requins, tarpons, loches, cobbias, mérous de toutes tailles, poissons scies, poissons guitares, raies, murennes et autres poissons plus petits, de toutes formes et de toutes couleurs se côtoyaient et semblaient vivre harmonieusement.

Certes, ce n'était pas aussi glorieux ou amusant que de

dresser les dauphins, de capturer les requins et de les réanimer en marchant avec eux dans les eaux peu profondes du bassin spécialement conçu pour cela, jusqu'à ce que l'eau circulant dans leurs branchies leur fasse reprendre connaissance (après le shark channel, pensa-t-il c'est le deuxième show qui excite le plus les filles !).

Paille de fer en main, il frottait machinalement le verre, ne pensant à rien et à tout à la fois, se divertissant surtout à faire des grimaces aux gosses et les yeux doux aux beautés locales.

Dans l'ombre du corridor, il remarqua la silhouette d'un homme qui l'observait depuis quelques temps. Que diable lui voulait-il ?

Son travail terminé, il regrimpa l'échelle, suivi des tortues et des dauphins qui, eux voulaient encore jouer, et il courut, tout mouillé, vers le carré des plongeurs pour se changer.

*
* *

— Linda m'a dit que vous êtes un technicien pour tout ce qui touche la plongée.

Jonathan, assis sur la banquette dans le vestiaire du sea-quarium achevait d'enlever le bas de sa combinaison encore ruisselante de l'eau du bassin. Il reconnut l'homme debout, qui venait de lui adresser la parole. — Ainsi c'est lui le mari, pensa-t-il.

La quarantaine passée, corpulent sans être obèse, le sommet du crâne largement dégarni, il respirait l'aisance dans son pantalon d'alpaga bleu ciel à cent dollars de chez Max Bros, que complétaient harmonieusement un polo bleu marine à manches courtes et de souples mocassins italiens.

— Elle m'a affirmé que vous êtiez la clé de tous mes problèmes, fit-il en mâchonnant son reste de havane qui répandait dans le petit local son odeur à la fois forte et suave. Je suis producteur de films et j'ai besoin pour mes séquences sous-marines d'un expert dans votre genre. Les types que j'ai autour de moi savent à peine nager. C'est tout juste s'ils ne sont pas étonnés que la mer soit salée.

Jon le regarda en souriant ironiquement :

— Vous savez ce qu'on dit ici : un expert, c'est n'importe qui loin de chez lui.

— Ha, Ha ! bravo ! j'aime cette franchise, mais je suis quand même certain que vous êtes capable.

Son rire direct et net plut à Jonathan.

— Je veux bien vous aider mais... reprit Jon.

— Tout est déjà réglé. L'autre ne lui laissa pas le temps de finir. J'ai vu le directeur du seaquarium. C'est un pote à moi, il ne peut rien me refuser, vous êtes dorénavant à mon service si vous le voulez bien, naturellement.

Vexé d'être traité comme une simple marchandise, Jonathan fut sur le point de refuser, mais la manière expéditive avec laquelle tout cela avait été mené l'impressionna malgré lui, et d'autre part, il s'était toujours senti proche de ceux qui, comme lui, allaient droit au but.

— Quand est-ce que je commence ? dit-il flegmatiquement. Et que dois-je faire ?

— Ecoutez, mon vieux, vous serez mon conseiller technique. Vous restez sur la liste de paye du seaquarium et je vous donne en plus 100 dollars par semaine de la main à la main. Ça vous va ?

— 150, fit Jon uniquement pour la forme et pour voir la réaction de l'autre.

— Comme vous voulez, je n'ai pas l'habitude de chinoiser. Rendez-vous demain 8.30 a.m. précises devant le bassin des studios.

*
* *

La collaboration entre les deux hommes s'avéra immédiatement rentable. Chacun à sa manière était précis et apportait à l'exécution de ce qu'il avait choisi d'entreprendre le sérieux, le soin et le savoir-faire du professionnel.

Bientôt David ne jura plus que par son nouvel assistant, et de son côté, Jonathan, pourtant peu enclin à sympathiser avec ce qu'il appelait dédaigneusement des terriens, apprit bientôt à apprécier le comportement effectivement terre-à-terre mais efficace de David Klein. Il avait un œil pour tout et sur tout. Toujours de bonne humeur, il n'admettait cependant ni l'erreur ni l'incompétence.

— J'ai horreur qu'on me bluffe, disait-il à Jonathan et plus encore de perdre mon temps.

Il avait du reste un sens inné de la valeur marchande de tout ce qui l'entourait, les objets comme les animaux ou les personnes. Jonathan jouant le jeu avec lui, ils s'amusaient souvent à supputer en dollars le prix de ce qui leur tombait sous les yeux : Kendall — le second cameraman — pas plus de 5.000 dollars. Le requin bleu auquel Jon donnait à manger, 2.000 dollars. La nouvelle assistante de la script girl avec ses cheveux courts et décolorés... pas même le prix d'une passe !

Comme Jonathan lui demandait une fois quelle somme il

représentait selon lui, David retirant son cigare de la bouche et après avoir craché un morceau de tabac qui était resté collé sur le bout de sa langue, le regarda, brusquement sérieux :

– Tu veux vraiment savoir, dit-il après un court moment de silence, et c'est l'oracle qui parle par ma bouche : suivant d'où viendra le vent... pas plus qu'une grosse merde ou alors la valeur d'un million de dollars en lingots et pièces d'or.

Il éclata immédiatement de rire, frappant d'une grande claque dans le dos un Jonathan stupéfié par ce qui, pour lui, prenait l'allure d'une prophétie.

Il apercevait de temps en temps la longue silhouette de Linda et elle était même venue les rejoindre plusieurs fois sur les lieux du tournage mais toujours en présence de son mari. Il la devinait encore sentimentalement proche, à un sourire, à un regard, qu'il surprenait en dehors du champ de vision de David et pourtant distante, sitôt qu'il cherchait une possibilité de la retrouver. Il comprenait mal son manège mais avait décidé de ne pas en faire cas.

Il ne tenait aucunement, du reste, à éveiller des soupçons chez David qui commençait à lui témoigner une réelle amitié.

Jonathan l'avait un jour initié à la plongée avec bouteille et sa brusque passion pour ce monde sous-marin qu'il découvrait le lui avait rendu d'autant plus sympathique.

– Tu sais, Jon, lui avait-il dit une fois, si c'était à recommencer et que j'aie vingt ans de moins je ferais exactement comme toi, je choisirais l'aventure sous-marine. Cette vie que je mène est une vraie vie de con.

– Il n'est jamais trop tard pour bien faire avait répliqué Jonathan.

Sans qu'il le sache, cette petite phrase allait faire dangereusement son chemin dans le subconscient de David Klein.

*
* *

Il avait enfin retrouvé Linda. L'orchestre prolongeait langoureusement le slow et, à l'autre bout de la longue piste de danse, à l'abri des regards indiscrets elle se lovait amoureusement contre lui.

– Je ne te comprends plus lui disait Jonathan, je ne t'ai pratiquement pas vue pendant toute cette semaine, je pensais que dans ton esprit tout était déjà terminé.

– Comment peux-tu croire une chose pareille ? je travaille pour toi chéri, et sans que tu t'en rendes compte. David s'est entiché de ta manière de voir la vie.

Elle rejeta sa tête en arrière secouant ses longs cheveux

tout en riant :

— Il peut t'aider, être ton tremplin vers la fortune si tu sais manœuvrer. Après je serai complètement à toi.

Elle se serra contre lui et Jon sentit la pression des seins nus sous la robe de soirée, contre sa poitrine. Le souvenir de cette mémorable partie de jambes en l'air à Pinecrest resurgit dans son esprit. Une brusque bouffée de désir monta en lui. Sa main plaquée au creux des reins glissa vers le bas du dos.

— Non mais tu es fou ! Linda s'écarta sèchement.

Le morceau se terminait et ils retournèrent vers leur place comme si de rien n'était. Pour célébrer la fin du tournage David avait organisé une soirée au Flamenco Supper Club. C'était l'un des clubs les plus selects de Miami et tenu par des Cubains. La soirée s'annonçait animée.

Shirley, l'héroïne de la série qu'ils avaient tournée pour la télévision, une splendide brune aux yeux bleus dont le corps de sirène et les prouesses aquatiques commençaient à crever le petit écran, serrait David au plus près sous l'œil pincé et réprobateur de la petite blonde aux cheveux oxygénés. Elle s'évertuait, penchée sur lui, le corsage largement ouvert sur une poitrine parfaite et parfaitement dénudée, à lui plaquer les mains de chaque côté de la tête, masquant les derniers cheveux, afin de voir si la calvitie lui allait bien.

— Dave, gloussait-elle, tu serais encore plus beau et plus impressionnant ainsi.

David la repoussa en riant :

— Attention, voilà Lindy et Jon. Hey, Frenchy ! viens t'asseoir près de nous !

Tandis que Jonathan, se saisissant d'une chaise libre en face de lui, s'asseyait nonchalamment après qu'une Linda, brusquement glaciale, eût pris place à sa gauche, David ajouta :

— Shirley, voilà le gars qu'il te faut. C'est un vrai poisson comme toi, vous formeriez un couple aquatique splendide. Je vois déjà la série fantastique que nous pourrions faire : un nouveau TARZAN, mais sous l'eau. Vous vous marieriez ensuite et auriez beaucoup de petits poissons.

Il éclata de rire, heureux de sa trouvaille.

Les lumières baissèrent dans la salle puis s'éteignirent complètement tandis que les spots éclairaient la piste.

Au crépitement des castagnettes, ondulant et souriant, un groupe de jolies filles habillées en gitanes espagnoles fit son entrée.

Jonathan qui avait une sainte horreur de l'atmosphère frelatée et artificielle des boîtes de nuit, fut surpris par la franche gaieté et la bonne humeur qui régnait dans cette salle.

Une brusque nostalgie des rivages des Caraïbes le prit. Il se souvint de ce que Linda venait de lui dire. Après tout pourquoi pas ? David était sympa. Il avait de l'argent et semblait lui faire entière confiance.

Le moment se présenta alors qu'il s'y attendait le moins et c'est David lui-même qui fit l'ouverture.

Ils se trouvaient pour la première fois seuls à la table et face à face. Tous les autres dansaient.

— Jon, grommela David en allumant l'énorme havane qu'il venait d'acheter à la cigaretière, Jon, qu'est-ce que tu vas foutre maintenant ? Ne me dis pas que tu vas continuer à faire le con à plonger dans cette baignoire du seaquarium pour tous ces voyeurs qui sont là uniquement pour guetter le moment où tu te feras bouffer. Il rit de nouveau. Je ne leur donne pas tort, remarque, je fais exactement pareil, il faut bien qu'on en ait pour son argent. Il gloussait maintenant de plaisir, ravi de son cynisme.

Jonathan le laissa parler curieux de savoir où il voulait en venir, n'osant encore croire que les dieux se mettaient de nouveau avec lui.

— Ecoute reprit David, j'ai décidé de prendre un peu de repos. Je ne sais si je te l'ai dit, mais je suis propriétaire —une folie de Linda — d'un magnifique cruiser de 40 pieds. Il dort dans la Marina, me coûte une fortune en entretien et je ne m'en sers presque jamais.

Il s'arrêta, fixant Jonathan de ses yeux malins, guettant sa réaction. Mais celui-ci gardait — un sourire aux lèvres —son attitude figée.

— Tu m'as ouvert de nouveaux horizons avec ta plongée reprit-il, aussi voici ce que je te propose.

Il marque un bref instant de pose pour mieux l'impressionner.

— Je t'embarque pour une croisière de quinze jours dans les Caraïbes, tous frais payés, salaire à débattre. On emmène Lindy et Shirley, tous les quatre... mais attention ! pas question de partouze.

Secouant la cendre de son cigare sur la moquette il s'esclaffa selon son habitude.

Jonathan prit aussi son temps pour répondre. David était piégé et il en remercia intérieurement Linda.

— J'ai beaucoup mieux, dit-il, seulement il y aura d'autant moins de partouze qu'il n'y aura pas de femmes à bord !

David le regardait intrigué.

— Oui, reprit Jonathan, que dirais-tu de gagner une fortune tout en même temps ?

— Tu es sérieux, Frenchy ?
— Tout ce qu'il y a de plus sérieux.
— C'est pas un mauvais coup au moins ?
— Mais pas du tout.

Le visage de Jonathan s'illumina de son meilleur sourire.

— Il s'agit de la récupération d'un trésor fabuleux, un galion espagnol coulé il y a plus de trois cent ans, un vaisseau bourré à craquer d'or, d'argent et de bijoux pillés aux Incas... Je suis le seul à en connaître maintenant l'emplacement et je te le dis tout de suite : les épaves c'est ma spécialité !

Mâchonnant littéralement son cigare, David dévisageait Jonathan sans prononcer un mot, avec des yeux nouveaux. Il l'avait pris jusqu'ici pour un jeune chien, habile, certes, dans sa partie, amusant par son insouciance, mais il n'avait jamais songé à lui accorder une quelconque importance. Seule sa manière de tourner autour de Linda, sans avoir l'air d'y toucher, l'avait parfois un peu inquiété.

La musique venait de s'arrêter et dans le brouhaha général, le bruit des chaises et des tables, les danseurs revenaient. Se penchant vers Jonathan il lui murmura précipitamment :

— Viens me voir demain un peu avant midi, sur le bateau justement, au Marina de Coconut Grove : le Barracuda —c'est un trawler — panne 27 — poste 103, pas un mot à personne.

David avait pris sa décision dans un éclair de lucidité : si Jonathan mentait, il ne perdait rien, il en serait quitte pour une bonne ballade. Mais si c'était vrai... ! Il en voyait déjà toutes les possibilités et les conséquences y compris sur le plan professionnel.

A un rien dans leur attitude, Linda, en reprenant sa place, comprit que quelque chose d'important venait de se passer entre ses deux hommes. Son regard croisa celui de Jonathan. Il lui sourit avec une expression de joie intérieure intense qu'elle ne lui avait jamais encore vue. Sa tête eut à son intention un mouvement imperceptible de bas en haut et de haut en bas. L'affaire était dans le sac !

CHAPITRE HUIT

Pour fêter leur accord Jonathan décida de s'octroyer une grasse matinée. Il avait téléphoné au seaquarium prétextant un quelconque malaise.

Il ne s'attarda cependant pas dans ce sinistre dortoir de l'Asile où il continuait à passer ses nuits malgré la relative aisance que lui conférait son nouveau job avec l'équipe de T.V. Il enfila une paire de shorts, un vieux T-shirt jauni et sortit. Dehors, il huma l'air moite de la ville puis marcha d'un pas rapide jusqu'au Coffee Shop à l'angle de la 22ᵉ rue et de North Biscayne Boulevard. Ce n'était pas ce qu'il y avait de mieux, mais le café en tout cas n'avait rien à voir avec la bouillasse noire servie au réfectoire. Il en but un, brûlant, accompagné de deux doughnuts avant de prendre le bus sans plus tarder.

Celui-ci était bondé d'une foule hétéroclite. Tous des fauchés comme lui, pensa-t-il, pas même capable de se payer un vieux tacot d'occasion.

Comme à son habitude, il regardait défiler les immeubles, blocs de toute taille rangés comme des cubes les uns à la suite des autres. Bordant la large avenue, quelques maigres palmiers et cocotiers, prisonniers eux-aussi de la folie de l'homme, mettaient un semblant de verdure dans ce désert de béton armé. Il se consola cette fois-ci en songeant que bientôt son regard se reposerait sur l'infini bleu de la mer, loin de toute cette horreur.

Il descendit à Flager Street et s'engagea dans un dédale de petites rues : il avait toujours eu une faible pour Little Havana avec sa vitalité, ses odeurs et ses couleurs.

Il prit un second bus qui le laissa au coin de South Bay Shore Drive et de la 27ᵉ Avenue. De là, il marcha jusqu'au Coconut Grove et la Marina.

De loin Jonathan devina plutôt qu'il n'aperçut le Barracuda. Sa silhouette rustaude de Trawler se détachait nettement des lignes trop fragiles à son goût des cruisers de toutes tailles. Par quel miracle, un homme aussi peu averti des choses de la mer que David, avait-il pu choisir un bâteau qui convienne aussi bien à leurs projets ! Jonathan y vit là un signe rassurant du destin.

De près, il éprouva un sentiment proche de l'euphorie. Il admira l'étrave droite et solide, le cube rustique de la cabine surmontée de son flying-bridge, la plage arrière vaste et dégagée.

Il aperçut une silhouette se profiler derrière une vitre. « David, certainement », se dit-il.

D'un bond, il franchit la petite passerelle qui reliait le navire au quai. Les lattes de teck du pont fraîchement lavé sentaient bon. Longeant le passavant à babord il pénétra par la porte coulissante dans le vaste et luxueux carré.

Enfoncé dans le recoin d'une confortable banquette, un verre à la main, un sourire illuminant son visage d'homme d'affaires enfin détendu parce qu'au repos, David l'attendait.

— Bienvenu à bord, dit-il jovialement, toujours aussi heureux du choix de ses formules.

Alors, Frenchy, qu'est-ce que tu en penses ? Surpris hein ? ajouta-t-il.

Jonathan voulut le mettre en boîte :

— Pas mal au premier abord... mais dis-moi, David, comment as-tu pu faire un aussi bon choix ?

— Tu devrais le savoir, Jon, quand je décide de faire quelque chose, je le fais bien.

— C'est vrai, c'est vrai, je n'en disconviens pas... mais quand tu as acheté ce bateau, sans t'en rendre compte, tu as gagné le gros lot.

— Eh bien, tant mieux ! Le compliment venant de Jonathan, David se sentait on ne peut plus flatté...

— Tu bois un verre maintenant ou je te fais visiter le bateau ?

— Je préfère voir tout de suite ce qu'il a dans le ventre.

Ils soulevèrent une trappe et descendirent.

Les moteurs Diesel jumeaux de 250 chevaux chacun, paraissaient en parfait état.

Comme Jon en admirait la propreté, David lui précisa :

— J'ai un excellent mécanicien, il ne demandera pas mieux que de se joindre à nous.

— Non, répondit sèchement Jonathan ; de même que nous nous passerons de femmes nous nous passerons aussi de mécanicien.

Tout en admirant le luxe des aménagements intérieurs il

calculait mentalement les modifications qu'il faudrait y apporter. Ils allaient avoir besoin de beaucoup de volume disponible pour entreposer le matériel de plongée, de prospection et de récupération. La cabine arrière conviendrait parfaitement.

Taillé pour affronter n'importe quelle mer, doté d'une grande autonomie, spacieux, pouvant néanmoins être manié facilement par un équipage réduit à sa plus simple expression, c'était le complice idéal pour une intervention discrète, rapide et efficace.

Exactement le bateau qu'il fallait ! restait maintenant à mettre David au pied de ses responsabilités.

La visite achevée, ils s'assirent tous deux près de la table basse. Par une des ouvertures, un courant d'air agréable pénétrait dans la vaste cabine amenant avec lui la fraîcheur du large et les brouhahas multiples et confus de la Marina. Le petit rideau court de la baie vitrée juste derrière lui, claquant à la brise, venait par instant caresser la nuque de Jonathan.

– Ne t'attends pas à une partie de plaisir, David, dit-il, ce n'est pas parce que nous avons ce bateau que c'est du tout cuit. Si je t'ai parlé de tout ceci c'est uniquement parce que tu as de l'argent, je te le dis franchement. J'apporte, et je te le prouverai tout à l'heure, une affaire exceptionnelle dont on parlerait longtemps dans le landernau des chercheurs de trésors si j'avais l'intention de la claironner au reste du monde... mais justement : il faudra que tout soit fait dans le plus grand secret. Pas question de partager avec qui que ce soit. Je me fous de la renommée et encore plus du patrimoine historique.

Il se mit à rire :

– Tu sais, Dave, pour faire ce boulot efficacement, il faut se mettre dans la peau de ces conquérants espagnols : pas de pitié, pas de sentimentalité. L'or appartient au plus fort. Malheur aux vaincus comme disaient les Romains qui s'y connaissaient.

– Vae Victis, interrompit David en levant son verre.

– Tu parles latin maintenant ? Jonathan paraissait vraiment surpris.

– Eh non, idiot, j'ai participé récemment au tournage d'une séquence sur les premiers martyrs chrétiens.

Ils s'esclaffèrent bruyamment et Jonathan pensa qu'avec David à bord il ne s'ennuierait pas.

– Tu as raison, petit, reprit ce dernier j'ai moi aussi l'habitude de mettre les points sur les i avec mes futurs associés. Continue tu m'intéresses.

– Eh bien, puisque nous devons être francs, j'ai hésité malgré ton fric car tu sembles peu fait pour le labeur physique à outrance.

— Tu ne me vexes pas, pas du tout, Frenchy. Je me demande seulement qui de toi ou de moi, travaille le plus dans cette chienne de vie !!!

— A combien estimes-tu la valeur de ce que nous pourrions récupérer ? poursuivit-il en portant à ses lèvres son verre de whisky.

Jonathan prit son temps pour répondre :

— Kip Wagner dont je t'ai parlé a encaissé un chèque de 228.000 dollars pour la vente aux enchères à New York, il y a trois ans, d'une partie seulement de sa découverte et ce n'est qu'un petit exemple.

En ce qui concerne notre trésor, je préfère ne pas parler de chiffres. La Santa Isabella, outre son chargement habituel de milliers de pièces d'argent et d'or frappées sur place, transportait une cargaison extrêmement mystérieuse. D'après la page du manuscrit des Archivo general de Espana que j'ai pu consulter sur place à Séville, elle figure sur les manifestes d'embarquement sous la dénomination de Vénérable Trésor des Dix Rois de la Mer.

— Tu dis vrai, Frenchy ?

— Ouais, mais ce qui est encore plus étrange, c'est la manière dont a disparu la Santa Isabella. J'ai lu de mes propres yeux les aveux de l'Amiral commandant l'escadre de protection lors de son procès, consignés par la Casa de Contratacion.

Selon lui, la Santa Isabella s'est littéralement volatilisé. Un moment, elle était là, dans la brume la plus épaisse, encadrée par ses chiens de garde et puis brusquement, lorsque le brouillard s'est levé elle n'y était plus. Non seulement il n'y a pas eu de tempête mais ils étaient encalminés depuis cinq jours au large de cet îlot des Bahamas dans un calme plat inquiétant.

David avala son verre d'un trait.

— Je vois très bien où tu veux en venir, dit-il ironique, la première disparition répertoriée en quelque sorte dans le soi-disant triangle maudit des Bermudes !! Eh bien, je te le dis tout de suite, Frenchy, je ne crois absolument pas à ces sornettes, et je serais fort déçu qu'un type comme toi puisse y croire.

— Moi ! mais je crois à tout et à rien, s'énerva Jonathan. De toute manière notre univers ce n'est que du vent, de la frime.

— Peut-être, n'empêche que lorsque tu es dans la merde jusqu'au cou, l'odeur est bien là.

La réflexion de David détendit l'atmosphère.

— Mais comment peux-tu savoir où se trouve l'épave s'il n'y a jamais eu d'épave ?

— Certains l'ont vue.

— L'ont vue... et n'y ont jamais touché !!

— Ouais... des indigènes pêcheurs de langoustes à qui j'ai appris à plonger avec des bouteilles.

— Ah oui ?

— Tu me laisses terminer ? Ils n'y ont jamais touché car pour eux — et c'est quand même troublant — le coin est maudit... hanté... fréquenté par les zombis, chickshawnees * et autres fantômes du passé.

— Je vois... je vois.

Jonathan sentait les réticences de son futur partenaire et il les admettait fort bien :

— Pour des raisons que tu dois comprendre je ne pourrai indiquer l'endroit précis que lorsque nous serons parfaitement d'accord.

Jonathan sourit.

David reprit la parole lentement, pesant ses mots :

— Je t'interromps tout de suite, beaucoup de choses me gênent dans ton histoire. Un navire qui a coulé sans couler, un île hantée, une cargaison pas comme les autres... je n'ai jamais été chercheur d'épaves Frenchy, mais j'ai quand même la notion des réalités. Personne et surtout pas moi, ne songerait à s'engager dans les frais et la somme d'efforts en tous genres que doit représenter une telle entreprise sur le vu d'un dossier aussi farfelu. J'espère au moins que tu ne me prends pas pour une bille ?

— Encore un verre ? Jon avait pris la bouteille de whisky et en pointait le goulot vers son vis-à-vis.

D'un signe de la tête l'autre acquiesça.

— David, je vais te raconter toute l'histoire, après tu jugeras et tu prendras ta décision.

Il y a plus de deux ans que je suis sur cette affaire. Au départ il n'y avait évidemment qu'une rumeur. J'étais à l'époque sur un autre chantier d'épaves avec un copain, Tony Anderson, un type sensationnel, un expert en la matière et que je ne désespère pas d'amener avec nous. Nous étions à Cockburn Harbor dans les îles Turks and Caïcos, en transit du Silver Bank. Nous nous étions retrouvés, toute une bande de chercheurs de trésors dans une auberge du coin.

Il y avait aussi là un vieux professeur espagnol, un ethno-

*. Oiseaux légendaires de mauvais présage et à face humaine, du folklore bahamien.

logue venu faire des recherches — sur les anciens Indiens Arawaks — et aussi sur les lieux de débarquement de Christophe Colomb. La conversation roulait sur toutes les disparitions mystérieuses qui avaient lieu dans le secteur — disparitions totales instantanées — et sans qu'aucune trace ne soit laissée. Chacun y allait de sa petite histoire ou de son opinion lorsque le vieux nous sortit celle de la Santa Isabella — il n'en avait alors pas cité le nom —. Pour tout l'auditoire, ce n'était qu'un cas parmi tant d'autres.

Jonathan regarda son interlocuteur qui ne disait plus rien.

David venait de rallumer un de ces éternels havanes. Le couvant littéralement de sa main qui le maintenait rivé dans sa bouche, il s'était renfoncé dans la banquette. Ses yeux, derrière les verres fumés des lunettes de soleil avaient cette fixité que Jon avait appris à reconnaître.

Il poursuivit :

— Intuition... réflexe de chasseur averti.. cela fit tilt en moi. Je ne dis rien mais je me débrouillai pour que la conversation glisse rapidement sur le sujet. Je revis le vieux rapidement, le soir même je crois. Il m'avoua avoir repéré cette histoire, par hasard en compulsant des archives en Espagne. Malheureusement il ne se souvenait plus lesquelles ni du nom du bateau, ni du coin non plus... si c'était à Cadix, à Simancas à l'Archivo General de Espana ou à Séville à l'Archivo de lés Indias. Bref ! sur ces entrefaits, ayant obtenu un contrat avec une boîte spécialisée dans le travail offshore en Mer du Nord, je partis pour l'Europe. J'y restais six mois au terme desquels je décidais de retrouver le soleil et la vie et j'eus vite fait de gagner le sud de l'Espagne pour y jouer les touristes. Je commençais par Cadix ; c'est là que s'était trouvé en dernier lieu le siège de la Casa de Contratacion.

— Qu'est-ce que c'est que ce truc-là ?

— Un organisme d'Etat créé par les rois d'Espagne dans les années 1500 afin de coiffer officiellement le pillage des richesses du Nouveau Monde.

C'est la Casa de la Contratacion qui préparait dans le moindre détail chacune des expéditions des Flotas, ces armadas de navires marchands qu'escortaient les galions de guerre.

Les grands livres de la Casa, de même que ceux des Archives de Séville et d'ailleurs sont devenus autant de bibles pour les chercheurs de trésor.

— Pourquoi, n'importe qui peut donc les consulter ? demanda David intrigué.

— Ouais, à condition de s'en donner la peine, de savoir l'espagnol et le vieil espagnol, de pouvoir déchiffrer l'écriture de l'époque, d'avoir des mois entiers à perdre et beaucoup de patience.

— En fait, un secret de Polichinelle... si j'ai bien compris.

— Eh bien, justement non et tu n'as rien compris du tout, reprit Jon, content de mettre son ami en boîte. Heureusement pour nous, rares sont les gens (de notre espèce, tout au moins) qui fréquentent ces lieux.

David reprit son sourire devant la réflexion de Jonathan.

— La grosse majorité des rats de bibliothèque sont là pour leurs études ou leurs recherches !

— Continue, Jon, tu es sur la bonne voie, tu commences à m'intéresser.

Jonathan poursuivit son récit, tout en s'appliquant à rester le plus sobre et le plus explicite possible.

Etape par étape, il lui décrivit le long chemin parcouru jusqu'à sa certitude finale.

Une rixe stupide un soir avec des représentants de la maréchaussée espagnole à Santa Cruz et c'était quelques mois passés dans une geôle de Séville. Rapatrié par les services consulaires, Jonathan retrouvait les Etats-Unis et la Floride complètement désargenté et moralement à zéro.

De petits jobs en petites rapines, pratiquant bien souvent la manche, il survivait dans cette faune de beach-combers et de bums en tous genres qui de Haulover Beach à Pier One trainent leur désœuvrement ou leur lassitude le long des sables des plages et des planchers des Marinas.

Un jour, rasé exceptionnellement de frais et revêtu d'un Jean tout neuf piqué la veille à la devanture d'un Army and Navy Store il décrocha une place à bord d'un gros cruiser de location : la chance inespérée !

De charters en charters il parcourut toutes les îles et îlots des Bahamas, de Great Abaco jusqu'aux îles Turks and Caïcos. Il s'assagit et reprit un vernis de civilisé.

Les mois passaient.

Chaque fois qu'il en avait la possibilité, il plongeait. Mais sondages après sondages n'amenaient que désillusions. La guigne semblait le poursuivre. Et puis, tout à coup, sans avertissement, ce fut la révélation !

Alors qu'il fouillait vainement les fonds marins de l'Exuma Sound, il rencontra par hasard une barque de pêcheurs de langoustes. Quelques verres de whisky et ces derniers lui révélèrent l'existence d'un site des plus étranges : une île réputée hantée, proche de laquelle se trouvait une très ancienne épave.

— Mon cœur ne fit qu'un bond, Dave, lorsque croisant au large de sa côte, j'identifiais certains de ses détails figurant dans la description de l'amiral. Mes Bahamiens refusaient obstinément de débarquer ; j'étais parti pour une journée de pêche avec eux. Ils aimaient bien cela car, lorsque j'étais là, leurs gains quintuplaient. Malgré tout, le rhum aidant, j'appris plusieurs faits troublants qui ne firent que renforcer ma conviction. Tout un ensemble de superstitions et de légendes entourait le coin. La meilleure, la plus impressionnante aussi car elle correspondait avec le côté fantastique de la disparition de la Santa Isabella, c'était que l'île était devenue hantée à la suite du naufrage — il y avait très longtemps — d'un immense voilier qui avait été frappé par le courroux des Dieux de l'Océan parce qu'il transportait dans ses flancs — tiens-toi bien — le trésor sacré de leurs dix premiers rois. Pareille coïncidence ne s'invente pas. Qu'en penses-tu ?

— Et certains soirs de pleine lune on peut clairement entendre les âmes de tous ces damnés, revenus sur l'île, se plaindre et se lamenter fit David, d'une voix caverneuse.

Jonathan le regarda surpris. C'est exactement cela. Comment as-tu deviné ?

— Pas difficile, c'est toujours comme ça dans les légendes. Ta mère ne te lisait donc jamais des contes de fées ?

— Bon, ça va, j'ai compris. J'ai l'impression très nette que je n'ai pas réussi à te convaincre.

— Pas du tout, idiot, je veux simplement te mettre en garde contre de trop dangereuses illusions.

— Ce ne sont pas des illusions. J'y suis retourné.

— Ah oui ?

— Il y a quelques mois, j'embarquais comme guide de plongée sur une barque dans le genre de la tienne. Mes patrons cubains avaient apparemment beaucoup de temps à perdre. Je les emmenais là-bas et j'en profitais pour fouiller tous les fonds et aussi tous les recoins de l'île. Dans une des innombrables grottes à fleur d'eau, enfouis sous le sable je découvrais les traces d'un naufrage. Je fouillais tout de suite et ne tardais pas à repérer dans le foisonnement des coraux une protubérance se distinguant nettement des bois de cerfs. Avec ma dague je l'extrayais. Sorti de l'eau, je brisais la gangue calcaire qui laissa apparaître, sertie dans le corail, une pièce de huit telle que j'en avais souvent vues mais toujours dans la main des autres.

Jonathan regarda David qui ne bronchait plus.

— Mon bi-bouteille était déjà sur sa réserve et je retournais à bord, poursuivit-il. Par un de ses revers subit de la destinée qui semblent caractériser ma vie, mes bosses avaient décidé d'appareiller immédiatement pour un point précis en plein milieu de la baie.

Rendez-vous mystérieux avec un gros Cris-Craft et puis retour sur Miami.

– Je crois que j'ai deviné la suite, interrompit David qui avait l'air de s'amuser.

– Oui, fit Jon, tu rigoles, mais ce ne fut pas si marrant que cela : Interception à 3 miles des côtes par une vedette des Coast Guards et les agents de la brigade du « Narcotics Bureau ». Mes employeurs venaient de réceptionner une énorme quantité d'héroïne pure, près de cinq cents livres, en provenance de Marseille je crois. Inutile de te dire que je me retrouvais au gnouf, une seconde fois. Je viens à peine d'en sortir, totalement blanchi, mais j'ai hâte de prendre ma revanche.

David eut la réaction que Jonathan n'attendait plus :

– Bravo, Frenchy ! tu es un gars qui ne se laisse pas abattre par les événements, je te l'ai dit... parfois j'aimerais être comme toi.

Il écrasa son cigare dans le cendrier et poursuivit jovialement :

– Que tu bluffes ou non, j'ai décidé de m'en foutre. Les grognasses du coin commencent à me fatiguer. J'ai besoin d'un peu de chair fraîche des îles. Je pars avec toi.

Il s'arrêta brusquement songeur :

– Dis donc... cette pièce de huit réaux, tu peux me la montrer ?

– Non, évidemment, elle m'a été confisquée avec tout le reste, souffla Jonathan confondu de ce réflexe dont faisait preuve David.

– Tant pis, tant pis, cela m'aurait quand même fait plaisir de la toucher, surtout si elle devait être la seule, ajouta-t-il avec son humour habituel.

– Tu veux rire ! s'il s'agit de la Santa Isabella – et tout concourt à le prouver – le record des 30.000 pièces du fameux trésor de Lucaya ramassées par Gary Simmons et ses trois copains il y a six ans sera largement enfoncé.

– A combien cela avait-il été estimé ?

– L'expert numismate Hans Schulman parlait de 2 millions de dollars à l'époque et encore affirmait-il, c'était bien en dessous de la valeur réelle.

– Je vois... murmurait David songeur, et quelle est la part de l'Etat là-dessus, reprit-il.

– Vingt-cinq pour cent, mais toute déclaration concernant la demande d'une licence d'exploitation d'une épave donne lieu chaque fois à des tractations différentes. La loi passée par le Gouvernement des Bahamas est relativement récente, 1962 ou 63. Créée à la suite de trop nombreuses découvertes, elle ne vise qu'à toucher une part du gâteau. C'est le développement de la plongée en autonome qui est la cause de tout cela... la rançon du progrès en quelque sorte.

— Rançon est bien le terme qui convient, Frenchy.

— Tu vois, dit Jon, pourquoi je te disais au départ que cela ne serait pas une partie de plaisir. Il faudrait être terriblement discret si nous ne voulons pas donner un quart, si ce n'est la moitié, du fruit de notre travail et de notre ingéniosité à une bande de fonctionnaires parasites et anonymes. Je pense que tu es du même avis que moi, Dave ?

David secoua plusieurs fois la tête affirmativement tout en souriant.

— Je suis toujours contre tout partage inutile... si c'est possible naturellement.

— O.K. ! il est juste d'ailleurs que ceux qui prennent les risques en profitent, et sans avoir à rendre de compte à qui que ce soit.

Les deux amis entamèrent une courte digression sur le sujet. Ils avaient le même point de vue : il y avait toujours, d'une part ceux qui, comme eux, étaient constamment sur la brèche, ouvrant la voie en quelque sorte, de l'autre une masse lourde d'inertie, profiteuse et envieuse qui suivait passivement.

— Mais j'ai décidé de relever le défi poursuivait Jonathan je ne ferai pas de vieux os, je sais, mais pendant ce temps là, je vis comme il me plaît.

— Bon sang ne saurait mentir, tu es un vrai descendant des flibustiers tes ancêtres. Au fond tu es un romantique, Jon, une sorte de poète.

Brusquement redevenu sérieux il ajouta :

— Mais parlons affaires... j'apporte le bateau et je financerai toute l'opération. D'ailleurs je ferai passer une grosse partie des dépenses en frais généraux. Je viens d'avoir une idée formidable ! la production d'une nouvelle série pour ma compagnie TV : Le monde du corail et ses richesses !... Qu'en penses-tu ?

— Pas mal, mis à part le titre. Cela justifiera notre présence dans le coin, aussi bien vis-à-vis des autorités que des curieux.

Les premières heures de l'après-midi s'écoulèrent rapidement. Les grandes lignes du projet furent abordées, chacune ne présentant aucun obstacle majeur. Seule ombre, mais de taille, il manquait un troisième homme. A deux l'expédition était irréalisable.

— Ton copain Tony… tu es certain qu'il ne viendrait pas ?

David achevait son troisième sandwich. Pourtant un quart de magot, ça représente une somme !

— Un quart ? Pourquoi un quart ? D'étonnement Jon fit tomber un couteau qu'il ramassa lentement tout en fixant David dans les yeux.

— C'est le moment de jouer carte sur table. Je marche à cinquante cinquante. Quant à ceux que tu pourrais prendre avec toi, c'est ton affaire.

Voyant que Jonathan gardait le silence, une lueur mauvaise dans son regard déjà dur, il s'empressa d'ajouter :

— Réfléchis vite et bien, Frenchy, je crois que c'est parfaitement juste, c'est moi qui prends tous les risques financiers, j'y joue aussi ma réputation et ma carrière.

— Je vois où tu veux en venir fit Jonathan, je n'ai pas le choix. En principe d'accord mais je réserve quand même ma réponse. Après tout, ni toi ni moi ne savons quelles seront les conditions de notre troisième partenaire.

— Tu as peut-être raison, mais c'est une question de principe pour moi aussi. Je regrette d'insister mais je pense qu'il vaut mieux se décider tout de suite. Encore une fois je casque pour tout ce qui sera utile, y compris l'équipement le plus sophistiqué dont tu estimeras avoir besoin.

Après un court silence, l'expression figée et dure de Jonathan se transforma en un large sourire. Il tendit sa main. David s'en saisit et la secoua vigoureusement tout en le regardant droit dans les yeux :

— Parfait, dit-il, à partir de maintenant tu es ici chez toi. Installe-toi comme tu veux à bord. Le Barracuda devient notre quartier général.

Les deux hommes se levèrent et David accompagna Jonathan jusqu'à la petite coupée à l'arrière. Au moment où celui-ci mit pied à terre, il se retourna.

— David, dit-il.

— Quoi ?

— Surtout, pas un mot à personne.

***

Il était presque six heures lorsque par la North-East Twenty first street il s'approcha de l'asile de nuit. Il avait flâné un bon moment dans les boutiques des shipchandlers, commençant à établir la liste de ce qui leur serait nécessaire.

De temps en temps sa main dans la poche du jean serrait machinalement la liasse de dollars — en tout deux cents —que

Dave lui avait remis en petites coupures dans un élan de générosité ou de savant calcul.

A une vague odeur âcre et persistante de désinfectant chimique, se mélangeait celle plus humaine et plus appétissante de la cuisine lorsque Jon franchit le grand portail. Il se heurta au va-et-vient habituel des clochards, trimards et fauchés en tous genres qui fréquentaient l'endroit. C'était l'heure de pointe des « pensionnaires » qui pour une modique somme avaient le privilège, en plus des repas, d'y trouver chaque soir un lit.

Tandis qu'il attendait son tour pour régler son départ, appuyé au comptoir de réception, il scrutait les visages au passage, cherchant à deviner chaque fois la raison première de la déchéance du pauvre hère. Malgré les stigmates communs, l'alcool n'était pas le premier responsable, il n'était que l'exécuteur au second degré. Tous, à un moment donné de cette chienne de vie, avaient été, pour une raison ou pour une autre, frappés dans leurs œuvres vives, et la force suffisante pour redresser la barre dans leur tempête personnelle leur avait fait défaut. Ce en quoi il se sentait différent.

Une voix l'arracha à ses considérations. C'était celle du réceptionniste :

— Vous nous quittez, Larue,

— Ouais, j'ai trouvé du boulot ! Logé, blanchi, nourri...

— Vous nous devez 15 dollars et 75 cents, fit le préposé d'une voix neutre.

Jonathan sortit ostensiblement la liasse de sa poche et en extirpa un billet de vingt.

— Gardez la monnaie,

Il intercepta un regard suspicieux.

— Non, je ne l'ai pas volé, c'est une avance. Je me suis associé avec un millionnaire.

— Mais je ne t'ai rien dit. L'employé restait imperturbable.

Jonathan s'en voulut de sa saute d'humeur. Pour lui pensa-t-il c'est toute la journée un défilé de cloches dans mon genre. Cela le fit sourire.

Un instant, il songea, en signe d'adieu, à prendre la queue du réfectoire mais il y renonça devant sa longueur.

Je deviens sentimental, c'est mauvais se reprocha-t-il.

Il pénétra au second étage dans le grand dortoir n° 5. Son lit se trouvait tout contre une fenêtre, une place de choix d'où l'on pouvait contrôler l'arrivée d'air frais.

Il n'avait pas grand chose : quelques effets qu'il eut tôt fait de mettre dans son sac de marin. Il retira son cadenas personnel qui fermait le petit casier au-dessus de la tête du lit. Il ramassa quelques papiers, un dossier marqué W.W. Cay dans lequel se trouvait rassemblées toutes les notes concernant son épave. Au fond de l'étagère se tenait dressé un tout petit cadre en cuir contenant une photo jaunie. Jonathan le prit et songeur contempla le visage de sa mère.

— Alors on s'en va, Frenchy ?

Jon eut un sursaut.

— Qu'est-ce que tu fous là, Jerry ?

— C'est Bill, à la réception, qui m'a dit que tu venais de régler parce que tu partais, alors je suis venu te dire au revoir.

— C'est chic de ta part. Oui... je me taille.

— Il parait que tu es plein de fric ?

— Incroyable ! On ne peut rien cacher.

Jonathan plaisantait mais en son for intérieur il était impressionné par la rapidité avec laquelle se propageaient les nouvelles.

Pourvu qu'il n'en soit pas de même avec l'expédition pensa-t-il.

Jerry n'était pas une épave comme les autres. On n'aurait su lui donner d'âge : « entre soixante et soixante dix ans peut-être ». Comme les autres il paraissait avoir été salement secoué dans le courant de sa vie. Allemand d'origine, il avait un peu la tête d'un Rommel, mais émacié et vieilli, après ses défaites successives.

Ils avaient souvent discuté devant force bières Chez Harry la taverne du coin, la succursale de la Mission pour toutes les cloches du quartier. Son érudition avait laissé Jonathan pantois et ils avaient sympathisé autour d'un amour commun : la mer.

Une impulsion subite qu'il ne s'expliqua pas poussa Jonathan.

— Mets une chemise, un pantalon propre et rase-toi, Jerry. Je t'amène faire un gueuleton.

CHAPITRE NEUF

Si Jonathan avait bien fait les choses — Chez Pierre était une des tables les plus recherchées de Miami-Beach — le vieux Jerry, quant à lui, s'était montré à la hauteur de la circonstance. Il avait pris une douche, s'était rasé de près. Sa chevelure blanche, encore touffue pour son âge, rendue immaculée par le shampooing, donnait à son visage buriné de boucanier un certain air de dignité. Bien briquée, la lassitude qui s'y lisait prenait des allures de désenchantement sophistiqué.

Le col ouvert de sa chemise dungaree bleu ciel, très prolétarienne, mais fort recherchée des plaisanciers, laissait apercevoir la soie brillante d'un luxueux carré de chez Dior, cadeau de Linda à Jon.

Ils avaient franchi, sans l'ombre d'une difficulté, le barrage du cerbère de service dans son uniforme chamarré. Jerry avait tout à fait l'air de ce qu'il n'était pas : un propriétaire de yacht aisé, et Jonathan tout à fait l'air de ce qu'il était : un jeune requin des océans à qui, déjà, on n'en remontrait plus...

Ensemble ils formaient le tandem classique, silhouettes fréquentes dans les restaurants et bars des Marinas, du Yachtman et de son skipper.

Les deux hommes s'étaient assis, face à la baie de Biscayne, à une table discrète de la grande salle. Celle-ci était décorée façon rustique, avec, ça et là, quelques tresses d'ail, de gros poivrons rouges et d'oignons. Quelques huiles aux tons violents accrochées à la cimaise assuraient l'image de marque de mécènes éclairés aux deux frères marseillais, propriétaires du coin.

— Commande ce que tu veux, je prendrais comme toi dit Jonathan.

Le vieux détailla la carte. Puis tranquillement, en français, fit sa commande : une soupe de poisson pour commencer, puis une épaule d'agneau accompagnés d'un blanc de Cassis et d'un rouge de Bandol.

— Ces vins du midi de la France sont ceux qui s'acclimatent le mieux à la Floride, n'est-ce pas ? ajouta-t-il au sommelier surpris de trouver un connaisseur dans ce client, manifestement un marin, à la tenue un rien négligée.

— Tu parles le français maintenant ?

Jonathan ne cherchait nullement à cacher son étonnement. Le contraste était trop grand avec le Jerry hoquetant des beuveries interminables de chez Harry.

— Pourquoi ? est-ce tellement rare ? Tu sais je n'ai pas toujours été ce que je suis apparemment devenu... apparemment seulement.

— Je m'en doute, nous sommes tous dans ce cas. D'ailleurs à la Mission il traînait beaucoup de bruits sur ton compte. On disait même que tu avais fait partie de la fine fleur des têtes pensantes du Cap Canaveral.

Jerry ne répondit pas.

— Tu es Allemand... non ?

— Je suis citoyen américain et j'en suis fier.

— Tu as été Allemand alors ?

— Ecoute, Jon, si c'est pour me casser les pieds avec tes questions que tu m'as invité ici, tu pouvais aussi bien le faire à l'asile. Le passé c'est le passé... Oublions-le... C'est le seul avantage qui nous reste sur ce continent.

— Tu as raison, Jerry, je m'excuse, avec tout le respect qui est dû à ton vieil âge.

— Ne te fous pas de moi, par-dessus le marché. Je pourrais en remontrer à plus d'un jeunot de ton espèce, question résistance physique.

— Résistance à l'alcool, aussi.

A sa surprise l'autre ne s'offusqua pas.

— Je suis obligé de te mettre à l'amende, dit-il simplement et c'est moi qui vais te poser des questions.

— C'est régulier, vas-y, on verra toujours.

— Eh bien d'abord, qu'est-ce qui t'es arrivé ? Tu as gagné le gros lot ?

Jonathan fut sur le point de lui répondre par une de ces pirouettes verbales où il excellait, puis, mû par une impulsion subite, peut-être la même que celle qui l'avait poussé à inviter le vieux au restaurant, il lui raconta sa rencontre avec David Klein.

Il s'abstint évidemment de lui parler de l'existence d'un trésor mais il lui expliqua que le but de l'expédition était la fouille systématique des fonds coralliens des Bahamas avec prises de vues et pré-montages pour une importante série T.V.

— De quoi êtes-vous à la recherche exactement ? fit Jerry

attentif.

– Oh ! tout et rien, répondit Jonathan négligemment. David en fait, veut tirer trois semaines de flemme... seulement comme c'est le gars qui systématiquement joint l'utile à l'agréable, on fera semblant de travailler. Qui plus est il est toujours à l'affût du sensationnel et cela ne lui déplairait pas de tomber dessus par hasard.

Jerry leva son verre à pied à la hauteur de ses yeux.

– Il n'y a pas de hasard, il n'y a jamais de hasard, murmura-t-il songeur.

– Sa femme est un sacré morceau dit Jonathan changeant de sujet.

– Les femmes à bord sont toujours un danger.

– Justement vieux, j'ai décidé qu'il n'y en aurait pas.

Jerry sursauta, sortant brusquement de sa rêverie :

– Comment dis-tu, Jon ? toi... pas de femmes ! le voyage doit être beaucoup plus important que tu n'as l'air de vouloir me dire.

– C'est David, question boulot, il est à cheval sur les principes, affirma Jonathan un peu trop précipitamment.

– Ah oui ! dit Jerry qui ne paraissait pas du tout convaincu.

L'épaule d'agneau arriva à point pour changer le cours de la conversation. Elle était à la hauteur de la réputation du restaurant. Encore une fois, Jonathan resta ébahi devant le savoir-faire du vieux.

Il avait tenu à tester le vin lui-même avant qu'il ne soit servi et, devant le sommelier impassible, il s'était livré à tout le cérémonial d'usage.

– Il a fort bien supporté son voyage et fort bien vieilli, affirma-t-il en guise de conclusion, après avoir avalé la petite gorgée qu'il avait religieusement travaillée de la langue et du palais, les yeux à demi-fermés.

Le vieux avait un sacré passé. C'était certain. Plus il y réfléchissait, plus le jeune Louisianais commençait à se demander s'il n'avait pas à faire à une de ces grosses têtes recrutées dès 1945 sans fausse honte, dans les rangs de l'ennemi, au nom de la science.

Blanchis illico presto, certains avant même que la guerre ne soit terminée, ils étaient devenus citoyens américains à part entière fort rapidement et, dans tous les cas, beaucoup plus facilement que le malheureux petit immigré d'Europe ou d'ailleurs qui par la suite avait transpiré son “quota” sur les listes d'entrée du pays.

Une illustration supplémentaire, s'il en était besoin, du sens de l'équité et de la morale de l'administration, songea-t-il en regardant Jerry mastiquer avec la plus grande concentration son morceau de viande...

Jonathan s'était montré fort bavard jusqu'ici.

La proximité d'un nouveau départ, la conviction qu'il s'engageait — avec pour une fois des moyens à sa disposition, dans la voie qui devait le mener inévitablement à la fortune — l'entretenaient dans un état de surexcitation intérieure dont il n'était que peu conscient.

Il s'était longuement étendu sur toute son activité de plongeur.

La brusque révélation du monde sous-marin que lui avait apporté son bref passage dans les rangs des hommes-grenouilles de l'US Navy avait agi comme le catalyseur de ce qui devait devenir une véritable vocation. Démobilisé il s'était spécialisé dans cette voie pour devenir un professionnel de la plongée. Très rapidement il avait délimité le secteur géographique de ses activités à cette seule mer des Caraïbes et plus particulièrement à l'archipel des Bahamas. Avec enthousiasme, avec lyrisme presque, il laissait percer, au travers de ses anecdotes, une passion juvénile pour cette vie sans entrave dans cet univers de soleil, de lagons aux eaux turquoises, et de récifs coralliens grouillant d'une faune et d'une flore multiforme et multicolore et de gigantesques tombants s'ouvrant brutalement vers le bleu sombre d'abysses insondables.

Il cessa soudain de parler de lui : Jerry l'intriguait énormément.

Sa curiosité était éveillée et le moment était venu de découvrir la véritable identité de son ami. Pour le mettre en confiance il engagea la conversation sur un thème qui leur était cher : la plongée. Jerry effectivement entra de lui-même sur le chemin des confidences. Alors que Jonathan relatait l'existence d'abimes prodigieux et mal expliqués surnommés "Trous Bleus", il l'interrompit soudain :

— J'ai eu l'occasion d'en explorer plusieurs, il y a de nombreuses années.

— Toi, Jerry ? Jonathan ne cachait pas son étonnement.

— Oui, petit, je t'ai dit qu'en ce qui me concernait il ne fallait pas se fier aux apparences. Ton univers sous-marin fut le mien bien avant que tu ne viennes au monde.

— Tu ne vas pas me dire que tu plongeais ?

— Si justement, et comme tu ne l'as jamais fait. Il marqua un temps d'arrêt pour produire plus d'effet. J'ai été commandant de sous-marin pendant la guerre entre autres.

Il eut un court instant de silence. Un petit sourire vint aux lèvres de Jonathan.

— Je commence à comprendre, dit-il.
— Tu commences à comprendre quoi ?
— Beaucoup et rien... ta tronche de vieux pirate par exemple, et la raison pour laquelle tu m'as été sympa... d'emblée !
Par dessus la table, Jonathan allongea ses bras et vint tapoter plusieurs fois l'épaule du vieux.
— Une rencontre entre deux requins des mers, un vieux, un jeune ça se fête, dit-il.
Puis il appela le maître d'hôtel pour commander du champagne. Comme Jerry protestait il le rabroua :
— Dans ce monde de cul-terreux qui finiront par asphyxier totalement la planète il est grand temps que nous nous reconnaissions entre nous.
Le visage raviné de Jerry s'illuminait à son tour d'un sourire de contentement :
— Tu ne voudrais pas reformer l'association des Frères de la Côte par hasard ?
— Si justement, pourquoi pas... mais nous irions cette fois ci habiter sous la mer. Je connais du reste une ou deux énormes cavités sous-marines, dont je n'ai jamais pu atteindre le fond, qui feraient bien l'affaire.
L'expression de Jerry changea brusquement. Il avait l'air d'un homme souffrant d'une peine immense.
— Que se passe-t-il... j'ai dit quelque chose qu'il ne fallait pas ? demanda Jonathan réellement troublé.
— Peut-être, mais de toute manière tu ne comprendrais pas. D'autres y ont pensé avant toi, il y a très longtemps : une demeure sous-marine.
Jerry parlait presque dans un murmure.
— Oui, je sais, la maison sous la mer... ce n'est pas moi qui l'ai inventée.
— Non, pas de cette manière là... tu pensais à une Fraternité, n'est-ce pas Jon ? à un groupe qui s'intégrerait totalement à l'élément Mer, notre foyer originel.
— Je n'ai jamais dit ça, ou alors tu as mal interprété mes paroles. C'était une plaisanterie, même pas, une manière de s'exprimer. Je sais très bien que c'est impossible.
Tout en protestant, il détaillait la "vieille cloche" qui décidément se montrait sous un jour tout à fait inhabituel ce soir.
— Eh bien tu as tort mon vieux, reprit Jerry d'une manière catégorique, et beaucoup d'événements étranges de ces dernières années pourraient s'expliquer de cette manière.
— Qu'est-ce que tu veux dire exactement par là ?
— Eh bien toutes ces disparitions mystérieuses, instanta-

nées, sans qu'aucune trace ni de bateau ni d'avion ne soit jamais retrouvée ne peuvent être uniquement un ensemble de circonstances fortuites. Je suis persuadé qu'elles sont le résultat d'une volonté calculée.

Jonathan le regarda étonné :

– Mais tout cela c'est de la frime, du business grand-père, tu es dépassé par la vie moderne... c'est un filon exploité par quelques écrivains et leurs éditeurs. Les gens sont tellement cons... c'est normal que de plus malins en profitent. Si j'avais du talent, je ferais exactement pareil. Ce sont des millions et des millions gagnés de la manière la plus simple et la plus malhonnête qu'il soit.

Jonathan s'esclaffa de son bon mot et ajouta :

– J'y suis en plein toute l'année dans ce triangle des Bermudes, si c'est ce dont tu veux parler, et je n'ai jamais disparu !

– Sans doute n'était-ce point encore ton heure, tu n'es qu'un jeunot, Jon, tu as beaucoup de choses à apprendre. Il ne faut jamais affirmer sans être certain.

– Ecoute, vieille cloche, on ne me la fait pas. Tu as trop parlé ou pas assez. Au point où tu en es, tu dois en dire plus.

– Petit, c'est exactement ce que j'avais l'intention de faire, et d'abord te mettre en garde. Ce n'est pas d'hier que je navigue dans ces parages. Avant que la guerre n'éclate, j'étais déjà devenu un spécialiste de cette portion du plateau continental. Je suis né Allemand, tu l'avais deviné, ce n'est vraiment pas difficile et nos anciens dirigeants, que le diable ait leurs âmes... avaient décidé pour des raisons qui m'échappaient à l'époque, de procéder à une étude systématique de tous ces fonds.

Nous ne disposions évidemment pas de la logistique actuelle mais la masse des informations recueillies fut quand même considérable, et c'est moi qui fut chargé de l'étudier.

La guerre éclata, on me confia tout d'abord le commandement d'un U-boat et pendant quelques mois, anonyme dans la meute des sous-marins, je participais à l'extermination des flottes alliées. Les tiens nous avaient surnommés les loups des mers. Loups nous l'étions vraiment devenus.

Le vieux s'arrêta et ses yeux bleus se perdirent dans le vague :

– Nous avons bien failli réussir.

Jonathan, peu sensible habituellement aux histoires des autres, ressentit toute l'amertume qui transparaissait encore, après tant d'années, dans sa voix.

– Vois-tu, petit, tu te vantes d'avoir eu des ancêtres

pirates mais moi j'ai vraiment été un pirate des mers. A travers le périscope, j'ai vibré à la détection des proies qu'on repérait à leur fumée, éclaté de joie avec l'équipage lorsque, frappé à mort par notre torpille, l'étrave du navire se dressait désespérément vers les cieux avant de s'engloutir, transpiré, le corps noué par l'angoisse lorsque la carcasse de notre sous-marin tremblait et craquait de toutes parts sous l'impact des charges lâchées par les frégates ennemies qui nous avaient pris en chasse.

Il s'arrêta brusquement, conscient du silence de Jon.

— Dans le fond, tu t'en fous.

— Pas du tout, grand-père, je t'envie mais le temps de ces grandes émotions est définitivement enterré et je trouve que tu t'éloignes du sujet.

— Tu as du toupet, Jonathan, mais tu as raison. Bref, lorsque le vent commença à tourner, je rentrais dans un Brain trust chargé d'organiser la guerre totale et je m'occupais plus spécialement de son aspect sous-marin. Tout ce que je faisais là était Top secret. J'étais très brillant à l'époque.

Il eut un soupir, puis il aspira une profonde bouffée d'air en redressant son torse osseux.

— Je croyais tout savoir, poursuivit-il et j'étais fier d'appartenir au groupe de ceux qui étaient à l'époque mes dieux, j'étais fier d'être dans le secret de faits ou de renseignements ignorés de la grande majorité des individus. Et pourtant, je suis passé à côté du plus grand et du plus terrible d'entre eux sans y croire.

Il pointa à travers la grande baie vitrée vers les milles lumières de la Marina brillant au loin dans la nuit calme de l'été.

— Vois-tu, petit, tous ces fous voguent au-dessus de la plus terrible menace placée sous l'humanité.

— Ça ne va pas, Jerry, tu débloques ! j'ai l'impression que tu as perdu l'habitude du champagne !

Un frisson parcourut le vieux. Il fixa soudainement Jonathan. Les muscles de sa mâchoire se tendaient sous sa vieille peau bronzée.

— Ecoute-moi, jeune idiot, fit-il enfin, et retiens mes paroles. Depuis Bimini, en face, et jusqu'à Porto Rico, un danger mortel guette l'imprudent, un danger issu de forces qui dépassent l'entendement de l'homme moderne. Leurs éléments une fois réveillés risquent d'anéantir toute notre civilisation.

— Tu délires !

— Je sais, je sais, à la Grumman Aerospace, c'est ce qu'ils disaient aussi, ils m'ont viré comme un propre à rien. Devant mon insistance, mon “obsession” disaient-ils, on m’a interné comme cinglé, j’ai été chassé définitivement du Kennedy Space Center.

Jerry secouait la tête, désabusé... Tous m’ont cru cassé pour de bon lorsque je me suis retrouvé dans les rues de Coco Beach, dormant sur les trottoirs, fouillant dans les poubelles pour bouffer, pourtant, contrairement aux apparences, j’ai eu plus de temps pour réfléchir, beaucoup de temps même... et dans mes pires soûleries je n’ai jamais cessé d’y penser.

— Et tu en as conclu ? demanda ironiquement son jeune compagnon.

— Je sais ce que tu penses, petit, pourtant par recoupements, par déduction, j’ai localisé quelques preuves géographiques et sous-marines de ce que j’avance.

— Sous quelles formes, Jerry ? Tu ne t’en rends pas compte mais depuis tout à l’heure, tu parles comme le sphinx lui-même.

— Ce serait difficile à expliquer, je ne le sais pas exactement moi-même, mais elles feront du bruit.

— Ben, mon vieux, si David t’entendait il t’achèterait tout cela à prix d’or,

— Justement, et c’est là que je compte sur toi.

— Veux-tu vraiment dire ce que je crois comprendre.

— Exactement ! Vous n’êtes que tous les deux, vous avez donc fatalement besoin de quelqu’un, d’un expert. Aucun de vous deux n’est marin, les fonds sont traîtres dans toutes ces petites îles et les têtes de coraux, tranchantes comme des rasoirs... une toute petite erreur et c’est la voie d’eau inévitable, la perte du bateau et de tout le reste. Non seulement je suis skipper de métier, mais je connais, et tu sais maintenant que c’est vrai, tous ces fonds comme ma main. Prends-moi avec toi.

Un instant Jonathan se demanda ce qui lui arrivait. C’était évidemment impossible et pourtant avec la défection de Tony ils étaient bien coincés. Il avait confiance dans les qualités nautiques du vieux. Presque contre son gré, il s’entendit lui répondre :

— J’en parlerai à David.

Jerry se redressa dans son siège.

— Tu es un homme, Jon... je le savais... malgré ton jeune âge.

— Attention, grand-père, rien n’est fait, ce n’est pas moi qui décide.

— Je devine tes réticences. Je ne suis pas né de la dernière pluie, petit, et je sais très bien ce que vous allez faire là-bas.

Comme Jonathan ouvrait la bouche pour l’interrompre, il

ajouta précipitamment :

— Nous ne chassons pas le même gibier. Pas besoin d'être devin pour comprendre que c'est l'or qui vous intéresse, toi et ton David Klein. Moi je n'en ai plus besoin. Je n'en ai jamais eu besoin.

— Qu'est-ce que tu veux alors ?

Le vieux s'excitait, au grand amusement de son jeune compagnon.

— Je veux enfin savoir, dit-il en appuyant sur chacun des mots SAVOIR.

— Savoir quoi ?

— Je te le dirai un jour.

— Fais gaffe, Jerry, la curiosité est un plus vilain défaut que la convoitise. Souviens-toi d'Adam et Ève et de l'arbre de la connaissance. C'est la seule chose que j'ai retenu du catéchisme ; si mes souvenirs sont exacts, c'est depuis ce temps là que l'homme est dans son merdier.

Jerry ne put s'empêcher de sourire.

— Tu es vraiment un drôle de gars, Jon, tu essaies d'être cynique mais tu es plus profond que ce que tu ne crois. Qu'est-ce qui t'intéresse réellement dans la vie ?

— Rien, en dehors de l'or et des femmes.

Ils éclatèrent de rire et Jon vida le reliquat de champagne dans les deux flûtes.

— Pour en revenir à ce que je te disais, reprit Jerry, votre trésor ne m'intéresse absolument pas. Disons que j'ai mes propres recherches à faire. Ne souris pas. Je ne demande rien, strictement rien, en dehors du gîte, du couvert et du transport, évidemment. Mon expérience, tu le sais, vous sera indispensable. D'un autre côté, pour moi, une occasion comme celle-ci ne se présentera plus jamais.

— Hum, hum... fit Jonathan, sous certains angles cela peut nous intéresser.

Il songeait surtout à la part du butin qu'il sauvegardait ainsi : cela devenait du fifty-fifty, moins les frais que représenterait Jerry. C'était plus que tentant.

— Jerry, dit-il enfin, si l'affaire se fait, tu te débrouilles pour que tes forces mystérieuses se mettent une sourdine.

— Moi je veux bien, mais elles frappent malheureusement sans avertir.

En disant ces mots, le vieux avait repris son air sombre et soucieux.

CHAPITRE DIX

Jerry fut accepté. David, après avoir écouté attentivement tout en mâchonnant son cigare, fit un bref signe affirmatif de la tête :

– O.K. les gars, dit-il, ne vous fatiguez plus, je suis d'accord.

Il se leva, jeta son mégot par une des ouvertures et prit Jerry par l'épaule :

– Jon a confiance en vous, c'est le principal. Dès cet instant vous êtes le commandant du Barracuda. Vous serez nourri, logé, blanchi et défrayé. En plus, je vous donnerai cent dollars par semaine. Es-tu d'accord, Jon ?

– Je vous suis reconnaissant, mais vraiment, je ne veux pas d'argent, protesta Jerry.

– Si... si, j'insiste. Je ne veux pas de fauché autour de moi. C'est très mauvais pour mon moral.

Ce qui n'était qu'un projet devenait réalité. Les deux jours qui suivirent se passèrent dans une activité intense.

Au Seafarer's Cove, le choix de Jonathan se porta sur deux magnétomètres. Un petit, maniable, et un plus grand et beaucoup plus sophistiqué, fonctionnant à de plus grandes profondeurs et pouvant distinguer les métaux ferreux des non-ferreux.

Puis, chez Crook's ils récupérèrent un gros compresseur d'occasion mais en parfait état et puissant. Il était peut-être un peu encombrant mais c'était exactement ce qu'il fallait pour actionner la suceuse sur les hauts fonds de sable. Ils firent aussi le plein de tout ce dont ils pouvaient avoir besoin : tuyauteries, pipes, buses, cordages, élingues, paniers, etc.

– Vous nous livrerez tout cela, le plus tôt possible demain à cette adresse, fit-il en tendant la carte au vendeur.

Il jeta un regard rapide vers David en train de remplir son chèque. Il avait un air impénétrable.

En sortant, Jon le prit par le bras :

— Nous allons avoir un petit problème, dit-il.

— S'il n'est que petit, tant mieux, répliqua David, mi-figue mi-raisin. J'ai l'impression que nous allons à grands pas vers de gros problèmes.

— Qu'est-ce qui te prend, tu as des regrets ?

— Non, mais on voit que ce n'est pas toi qui paies.

— Pourtant tu as dit toi-même, et je te cite, quand j'entreprends de faire quelque chose...

David s'arrêta de marcher et d'une bourrade amicale plaqua sa main dans le dos de Jon :

— Tu as raison, Frenchy, il ne faut jamais regretter ce que l'on entreprend. Qu'est-ce que tu voulais me dire ?

— Eh bien, j'ai peur que le panneau d'écoutille de la cabine arrière soit trop petit : il va falloir l'élargir si le compresseur ne passe pas.

— Pourquoi ne l'amarrerais-tu pas à l'extérieur sur la plage arrière ?

— Parce qu'il ne faut pas qu'on le voit. J'avais l'intention de tout stocker dans cette cabine, elle est d'un accès facile.

— Fais tout ce qu'il faut faire, Jon, mais garde quand même une couchette pour le vieux. C'est là qu'on le planquera avec le reste des reliques.

Il claqua de nouveau Jon dans le dos, tout heureux de sa vacherie.

Jerry les attendait à bord. Ils aperçurent sa longue silhouette en haut sur le flying-bridge. Il arborait une magnifique casquette de commandant, à visière de cuir et bord relevé.

— Il va vite, ton Allemand, dit David à Jon, il va bientôt falloir que je lui demande l'autorisation pour monter à bord.

En riant ils franchirent la petite échelle de coupée.

Il avait passé le restant de l'après-midi à tout monter sur le bateau, seul, car les deux autres étaient partis. David chez lui, et Jerry jusqu'au lendemain vers une destination mystérieuse qu'il n'avait pas daigné préciser.

Il se sentait crevé.

Il finissait à peine lorsqu'elle l'avait hélé depuis le quai. Reconnaissant la voix de Linda, il s'était précipité hors de la cabine, à la fois furieux de l'imprudence qu'elle commettait et émoustillé à l'idée de la revoir.

— Eh, Jon, je viens te chercher pour manger un petit morceau... tu n'as pas faim ?

Telle quelle, dans son sweatshirt gris, en jeans et mocassins, il l'aurait dévorée toute crue.

Pourtant, un peu plus tard tandis qu'ils mangeaient leurs cheese-burgers, assis côte à côte sur de hauts tabourets au comptoir de CHARLY et qu'elle l'aguichait se collant par instant contre lui, il se surprit à réfléchir... Ce n'était plus la femme d'un inconnu mais bien celle de David.

Linda avait bien senti ses réticences.

— Dave est parti à Fort Lauderdale... faire une partie de poker avec des amis : il en a pour toute la nuit.

Tout en l'embrassant, il décida à contre cœur que ce serait la dernière fois.

*
* *

— Vous partez pour combien de temps ?

Apaisée, elle s'était recroquevillée contre lui, la tête reposant contre sa poitrine. Jonathan avait placé ses mains croisées derrière sa nuque et observait la progression lente d'une mouche sur le plafond.

— David ne t'as rien dit ?

— Oh, tu sais je le vois à peine et quand il est avec moi il est plongé dans ses scripts ou alors il étudie les cotes boursières dans ses journaux financiers.

— Pourtant il t'aime bien et tient énormément à toi.

— Oui, comme à une quelconque pièce de collection.

— Tu es marrante... il te donne l'argent, la sécurité, l'affection et même la liberté. Qu'est-ce que tu veux de plus ?

— Toi !

Jonathan se dégagea et se retournant légèrement s'appuya sur un coude en la regardant.

— Tu es gentille, mais tu es folle.

— Peut-être, en tout cas je te le dis très sérieusement.

Il y avait comme une très légère trace de menace dans sa voix et il n'en fut pas dupe.

— Qu'est-ce que tu entends par là ?

Elle hésita un moment pesant visiblement ses mots.

— Jon, il ne faut pas que tu oublies que c'est grâce à moi que Dave a accepté. Ta part du trésor nous permettra de vivre riches, ensemble. Tu l'as dit toi-même, tu t'en souviens, j'espère...

— Oui, oui, naturellement, il faut d'abord que nous réussissions notre coup, dit-il, et pour cela il faut que David ne se doute absolument de rien.

— Jure-moi alors de ne pas oublier tes promesses.

— Pourquoi ?

— Parce que, si tu ne jures pas tout de suite, j'irai lui dire tout ce qui se passe entre nous.

Elle semblait plaisanter mais Jonathan la savait suffisamment joueuse pour tout perdre.

— Je te le jure, promit-il en étendant le bras d'un geste faussement solennel.

— Me voilà pleinement rassurée. Elle se leva d'un bond, riant de son rire de gorge.

— Je crois qu'il est plus sage que je rentre à la maison.

Elle se retourna pour ramasser ses affaires et Jon pu admirer la courbure des hanches, la plénitude des deux fesses tendues par le mouvement. Il eut une brusque remontée de désir mais Linda était déjà retournée dans la petite salle de douche.

Jonathan commençait à s'assoupir lorsque le bruit de quelqu'un marchant sur le pont l'arracha à sa torpeur. Il alluma le plafonnier. Dans l'encadrement de l'écoutille qu'il avait laissé ouverte pour avoir un peu de fraîcheur apparut une silhouette titubante : David.

— Salut, Frenchy, tu dors ?

— Ouais, tu as vu l'heure ? Il est presque deux heures !

Il trébucha en descendant les deux marches :

— Lessivé… ils m'ont nettoyé… continua-t-il.

— Je vois que tu le prends bien.

— Oui… il n'y a pas de quoi en faire un drame… je me rattraperai la prochaine fois…

Il s'arrêta et se tenant au petit caisson près de l'entrée il huma l'air.

— Ça sent drôlement la cocotte ici… Tu as reçu de la visite féminine ?

— Mais non, qu'est-ce qui te fait dire ça ?

Jonathan gardait son sang froid, cherchant du temps pour une réponse.

— Je n'ai pas la berlue… ça pue le parfum de femme !

— Ah oui.. je vois, j'ai cassé un flacon d'eau de toilette que je venais d'acheter.

David reprit d'une voix devenue subitement grave :

— Lindy est venue ici… c'est exactement son parfum, je le connais par cœur.

— Mais tu es complètement cinglé.

Jonathan cherchait désespérément une issue.

— Comment expliques-tu, alors, qu'il s'agisse de son parfum ?

— Eh bien, je ne voulais pas te le dire de suite… en faisant tous nos achats, j'ai pensé faire un petit cadeau de départ à ta femme. Comme je connaissais la marque de son parfum, je le lui ai acheté sous forme d'un flacon d'eau de toilette que j'ai cassé.

— Quelle marque ? demanda simplement David.
— Mitsouko.
— Et les morceaux ?
— Mais j'ai tout ramassé et jeté par dessus bord.
David s'affala sur le siège près de la couchette.
— Tu as de la chance... ou l'esprit prompt, Frenchy. Je veux bien te croire pour cette fois-ci.. mais je te mets en garde... Lindy, c'est mon petit trésor à moi, mon épave personnelle.
Il éclata de rire :
— Pas question de fifty-fifty, ni même d'un tiers-deux tiers. Si tu la touches, je te tuerai.
— Ne t'énerves pas Dave, je n'ai pas l'habitude de chasser sur les terrains de mes amis.
— Comprends-moi Jon, je te considère plus que comme un ami... tu es une bouffée d'air du large arrivée dans ma vie... je te fais entièrement confiance.
Il s'arrêta et esquissa un coup de poing amical :
— Je sais bien que tu ne vaux pas grand chose... mais moi non plus d'ailleurs.
Ils rirent tous deux et Jonathan pensa qu'il l'avait échappé belle.
De toute évidence David prenait à cœur cette aventure. Il avait éprouvé le besoin de venir se retremper un petit moment dans cette atmosphère particulièrement exaltante des préparatifs précédant un départ important.
Jonathan LARUE commençait à trouver David KLEIN valable, un copain à part entière.
Avec la livraison d'un zodiac flambant neuf et de son moteur hors-bord qu'ils installèrent directement sous le flying-bridge, tout l'équipement prévu se trouvait maintenant à bord. Les trois hommes décidèrent que le moment était venu de s'accorder un répit. Ils se retrouvèrent assis dans le grand carré, un bouteille de bière à la main. La fumée forte mais agréable du cigare de David emplissait l'atmosphère.
— Au point où nous en sommes les gars, dit le producteur, puis-je savoir ce qui nous retient encore ici ?
— Plus de problème, répondit Jonathan !
— Demain nous chargeons les provisions de bord et nous pourrons partir. Qu'en penses-tu, Capitaine Jerry ?
— C'est parfait pour moi. Et je pense que le moment est venu que quelqu'un me précise quelle route nous devons suivre.
— Ce n'est pas par manque de confiance, ami, dit David, mais je préfère que Jon vous le fasse savoir quand nous serons en pleine mer.

Il secoua son cigare au-dessus du cendrier plein de mégots.

— Entendu... mais j'aimerais que l'on me dise au moins dans quelle direction je vais devoir pointer la proue du Barracuda.

— Vers Bimini, mon vieux, cet endroit que tu aimes tellement.

Jonathan prit un air narquois en lui disant ces mots.

— Exact reprit David, Jon m'a déjà mis au courant de toutes vos idées étranges sur ce coin.

— Ce ne sont pas seulement des idées, répliqua Jerry avec une certaine lassitude dans la voix. Il se passe vraiment des choses là-bas.

— Ah ! ça va, tu fais une fixation, mon vieux dit Jonathan.

— Une fixation ! tu appelles fixation la disparition des cinq Avengers de l'Aéronavale le 5 décembre 1945, ainsi que celle du Martin Mariner, l'hydravion spécial de sauvetage, lancé à leur recherche et disparu le même jour !

— Oui moi aussi, je l'ai lu, intervint David. C'est une histoire bien connue mais je trouve que le mot disparition est trop fort. Il vaudrait mieux dire qu'on a perdu leurs traces.

— Mais vous coupez les cheveux en quatre ! objecta Jerry.

— Laissez-moi continuer. Dans l'esprit du grand public, disparition se confond avec évanouissement total, or, on ne peut parler de disparition totale d'avions, de bateaux ou de quoi que ce soit ou de qui que ce soit, qu'autant qu'on en a plus jamais retrouvé les traces. En fait, et dans notre cas, ils sont fatalement quelque part et gisent sous la surface de l'eau à plus ou moins grande profondeur.

Jerry intervint sèchement :

— Je regrette, Monsieur Klein, mais vous éliminez arbitrairement l'hypothèse qu'ils puissent aussi se trouver ailleurs que sous l'eau ou n'importe où sur la terre ferme.

David tira rageusement sur son cigare :

— ... mais laissez-moi donc finir... quelles que puissent être les raisons invoquées, manque de carburant, orages électromagnétiques, forces extra-terrestres, le seul fait réel c'est bien le non-retour plutôt que la disparition puisque personne ne peut affirmer à cent pour cent que l'on ne trouvera jamais les restes.

— Avec tout mon respect, je ne vois vraiment pas où vous voulez en venir, fit Jerry.

— A une chose très simple, Capitaine, pour moi deux et deux feront toujours quatre et il faut bien se garder de voir un mystère là où l'on manque simplement d'explications ; les seules preuves que j'accepte sont celles que je vois ou que je touche.

Jerry resta silencieux. Il donna l'impression aux deux autres d'être brusquement ailleurs, très loin.

Son esprit voguait de nouveau, dans le temps et dans l'espace. A Marseille, trente ans auparavant, il avait tenu plus ou moins les mêmes propos devant un personnage qui, à son insu, allait bouleverser sa façon de voir la vie.

— Il se reprit : Comme moi autrefois, vous portez des œillères... votre vision des choses est terriblement étriquée. Ces dernières ne sont pas ce qu'elles paraissent être. En fait, aujourd'hui on sait qu'une chose peut être à la fois elle-même et son contraire. Ainsi dans la physique nucléaire, avec la nature à la fois ondulatoire et corpusculaire de la lumière et des particules sub-atomiques, non, mon cher Monsieur Klein, les choses ne sont pas aussi simples que vous le voudriez. Comme l'a dit HALDANE, un des plus grands astronomes de notre siècle, l'Univers est non seulement plus étrange que nous l'imaginons, mais il est encore plus étrange que nous ne pouvons l'imaginer.

Jerry sentit qu'il glissait sur un terrain où David ne pourrait pas suivre et préféra revenir au but de leur voyage :

— Au fait, êtes-vous au courant des curieuses découvertes archéologiques faites dans les parages de Bimini et d'Andros ? fit-il enfin.

— Je ne vois pas le rapport, dit David.

— Ah non ?... Ne pensez-vous pas que l'on est en droit d'y voir les manifestations d'une civilisation disparue ou apparemment disparue ?

— Vous voulez dire des vieilles pierres, des vestiges, les restes de quelque chose qui n'est plus ?

— Non, j'ai bien dit manifestations... les vestiges sont toujours morts ou inactifs et je ne parle pas d'eux.

— Il me semble que vous extrapolez un peu trop !

— Il y a quelques années, j'étais chargé à la N.A.S.A., dans le cadre du projet Gemini, de la mise au point d'engins de sauvetage très sophistiqués, conçus pour la récupération en mer des cosmonautes. Ils étaient dotés d'un système de signalisation automatique du point de chute ou de détresse. Je pus constater, suivant les zones, des interférences d'ordre électromagnétique en provenance des fonds, au droit de mes engins. Je profitais de mes loisirs pour plonger sur les coins repérés.

— Et tu as découvert quelque chose, Jerry ? demanda Jonathan.

Celui-ci acquiesca sans prononcer un mot. Son visage se rembrunit.

— Je regrette, j'en ai trop dit, articula-t-il sourdement.

— Voyons, au point où tu nous a amenés, tu dois continuer.

— Non, je l'ai déjà dit à Jon : j'ai trop souffert des conséquences de l'incrédulité générale, sans parler du reste.

— Le reste ? Quel reste ? David s'excitait.

— Mieux vaut pour vous deux que vous ne le sachiez jamais.

Le silence retomba dans la cabine. Jerry s'était exprimé sur un ton catégorique.

— D'accord reprit David après un instant.

Il parlait d'une voix forte comme pour dissiper la légère gêne qui s'était établie entre eux.

— Laissons tomber toutes ces histoires. Voyons plutôt si notre Capitaine est aussi bon que ce que m'en a dit Jon. Vous avez affirmé que vous connaissiez bien tous les coins par ici. Eh bien, dites-moi où, selon vous, nous avons des chances de trouver ce que nous recherchons.

— Je peux toujours essayer. Voyons... Mona Island pourrait faire l'affaire, entre St Domingue et Porto Rico. C'est vraiment un coin à faire peur . A travers les siècles, l'île a servi de halte et de relais à tout ce que la mer a pu compter comme pirates, flibustiers et autres boucanniers... de Barbe Noire au Captain Kidd. Mais j'espère pour vous que vous n'êtes pas à la recherche du fabuleux trésor de Jennings. Une expédition officielle du gouvernement espagnol partie pour le récupérer a du battre en retraite devant les apparitions chaque nuit, de fantômes et d'esprits perturbateurs.

Jerry arborait maintenant un large sourire ironique. Il avait apparemment complètement oublié l'objet de leur première discussion. De toute évidence il appréciait la situation.

— Il y a aussi West Caicos, repaire des flibustiers français, des choses étranges s'y passent dit-on et puis, suis-je bête, il y a Guinchos Cay, l'île la plus mystérieuse de toutes. Elle est hantée, paraît-il, par d'étranges et inexplicables apparitions. Cela vous suffit-il ? Remarquez qu'à partir du moment où vous avez décidé de ne pas croire en une chose, ce n'est pas elle qui vous empêchera de dormir.

David regardait le visage du vieux dont le sourire n'avait cessé de s'accentuer. Il décida qu'il y avait là matière à réflexion.

Jonathan pour sa part se demandait pourquoi son ancien compagnon de chambrée n'avait pas mentionné Warderick Wells Cay. Il ne pouvait pas ne pas connaître la réputation de son île.

Il n'existait qu'une explication : en fait le vieux forban

devait être parfaitement au courant du lieu de leur destination.

***

Linda se préparait à larguer la dernière amarre. Elle avait tenu à accompagner David. La perspective de revoir Jonathan une dernière fois avant leur départ n'était pas non plus pour rien dans sa décision. Malheureusement pour elle, il s'était montré particulièrement froid et distant.

— Lâche tout ! Du haut du flying bridge la voix de David lui parvint. Elle dégagea le bout depuis la bitte d'amarrage et d'un geste las et désabusé le laissa tomber dans l'eau. Le bruit des moteurs qui n'était jusqu'ici guère qu'un ronronnement s'amplifia brusquement. Depuis la proue où il avait guidé l'ancre et sa chaîne jusque dans le puits, Jonathan courut jusqu'à l'arrière. Il se baissa pour ramasser et remonter l'amarre. Lorsqu'il se releva, Linda arborait son plus magnifique sourire. De sa main elle lui fit signe que tout irait bien.

Il lui envoya un baiser. Une onde d'émotion surmergea Linda qui, angoissée sans savoir pourquoi, fut sur le point d'éclater en larmes.

Les mains ramenées en porte-voix elle cria :

— Prenez bien soin de vous-mêmes.

Jonathan sentit que la recommandation lui était adressée.

***

Les côtes de la Floride avaient disparu depuis longtemps et le Barracuda filait à bonne allure vers l'inconnu.

Une odeur de café se répandait dans le carré. Sur un des feux à gaz de la cuisinière, le percolateur chantait et gargouillait à plaisir.

— Arrête-le, il n'aura bientôt plus de goût, dit David à Jon avec un regard mauvais.

Les deux hommes étaient penchés sur leurs cartes dépliées sur la table légèrement en retrait de la barre que tenait Jerry.

Flegmatiquement Jonathan installa trois pichets à café sur le bord de la table, se saisit de la cafetière brûlante. Il ne remplit que deux tasses.

— Je te sers aussi, Jerry ? demanda-t-il.

— Tout à l'heure, quand tu auras bu le tien... tu me relaieras.

Un brouillard de liquide noir vint maculer les cartes.

— Christ ! Je me suis brûlé la langue avec ton putain de café, cracha David. Il reposa brusquement sa tasse. Je t'avais dit d'éteindre le feu.

— Tu n'avais qu'à le faire toi-même, je suis pas encore ton coolie.

Ils s'affrontèrent un bref instant du regard.

David reprit :

— Ça va... ça va... c'est pas le moment de s'énerver.

Pour faire oublier le petit incident dont il se sentait coupable il aiguilla la conversation sur le vif du sujet.

— ... si vous êtes d'accord nous axerons nos activités sur deux grandes lignes de force.

— Deux quoi ? interrompit Jonathan un demi-sourire aux lèvres.

— Deux grands objectifs, si tu préfères.

— Tu peux pas parler comme tout le monde ?

— Ecoute, petit, je commence à en avoir marre, ce n'est pas de ma faute si ta mère n'a pas su te donner l'éducation qu'il fallait.

D'un bond Jonathan se leva par dessus la table, il saisit David de la main gauche au collet, et poing droit ramené légèrement en arrière, s'apprêta à le frapper :

— Ne dis jamais rien sur ma mère ou ça pourrait mal finir pour toi.

— Mais vous êtes cinglés ! Jerry avait lâché la barre, la branchant d'un réflexe sur le pilote automatique. Il sépara les deux hommes qui déjà reprenaient leur sang froid.

— Christ ! Christ ! répéta Jonathan, la mâchoire crispée.

Il avait relâché sa prise conscient d'être allé trop loin.

Blanc comme un linge, David remit de l'ordre à son polo dont un des pans du col pendait, arraché.

— Oublie ça, fit-il sèchement.

— Grands dieux ! reprit Jerry comme se parlant à lui-même, c'est un avertissement cette dispute, ça n'a rien du hasard, les pensées mauvaises ou bonnes viennent quand elles veulent, nous sommes leurs jouets contrairement à ce que l'on peut croire.

Plus calmes, recouvrant leur respiration, David et Jonathan le regardaient soliloquer. Le vieux avait vraiment l'air de croire en ce qu'il disait et son visage exprimait une anxiété qui les troubla.

David fut le premier à se ressaisir.

— Ecoutez Capitaine, dit-il avec bonhomie, mais la voix encore stridente, je vous ai engagé pour nous piloter, pas pour philosopher.

— Néanmoins, je les sens, “elles” sont là.

— Elles... ? David et Jon avaient prononcé le mot ensemble.

— Oui, ces formes malignes qui nous entourent maintenant, ou plutôt qui nagent là, juste en dessous de nous... elles savent que nous venons à leur recherche.

Le bateau se mit soudain à rouler. Ils se regardèrent surpris.

— Mais il réussirait à me foutre la trouille, ma parole, ce vieux schnock, dit David. Jon, sans te commander, sers-lui une tasse de ton nectar, il est tellement concentré que cela l'arrachera illico presto à ses fantasmes.

Les deux amis éclatèrent de rire.

Jerry se reprit :

— Dans le fond, c'est vous qui avez raison... mieux vaut rire que pleurer. Par principe on ne peut jamais échapper à son destin.

— Bravo, Capitaine, je vois que vous revenez à la raison, lui dit David.

Une fois de plus Jon remarqua que depuis qu'ils étaient à bord, pas une seule fois il n'avait appelé Jerry par son prénom. Il y vit là, non pas une manière de marquer sa supériorité d'employeur à employé — ce n'était pas du tout son genre — mais plutôt une volonté inconsciente de lui confirmer son éloignement total et définitif du partage d'un éventuel magot.

— Bon, grogna David, puisque la paix est revenue grâce au Capitaine dont l'intervention a éloigné momentanément les forces mauvaises, je propose que nous procédions à une petite table ronde ou plutôt triangulaire puisque nous sommes trois.

— Et tant que le diable n'est pas présent, ajouta Jonathan pour plaisanter.

— Arrête, Jon, on ne va pas recommencer.

— Et vous croyez aussi que de parler du Triangle du Diable juste en cet instant n'est que le résultat du hasard ? demanda Jerry d'une voix sourde.

David resta un instant sans réplique.

— Ecoutez, Capitaine, finit-il par articuler, si c'est pour nous mettre dans l'ambiance que vous agissez ainsi, je veux bien, mais notre premier objectif à Jon et à moi, c'est l'épave et son gisement.

— Ne vous faites pas plus mauvais que ce que vous êtes, Monsieur Klein, commença Jerry.

— Merci ! fit David ironiquement. Enfin... voilà... si vous êtes d'accord et puisque le monde en veut et semble y croire, je suis prêt à profiter de cette petite croisière pour filmer, comment dirais-je... l'Impossible. Naturellement sans trop nous attarder. Finalement je pense jeter les bases de deux séries.

L'une, comme initialement prévue traitera du monde du corail et de ses richesses... C'est Jon qui la supervisera ; l'autre, et qui risque d'être sensationnelle — les mystères du monde sous-marin — et cela grâce à vous, à ce que vous savez et ce que vous pourrez découvrir. Qu'en pensez-vous Capitaine ? Je suis prêt à vous signer un contrat sur le champ.

Jerry prit son temps pour répondre. Il se tourna vers Jon qui l'avait remplacé spontanément à la barre depuis un moment.

— Tu gardes bien le 56, petit, dit-il.

— Ouais.

— Monsieur Klein, — Jerry s'exprimait d'une voix posée, le fait est que nous appartenons, vous et moi, à deux mondes différents. Votre passé est ce qui peut être appelé normal, j'imagine, malgré toutes les complications qui sont le propre du passé de chacun. Mais le mien est lourd, lourd de conséquences. La fatalité a voulu que je sois mêlé à certains événements récents de l'histoire de l'humanité que l'on n'oubliera pas facilement.

Son front et ses sourcils tendus témoignaient d'un effort de concentration comme pour faire sortir un souvenir précis des brumes de l'oubli.

— Monsieur Klein, à un moment donné, j'ai croisé l'incroyable et je me suis effectivement refusé à le croire, pendant des années, et pourtant j'avais une preuve, bien petite, mais une preuve, avec moi, sur moi.

— Vous ditez : j'avais, vous ne l'avez donc plus ?

— Non. Et il y a ces circonstances étranges dans lesquelles elle a disparue, que je ne puis expliquer. Que je ne veux pas expliquer pour le moment parce que j'ai toujours été sur mes gardes, les yeux ouverts.

David se carra dans son fauteuil, avec un léger frisson. Malgré tout, il se sentait tomber sous l'influence de ce personnage qui réussissait à créer autour de lui cette atmosphère troublante et un peu mystérieuse, grâce très certainement à cette faculté qu'il avait de parler avec conviction de l'improbable.

Le vieux reprit :

— Je ne sais si j'ai le droit de vous entraîner... je n'aurais jamais du connaître Jon lequel n'aurait jamais dû vous rencontrer.

— Allons donc, Capitaine, David se faisait narquois... cela va à l'encontre de votre philosophie... souvenez-vous : quoique vous fassiez tout est inscrit d'avance.

Le vieux s'était déjà refermé sur lui-même et, poussant

légèrement Jon, avait reprit silencieusement sa place à la barre.

*
* *

David et Jonathan passèrent les quelques heures qui les séparaient de leur première escale à jeter les grandes lignes de leurs opérations. De temps en temps Jerry, consulté, opinait d'un bref grognement. Ils passeraient les trois ou quatre premiers jours à effectuer une courte virée avec une première plongée dès le lendemain, histoire de se mettre dans le bain, sur le site même du trésor de Lucaya.

Ensuite, retour sur Bimini et les curiosités archéologiques qui venaient d'être découvertes à quelques brasses sous la surface et qui défrayaient déjà les chroniques. De là ils rejoindraient la grande île d'Andros et enfin leur île, Wardrick Wells Cay.

Il n'était pas loin de 18 heures lorsqu'apparut dans le jour qui descendait le feu intermittent rouge et vert qui positionnait l'entrée de Bell Channel Bay. Bientôt, à bâbord, se dressa la silhouette massive du Lucaya Beach Hotel. C'était là, tout juste en face, à deux pas des baigneurs, qu'un trésor fabuleux —près de 30.000 pièces espagnoles du XVIIe siècle — avait été découvert par hasard.

Avec prudence, le compas sur 340°, ils s'engagèrent dans le chenal dont l'entrée était marquée par la bouée flottante. De part et d'autre, le remous des vaguelettes d'une mer calme dénonçait la présence des têtes affleurantes des coraux tranchants qui formaient le récif continu bordant toute cette côte sud. Un brusque virement à babord et le Barracuda vint prendre sa place à l'une des pannes libres de la Marina.

La douane passée, les trois hommes, après un brin de toilette, se précipitèrent vers le lounge du Beach Hotel. La nuit était douce et les odeurs des fleurs tropicales lourdes et envoûtantes. Quelques verres puis un repas de choix offert par un David débordant de vitalité et d'optimisme leur firent rapidement oublier l'atmosphère anormalement tendue de cette première et courte traversée.

CHAPITRE ONZE

Le concert de drelins et claquements de drisses contre les mâts métalliques et les haubans finit par réveiller Jonathan. Le vent soufflait. Par la vitre bleutée du capot avant, la lumière du jour pénétrait déjà dans la cabine. Tourné face à la cloison, sur l'autre couchette, David dormait profondément. Jon regarda sa montre : six heures trente. S'étirant il fit jouer longuement sa puissante musculature.

Il préférait toujours être debout le premier. Il ferait le café. A sa surprise, Jerry était déjà là, dans le carré. Rasé de près, un peu raide, pantalon et chemise impeccables. Jonathan trouva qu'il faisait de plus en plus Kriegsmarine.

— Heil ! dit-il, par jeu.

Le visage du vieux se crispa. Son corps sembla se cambrer un peu plus. Jonathan s'attendit à une bordée d'injures.

— Salut, finit-il par répondre, d'une voix un peu étranglée.

Jonathan frappa amicalement sur l'épaule :

— Bravo, mon vieux Jerry, tu m'étonneras toujours, j'ai bien cru que tu allais me sauter dessus.

— Moi aussi, j'ai bien cru que j'allais le faire.

Les deux hommes rirent.

— Tu sais, reprit Jerry, il fut un temps où j'avais une maîtrise extraordinaire de mes nerfs.

— C'est possible, en tout cas tu t'es bien contrôlé ce coup-ci aussi. Dis donc, tu as l'air de reprendre ta forme drôlement vite.

— Il le faut… nous aurons bientôt besoin de tous nos moyens.

— Je te trouve bien énigmatique. Tu crois vraiment tout ce que tu racontes… ou bien c'est pour en foutre plein la vue à Klein ?

— Je te l'ai déjà dit, Jon, tu es un jeunôt, soit dit sans t'offenser. Nous sommes partis pour une croisière beaucoup plus mouvementée que ce que, vous deux, pouvez imaginer…

Jonathan se tut. La journée s'annonçait belle et il n'avait aucune envie de se lancer dans une discussion oiseuse.

*
* *

Le zodiac fut mis à l'eau facilement grâce au petit mât de charge. Jonathan voulait procéder à une répétition générale, sur les lieux même de la découverte fabuleuse.

— Un excellent entraînement et qui nous portera chance, vous verrez, avait-il dit.

Son idée était simple : il fallait tester hommes et matériel "in situ". David surtout. Il serait bon qu'il acquière dans le calme et la tranquillité les gestes et les réflexes dont ils auraient tous besoin dans un milieu et des circonstances où rapidité, précision et sang froid seraient des qualités vitales.

Le tableau arrière du Trawler était équipé sur toute sa largeur, juste au-dessus du niveau de l'eau, d'une plateforme en caillebotis extrêmement commode pour charger ou décharger le matériel de plongée.

Sans se presser et méthodiquement, David et Jon rangeaient dans le canot, au fur et à mesure, les pièces d'équipement que leur faisait parvenir Jerry resté à bord.

— Nous ne pourrons utiliser aujourd'hui que les bouteilles, déclara Jonathan. Il nous faudra dès maintenant être discrets. Pas question d'utiliser le compresseur. C'est dommage car j'aurais voulu t'initier le plus vite possible au narghilé.

— Qu'est-ce que c'est que ça ? demanda David.

— Je t'en ai déjà parlé quand on faisait nos achats chez "Marine Surplus". Au lieu de respirer ton air sous pression par tes bouteilles, il t'est expédié en provenance directe d'un compresseur par un tuyau long et souple. Deux avantages : sans tes bouteilles à charier sur le dos tu es bien plus à l'aise, secondo tu peux rester autant de temps qu'il faut sous l'eau pour travailler, naturellement si ce n'est pas en-dessous de 10/12 mètres. L'ennui c'est que le "narghilé" est rarement utilisé par les touristes et comme le compresseur qui l'alimente est plutôt bruyant, on attirerait tout de suite l'attention.

— Et la suceuse ?

— Encore moins... pas de fantaisie aujourd'hui, mais ne t'en fais pas, on va inspecter les fonds et faire une reconnaissance pour des prises de vue.

Une fois que tout fut embarqué et amarré, ils achevèrent de revêtir leur combinaison.

La courte distance séparant la Marina de la barrière corallienne fut rapidement franchie. La brise assez forte qui soufflait en provenance du North West Providence Channel hâchait la surface du lagon d'un clapot court et sec qui secouait le pneumatique.

Au large, au-delà du récif dont la longue et dangereuse présence parallèle à la côte se révélait par l'écume blanche du ressac contre les brisants, la mer était plutôt mauvaise. Les embruns salés fouettaient les visages tandis que Jon, aux commandes du moteur, virevoltait à la recherche d'un poste adéquat pour mouiller.

– Ça ira, cria-t-il enfin, pour couvrir le bruit du horsbord... balancez l'ancre.

Voyant le vieux esquisser une grimace, il ajouta :

– Qu'est-ce qu'il y a... ça ne te plaît pas ?

– On va "chasser" avec ce vent !

– Penses-tu... ce n'est jamais qu'un pneumatique ; d'ailleurs on ne va pas rester là, le coin est trop fréquenté.

– C'est vrai ? s'étonna David, toujours méfiant.

– Tu parles ! tous les débutants viennent faire leurs premières armes dessus. Ce n'est pas pour rien que les plongeurs de métier l'ont surnommé "Disneyland", et pourtant ça n'a pas empêché Gary SIMMONS et ses copains d'y découvrir, à quelques pieds de la surface, à peine enfouie dans le sable, une fortune fantastique qui dormait là, tranquille, depuis trois siècles, à la portée de la main du plus stupide des nageurs du dimanche. C'étaient des pièces espagnoles de huit et de quatre, quelques-unes de deux, en argent, qui allaient se révéler de la plus haute valeur pour les collectionneurs.

– Ah, là tu me plais, interrompit David. Il rayonnait. C'est une histoire que j'aime écouter même s'il me fallait l'entendre tous les jours. C'est bon pour le moral !

– Oui, mais attends la suite... Pendant quelques jours ils se débrouillèrent pour en sortir sans rien dire, puis, devant l'importance de leur découverte ils décidèrent de prévenir officiellement le gouvernement des Bahamas pour qu'il leur accorde l'autorisation de recherche. Le plus marrant, c'est qu'ils se retrouvèrent rapidement sans un sou.

– Mais comment est-ce possible ? Tu ne m'avais pas parlé d'une valeur de deux millions de dollars ?

– Ouais, en valeur théorique bien sûr, mais l'état en plus de prendre 25 % pour lui-même, leur avait notifié l'interdiction formelle de vendre le moindre doublon avant qu'un accord en bonne et due forme ne soit intervenu entre eux et les autorités.

La vrai révolution reste encore à faire : celle de l'individu contre la société qui l'opprime.

En s'asseyant il croisa le regard de Jerry ; celui-ci venait de passer sa cagoule et on ne voyait plus que ses yeux bleus profondément enfoncés derrière les rides.

— Non, petit, dit-il, tu n'as pas le droit de parler de révolution. Un mot que tu ne peux pas comprendre. C'est l'état qui a parfaitement raison. Son seul tort c'est de ne pas tout prendre. Il n'est pas logique qu'un seul profite de richesses qui pourraient être partagées entre tous.

— Ah là... tu me tues, Jerry. Comme Jonathan s'apprêtait à continuer David intervint.

— Laisse tomber, dit-il, et continue de rêver à tes millions de dollars.

— Ce sera plus qu'un rêve, je te le garantis. Mais tu as raison, ça suffit comme ça. Allez... accrochez vos ceintures... passez vos palmes... je vous emmène en pèlerinage sur le sanctuaire.

Pendant que Jerry endossait seul son scaphandre autonome, Jonathan aidait David à sangler son bi-bouteille. Il lui régla la longueur des bretelles afin qu'il ne fut pas gêné par le frottement d'un robinet trop haut dans le dos et vérifia aussi que sa réserve était bien placée en position fermée. Avant de boucler la ceinture lestée autour de la taille, il ramena les plombs vers l'avant :

— N'oublie pas ce détail, Dave, sinon, avec tes plombs dans le dos, tu serais constamment gêné par les bouteilles. Bon... nous allons faire une simple plongée de reconnaissance. Je passe devant et Jerry ferme la marche, ensuite on procèdera à différents exercices.

Tandis que le vieux sautait tout droit dans l'eau en tenant son masque d'une main, David se laissait glisser précautionneusement autour du boudin. Jonathan se détendant comme un ressort, s'était projeté en arrière les quatre fers en l'air.

Le monde cristallin et enchanteur du lagon fut une révélation pour David. La blancheur éclatante du sable corallien qui recouvrait le fond du platier l'éblouit.

Ça et là, dans les herbiers épars, des bandes de petits poissons aux couleurs luminescentes, alternaient de brusques accélérations avec des moments de passivité totale et semblaient se livrer à un jeu. Droit devant lui, dans le bleu de l'éloignement et le sillage des bulles laissées par Jon qu'il suivait, David distinguait vaguement les formes torturées de longues pinacles qui, depuis le fond, en colonnes serrées, se dressaient vers la surface.

Jamais il ne pourrait se refaire à son univers de citadin endurci.

Dans le silence de sa nage, des phrases banales de son

jargon professionnel tintaient à ses oreilles : ordres aboyés dans l'énervement, plaisanteries douteuses. Il s'empressa de chasser de sa mémoire ce brouhaha et ne fut plus attentif qu'au bruit si particulier de son propre rythme respiratoire sous l'eau, profond et détendu.

Il se retourna un instant. Derrière lui, un peu en-dessous, râclant le fond, le vieux suivait, palmant en souplesse ; il avait dû se rendre compte que David le regardait car, d'un geste lent de la main, il lui fit un signe amical. David en fut surpris et presque ému.

Un tourbillon de pensées assaillait Jerry. Il y avait bien longtemps qu'il n'avait plus plongé. Il ressentait un bien-être intense : le poids de ces dernières années qui avaient failli le détruire avait disparu comme par enchantement...

Elle était bien toujours la même ensorceleuse, cette mer à qui il avait tout donné. Il en sentait la présence physique : cette eau limpide dans laquelle il se coulait amoureusement, c'était son fluide magique. Elle l'avait revigoré instantanément. Comment avait-il pu se laisser prendre au piège des rues de la grande ville, oublier ce parterre somptueux qui défilait lentement sous son masque et dont il connaissait tous les aspects, les moindres détails ?

Il saluait au passage toute cette vie insolente : labres bariolés et facétieux, poissons perroquets, chastodons multicolores broutant nonchalamment les coraux, chirurgiens à la curieuse dorsale jaune, bancs fôlatres de petits serranidae et de chromis tout rouges, innombrables holothuries traînant leur corps fatigué de vers géants, actinies dérangées, refermant brusquement le bouquet de leurs tentacules vénéneuses...

Dire que tout ce petit monde vivait en parfaite symbiose... Quelle incroyable et fascinante diversité !

Un éco-système d'une complexité effarante ! Il songea à cette société parfaite dont il avait toujours rêvé. Il ne vivrait malheureusement pas pour la voir.

Un sentiment subit de frustration s'empara de lui qui réveilla des angoisses encore mal éteintes. Le dernier rendez-vous était proche, il en était sûr. Le fait même qu'il soit là nageant, sa forme physique retrouvée par miracle, en était la preuve : tout se déroulait comme prévu. Inquiétant mais logique.

Jonathan était d'excellente humeur et s'il n'avait été sous l'eau, il se serait mis à siffler.

Il songea à cette fortune colossale qui avait été trouvée là, tout simplement à quelques pieds de la surface. Qui sait ce qu'étaient devenus Jack, Biss, Dick et Garry maintenant ?

Bientôt ce serait aussi son tour. Des idées toutes plus agréables les unes que les autres se bousculaient dans son esprit, mais il refusa de s'y attarder.

Il jeta un bref coup d'œil en arrière : les deux autres suivaient sagement. David s'était adapté à la plongée avec une facilité rare chez un débutant. Quand à Jerry, il n'avait pas menti : sous l'eau il se trouvait bien dans son élément. Ses mouvements, calmes et précis et sans dépense de forces inutiles en étaient la preuve.

Il regarda sa montre – ils nageaient depuis 20 minutes – et jugea que la petite promenade avait assez duré. D'un geste de la main, le pouce pointé vers la surface, il ordonna le retour.

*
* *

Les commentaires allaient bon train dans le zodiac qu'ils avaient rejoint. David surtout se laissait aller à des remarques émerveillées.

– T'énerves pas, Dave, ce que tu as vu, ce n'est rien, le coin est trop fréquenté. Le corail pour s'épanouir a besoin de l'eau la plus claire et la plus transparente qui soit... pas d'un jardin public comme ici.

Jonathan parlait machinalement, attentif au réglage du “Pégase”, ce long engin en forme de torpille qui encombrait le plancher de l'embarcation.

– Bon, on y va les gars, nous allons essayer nos deux joujoux. D'abord l'aile sous-marine. Je suis sûr que cela va te plaire ! ajouta-t-il à l'attention de David en clignant de l'œil.

Après avoir largué la planche reliée par un filin au pneumatique, il régla sa vitesse de façon qu'une simple inclinaison suffise à entraîner le plongeur, en planant, vers le fond.

David fut émerveillé. Jerry, une fois de plus, montra sa maîtrise de tout ce qui touchait au domaine sous-marin.

Lorsque Jonathan estima qu'ils s'étaient suffisamment habitués à l'engin, il décida qu'il serait bon de changer d'endroit. Le vent avait légèrement forci et tout en longeant le récif, ils recherchaient le point d'ancrage le plus tranquille.

– Regardez là-bas, fit soudainement David à l'avant, on dirait une bouée.

Ils s'en approchèrent, c'était un gros flotteur sphérique qui devait servir de repère à un corps-mort.

D'un bleu luminescent, apparemment neuf ou placé là depuis peu, un long filin de nylon blanc y était accroché et s'enfonçait sous la surface cristalline jusqu'à un tronc conique en ciment une quinzaine de pieds plus bas. Se saisissant d'un masque et l'appliquant d'une main sur le visage, Jonathan se pencha par-dessus bord.

— C'est bien un corps-mort, dit-il en se relevant... je me demande ce qu'il fait là.

Jerry était devenu tout pâle. Les traits de son visage s'étaient brusquement pincés.

— Hé, Jerry, qu'est-ce qui se passe ?... tu as un malaise ?

— La couleur de cette bouée, dit-il enfin comme en se parlant à lui-même, non, ce ne peut pas être un hasard.

Il était penché. Le nez contre elle. Il l'étudiait dans ses moindres détails, mais en donnant l'impression de vouloir éviter tout contact.

— Tu as peur de t'électrocuter ? demanda Jonathan.

Jerry se releva. Il tira sur le bout plusieurs fois pour s'assurer qu'il était bien accroché.

— Je n'aime pas cette bouée, dit-il simplement.

David s'énerva :

— Captain, vous commencez à me courir, avec vos impressions. Ce corps-mort a été placé là par des gens qui l'utilisent... probablement les moniteurs de l'hôtel pour leur plongée en groupes.

— Ça m'étonnerait, remarqua Jonathan à son tour, le coin n'est pas très sain pour des débutants... Enfin, puisqu'il est là, on l'utilise, même si cela ne te plaît pas, Jerry.

Le vieux ne répondit rien, et vint aider les deux autres à sortir le Pégase. Après l'avoir frappé d'un bout à chaque extrémité, ils réussirent, par une série de mouvements bien synchronisés, à le soulever hors de l'embarcation et à le mettre à l'eau.

— Je plongerai avec Jerry, dit Jon.

Remarquant le geste de mauvaise humeur de David, il enchaîna aussitôt :

— Ne fais pas cette tête... tu prendras le relais tout de suite après, sitôt que je serai sûr qu'il fonctionne parfaitement.

— O.K. mais je préfère descendre moi aussi, pour ne rien perdre du spectacle.

Endossant leurs bouteilles, les trois hommes se mirent à l'eau. Jonathan, après avoir libéré les deux bouts qu'il lova et accrocha à sa ceinture, s'allongea sur l'engin en forme de torpille. Il vérifia en les actionnant dans les deux sens, que les ailerons de part et d'autre répondaient bien aux sollicitations des commandes, puis fit de même avec le petit gouvernail à l'arrière. Il mit le contact. Propulsé par son moteur électrique alimenté par batteries, le Pégase démarra lentement, presque silencieusement.

David fut fasciné par la maniabilité du véhicule sous-marin. Entre les mains de Jonathan il survolait littéralement le fond. Par ces glissades, ses plongées, ses remontées, il se comportait comme un véritable petit avion. Comme il passait tout contre Jerry, celui-ci se saisit des chevilles de Jonathan et le petit convoi se perdit rapidement dans l'azur du lagon.

David eut d'abord la réaction de les suivre, puis, réalisant la vanité de son effort, décida d'attendre. Comme une apparition surgie du bleu qui l'environnait, ils se matérialisèrent dans son champ de vision aussi brusquement qu'ils s'en étaient évanouis.

Avec une joie enfantine il se laissa entraîner à son tour, après que Jerry lui eut cédé la place. Il s'agrippait fermement à Jon en regardant le paysage défiler sous ses yeux.

C'était une sensation bien différente de celle qu'il avait éprouvée alors que tout jeune, avec les gamins du quartier, il se jettait du haut des pontons de bois dans les eaux noires de l'Hudson. Dans cet élément sombre et hostile il s'était senti limité, impotent. Maintenant, grâce à Jonathan et à l'air comprimé des bouteilles, ce monde sous-marin était devenu fascinant et surtout accueillant.

Jonathan, aux contrôles de sa torpille apprivoisée, pénétrait plus avant dans l'univers spectaculaire et chaotique du corail. De temps en temps tournant la tête, il apercevait le visage rayonnant de David à travers le verre de son masque.

Alors qu'ils revenaient, ils aperçurent Jerry qui, fatigué sans doute d'attendre, avait préféré flâner à sa façon. Il leur faisait signe. D'un coup de Pégase ils furent sur lui. Le vieux se tenait devant l'ouverture de ce qui paraissait être un évidement entre les concrétions calcaires. Large de quatre à cinq pieds, il semblait s'enfoncer verticalement.

Jonathan confia à David la surveillance du Pégase posé sur le fond. Puis, dégageant la torche accrochée à sa ceinture, il s'engagea avec précaution dans l'orifice, suivi de Jerry. Alors qu'ils s'attendaient à déboucher après un coude, sur la pente externe du récif tout proche, le puits continuait à s'enfoncer verticalement. Rapidement les deux hommes renoncèrent.

A moins soixante pieds — Jon venait d'éclairer son profondimètre — ils étaient déjà dans le noir le plus complet. Les parois allaient en s'élargissant et il y avait de fortes chances pour qu'ils débouchent sur une cavité de plus grande ampleur, mais malgré leur curiosité il n'était pas question de prendre des risques sans un équipement plus adéquat.

Ils retrouvèrent David près du Pégase. Il avait l'air nerveux. Tous trois remontèrent à la surface. C'est David qui s'en rendit compte le premier. Otant son embout, puis soulevant son masque il s'exclama :

— Le pneumatique !!! Il n'est plus là...

*
* *

Jonathan demanda à Jerry de s'occuper de ses bouteilles puis ôta ensuite sa ceinture de lest qu'il laissa couler. S'arc-boutant de toutes ses forces sur ces longues palmes, il maintint le haut de son buste aussi loin que possible de la surface de l'eau, hachée d'un mauvais clapotis, tout en scrutant intensément tout autour de lui.

— Je crois que je l'aperçois, fit-il enfin, après plusieurs tentatives, il dérive tout seul vers la côte, poussé par le vent.

— Il est loin ? demanda Jerry.

— Difficile à dire... un bon mile... il ne va pas tarder à toucher terre.

Jonathan contenait une envie terrible d'étrangler le vieux ; il avait certainement mal fait son amarrage. Mais ce n'était pas trop le moment !

Il restait encore une chance d'arriver à le rattraper grâce au Pégase. Remettant ses bouteilles il retrouva rapidement l'engin là où ils l'avaient laissé. Tout à côté il ramassa sa ceinture de plomb.

Calmement il enfourcha le long fuseau métallique et chercha à le mettre en marche. En vain. Il vérifia l'engin dans les moindres détails : les batteries au nickel-cadium étaient pourtant chargées à bloc. Tout, normalement, aurait dû fonctionner.

Il refit surface. Les deux autres hommes commençaient à s'impatienter.

— Je n'y comprends absolument plus rien, rugit-il, tout cela est totalement inexplicable. Enfin !... tant pis ! larguez bouteilles, ceintures et le reste près du Pégase. Marquez le tout d'une bouée et restez dans les parages.

Constatant que le mystérieux flotteur bleu n'était plus là lui non plus, Jon confia à ses deux coéquipiers la mission de chercher le corps-mort auquel il était relié.

Se débarassant de nouveau de ses bouteilles et de ses plombs, il ajouta :

— Je vais nager jusqu'au rivage et je reviendrai vous reprendre ici.

Malgré les circonstances, ses deux compagnons avaient témoigné d'un grand sang froid, constata Jonathan en s'éloignant. S'il ne pouvait s'attendre à moins d'un homme de mer comme le vieux, le calme de David le surprenait agréablement.

CHAPITRE DOUZE

A la capitainerie du Lucayan Beach Marina, le dockmaster ne put leur fournir aucune explication. Un puissant “run-about” avait repêché Jonathan à mi-parcours dans le lagon et l’avait transporté immédiatement jusqu’au zodiac juste avant que celui-ci ne soit drossé contre le bord et probablement mis en pièce par les coraux tranchants.

— Le bout d’amarrage pendait à l’avant, comme sectionné net au couteau. Il n’en restait qu’un mètre. La bouée bleue avait, elle aussi, disparu, de même que le corps mort auquel elle était attachée, expliquait Jonathan.

— Nous avons fouillé toutes les crevasses sans pouvoir le retrouver.

Personne parmi le petit auditoire n’avait une réponse entièrement satisfaisante. De toute évidence ils passaient pour trois novices et ce qui venait d’arriver ne pouvait être imputable qu’à une erreur de leur part !

Seul Jerry se taisait, parfaitement conscient qu’il faisait figure, en toute logique, de premier coupable. Coupable par négligence ou incapacité. Stoïque, il acceptait l’humour noir de ce qu’il considérait comme un méchant petit tour — un de plus — des forces qui présidaient à son destin. Il se retourna. Jonathan venait de lui taper affectueusement dans le dos.

— Je sais maintenant que ce n’est pas toi, lui dit-il, et tu le sais très bien toi aussi.

— Oui, grommela Jerry, et c’est justement ce qui m’inquiète.

*
* *

David offrit une tournée générale dans le lounge luxueux de l’hôtel.

Cet incident et ce flirt avec le danger l’avaient émoustillé. Jamais encore il ne s’était senti vivre avec une telle intensité.

Le parfum trouble de l'aventure commençait à l'enivrer. Il s'enfonça profondément dans le fauteuil de cuir, tirant une puissante bouffée de son cigare. Jonathan lui, restait debout, un verre de whisky à la main. Il ne s'était pas rasé de deux ou trois jours et son visage creusé par les efforts paraissait encore plus dur.

Il ne lui manque qu'un petit anneau d'or à l'oreille pour être l'image même de ce que furent ses ancêtres..., pensa David avec sympathie.

Ses sentiments pour Jerry en revanche étaient beaucoup plus réservés. Il avait déjà eu l'occasion d'apprécier ses compétences et son érudition, mais l'homme commençait à le déranger avec ses airs perpétuels de souffrance et son comportement bizarre.

David détestait ce qui n'était pas clair.

La soirée se passa donc autour d'un copieux dîner dans une atmosphère on ne peut plus gaie. Pourtant, à travers certains mots, transparaissait parfois une gêne.

Un peu plus tard, à bord, après avoir passé en revue les moindres détails concernant leur programme du lendemain, les trois hommes s'étaient assis autour d'une bouteille de vieux bourbon qui se trouvait déjà bien entamée. Jonathan se mit à tousser.

— Christ, vous empuantissez l'air avec votre fumée !

Il agita les bras pour chasser par une des ouvertures le brouillard bleu dégagé à la fois par le Havane de David et la pipe de Jerry.

— Je te trouve bien énervé... tu ne voudrais pas qu'on te réserve un compartiment non-fumeur uniquement pour ton usage, répliqua David en souriant.

— Très drôle... non. Mais à l'avenir vous pourriez prendre quelques précautions, quand je suis là.

Le vieux ouvrit la bouche comme pour parler, mais garda le silence.

— Vous vouliez dire quelque chose Captain ? lui demanda David.

Il hésita une brève seconde.

— Oui... puisque nous partons vers le sud et à moins qu'il n'y ait d'autres suggestions, nous pourrions faire cet arrêt à Bimini ou plutôt autour de Bimini... comme prévu !

— Pourquoi ne pas retourner carrément à Miami, dans ce cas là ? Je connais des coins secrets infestés de belles sirènes. Nous pourrions faire un reportage sensationnel. Non, soyons sérieux Captain, ricana David.

— Je suis on ne peut plus sérieux, Monsieur Klein... maintenant je me garderais d'insister.

— Ne vous vexez pas, je disais ça pour vous mettre en boîte. Qu'est-ce que vous avez dans votre sac à magie ?

— Avez-vous entendu parlé du mur de Bimini ?

— A vrai dire, très vaguement.

— Moi oui, intervint Jonathan, je connais très bien un de ceux qui l'ont découvert.

Le vieux sursauta :

— Et qu'en pensait-il ?

— Enthousiasmé mais perplexe, partagé entre la joie d'avoir fait une découverte archéologique qui pourrait tout remettre en question et la peur de se tromper, peur que ce soit un simple phénomène naturel.

Jerry sourit, pour la première fois de la journée.

— Il a bien raison, le mur est un appât. Peu importe du reste qu'il soit construit de main d'hommes ou non... c'est tout autour de lui que se situe le mystère. Il sera l'énigme... exactement comme le sphinx dont l'âge exact d'ailleurs n'a jamais pu être déterminé car il est ceinturé au tiers de sa hauteur d'un dépôt de coquillages marins qui devrait poser plus d'un problème aux égyptologues.

— Vous l'avez déjà vu ce mur ? interrompit David qui pressentait un beau sujet.

— Il y a plus de trente ans que j'explore ces eaux... et vingt-cinq que je sais ce que je cherche.

— Mais quoi donc, Bon Dieu ! dites-le au lieu de faire toutes ces simagrées, fit David, exaspéré.

Il se tourna vers Jonathan pour le prendre à témoin. Celui-ci très flegmatiquement était en train d'ouvrir une boîte de cacahuètes.

— J'ai les crocs...

— Qu'est-ce que c'est que ces cloches que j'ai embarquées, l'un ne pense qu'à bouffer et l'autre à parler par allusions et paraboles.

David fixait intentionnellement Jerry.

Celui-ci vida son verre calmement.

— Monsieur Klein, Jon, dit-il, je vais vous montrer quelque chose qui va vous surprendre.

Jonathan et David échangèrent un regard sceptique.

Il se leva et disparut dans la cabine arrière après en avoir fermé la porte. Les deux hommes l'entendirent farfouiller, puis il reparut avec une petite enveloppe à la main.

L'ouvrant précautionneusement il en retira une série de diapositives en couleurs. Il chercha autour de lui. S'approchant de la table à cartes il alluma la puissante lampe de lecture.

Du tiroir il sortit une grosse loupe.

— Venez voir… c'est du Top Secret. Il avait de nouveau l'air heureux.

D'un même réflexe les deux autres furent à ses côtés. Les visages penchés regardaient par transparence, à travers le fort grossissement de la lentille, la vue, au premier abord insolite, que Jerry tenait devant la lampe. Il s'agissait manifestement de photos prises par avion.

Jonathan comprit immédiatement : c'était un fond sous-marin vu d'une certaine altitude. Au-delà des contours bien délimités d'îles et îlots, des suites de formes géométriques mal définies apparaissaient dans la transparence de l'eau… cercle immense et double… longues lignes droites, doubles aussi et parallèles, s'étendant sur des centaines de pieds.

— Andros et ses keys au sud-est… c'est pris à 3.000 pieds, murmura Jerry.

Les vues se succédèrent, les formes aussi, carrées, rectangles, triangles, hexagones, ensemble de lignes droites s'étirant sur des milles, se terminant parfois par des courbes parfaites.

— Attention, précisa Jerry, l'échelle ne vous apparaît peut-être pas mais compte tenu de la hauteur à laquelle elles ont été prises et qui varie de 1.000 à 30.000 pieds, toutes ces formes s'étendent sur des miles marins pour les lignes et sur des centaines de pieds carrés pour les structures géométriques.

En transparence, apparaissait très nettement dans le sable un réseau très dense et regroupé de carrés et rectangles.

— On dirait les contours d'une ville enfouie, s'exclama David.

— Je ne vous le fais pas dire n'est-ce pas ? Pris à 4.000 pieds près de Key Lobos à la limite du Great Bank au bord des abîmes du Old Bahama Channel… et celle-ci… poursuivait Jerry dont l'excitation allait en grandissant, la plus impressionnante de toute, prise à plus de 30.000 pieds.

La diapositive était comme divisé en deux : en haut, la masse blanche du banc peu profond couvrant les deux tiers de la vue et en bas, séparé par la diagonale continue de la côte toute droite, le bleu presque noir des grandes profondeurs qui lui succédait sans transition. La courbure du bord, sous la surface de l'eau, s'arrondissait comme une moulure géante au-dessus des profondeurs du gouffre.

— Guinchos Cay… la voix du vieux tremblait, là doit se trouver la porte du mystère.

Jerry éteignit brusquement la lampe.

— Où avez-vous trouvé tout ça ? demanda David qui avait

repris les diapos et les observait de près à travers la loupe, ce n'est pas le format commercial.

— Ce sont des documents ultra-confidentiels de l'Air-Force auquel j'ai eu accès pour la bonne raison que j'en ai été moi-même le photographe. Je n'ai pas à m'en cacher, ils m'ont coûté suffisamment cher en souffrance et en sarcasmes.

David émit un long sifflement. Il ne savait pas s'ils découvriraient le trésor du Louisianais mais ce que le vieux venait de leur montrer là valait déjà son pesant d'or... à la condition de bien l'exploiter. En elles-mêmes ces photos ne représentaient évidemment qu'une valeur d'indice, mais c'était sur place qu'il fallait se rendre... qui sait ce qu'ils pourraient y découvrir et y filmer.

— Selon vous, Captain, que cache tout ceci ? lui demanda-t-il enfin.

Sans s'en rendre compte il avait passé un bras autour de son épaule et ensemble ils retournèrent à la table où ils prirent de nouveau place. Jonathan suivit et avant de s'asseoir versa une tournée à chacun.

Accoudé à la table, le vieux pris son temps pour répondre. Des deux mains il enveloppait son verre et humait le bouquet lascif et puissant du bourbon.

— Tout ce que je viens de vous montrer se situe en plein cœur de la région la plus "chaude" du fameux Triangle... Triangle du Diable ou Triangle des Bermudes, appelez-le comme vous voudrez. Les vues parlent d'elles-mêmes, non ? Pour des raisons de sécurité ou pour ne pas affoler le grand public, elles n'avaient jamais été divulguées. Celles que je vous ai montrées datant d'il y a plus de dix ans, au moment des expériences de Gemini. Maintenant que des amateurs, plongeurs, aviateurs, savants, archéologues ont commencé à repérer à leur tour ces... "traces", on affecte d'en faire peu de cas en haut lieu. Je soupçonne même les médias d'avoir reçus des ordres stricts pour minimiser ou ridiculiser toute information jugée dangereuse.

— Dangereuse ! vous allez un peu fort, Captain, s'exclama David... et puis nous sommes dans un pays libre : presse, radio et télé sont là pour le prouver.

— Si vous le croyez, tant mieux ou tant pis pour vous, vous semblez ignorer ce qu'est la pression et l'intox.

— Il cst vrai qu'il fut un temps où vous étiez bien placé pour le savoir.

Jerry blémit mais il se retint et fit une profonde inspiration.

— Arrêtez, vous n'allez pas recommencer, intervint Jonathan avec force, je vais finir par croire Jerry. Il y a une influence maléfique qui se ballade dans les parages.

Le regard de David croisa celui du vieux. Il ne put rien y lire sinon une impression de vide bleu. Il était apparemment redevenu parfaitement calme.

— Nous mettrons demain le cap sur Bimini, j'ai l'intention de procéder à de nombreuses photographies. En attendant je vais me coucher. Tout le monde est d'accord ? fit David en quittant la banquette.

— A la bonne heure ! fit Jonathan se levant à son tour.

— Nous lèverons l'ancre à huit heures, dit Jerry. Il avait aux lèvres un petit sourire de satisfaction.

Les deux autres partis, il se dirigea de nouveau vers la table à cartes.

Il sortit de leur étui les charts n° 11460 et 26324 et les étudia un moment. Rallumant la lampe, à nouveau satisfait, il se tourna vers le tableau de bord et tourna la clef de contact.

Les différents cadrans s'illuminèrent de points rouges, verts ou bleus : compte-tours, indicateur de pression d'huile et de température, différents témoins. Il enclencha le radar et, la tête penchée, appuyée contre le rebord du cône de vision, il suivit un court moment sur l'écran rond le mouvement circulaire et silencieux du rayon lumineux. Un très bref instant sa position ramena en lui le souvenir de ses longues gardes au périscope, tendues et concentrées, sur l'U 117. Il chassa rapidement ces images qu'il ne voulait plus jamais évoquer. Il se redressa, éteignit la lampe et toutes les veilleuses. Seule une lumière diffuse irradiée à travers les petits rideaux de tulle blanc pénétrait l'obscurité du carré. De l'extérieur arrivaient par vagues successives des rumeurs lointaines, des éclats de voix, des rires de femme.

En cherchant sa porte il heurta le tabouret et trébucha : Scheiz *, dit-il.

La lumière inonda la cabine : c'était la plus vaste et on y avait stocké tout le matériel. A peine avait-il assez de place pour sa couchette et l'accès à la douche située au-dessus de la salle des moteurs. Il souleva la trappe et descendit. Un ordre méticuleux y régnait. Jumeaux puissants, côte à côte, les deux diesels dormaient. Il s'en dégageait une odeur de graisse propre qu'il renifla avec plaisir. Il flatta l'un d'eux de la main et une image surgit dans son esprit : la salle des machines de son sous-marin. Il se mit à siffloter... Lily Marlène...

*. L'équivalent, en allemand, du mot de Cambronne.

CHAPITRE TREIZE

De son étrave presque droite, le Barracuda fendait tranquillement une mer absolument plate. Son sillon puissant d'écume éclatante et blanche au départ, s'évanouissait à son tour, sur la surface sans ride, écrasée de chaleur et de beau temps.

Il ne devait pas être loin de midi. David, debout à la poupe, pêchait.

La tête protégée par une casquette à longue visière transparente il tenait de la main gauche sa canne à thon en fibre de verre, souple et résistante, tandis que de la droite il jouait du moulinet. Le long sifflement métallique du fil se déroulant le comblait d'aise.

Seule une soif tenace dérangeait sa tranquillité d'esprit. Jonathan était descendu lui chercher une bière glacée mais n'avait toujours pas reparu.

Il eut soudain son attention attirée par un vrombissement diffus. Son regard parcourut l'horizon. L'eau, profonde ici, était d'un bleu intense. Mais rien en vue, ni une coque, ni une voile. C'était du reste curieux. Ils devaient se trouver en un point à mi-chemin du Northwest Providence Channel, zone de passage particulièrement fréquentée.

Le bruit était toujours là, indéterminable.

Il pensa à la plongée de la veille. Elle était peut-être la cause de ces bourdonnements d'oreille. Il bloqua son moulinet et pencha la tête d'un côté puis de l'autre en agitant son petit doigt dans chaque oreille. Non ! ce n'était pas le fruit de son imagination. Se penchant par-dessus la lisse, il rapprocha son visage de l'eau. Le bourdonnement était là, beaucoup plus fort et semblait venir de dessous la surface. Il se releva, accrocha sa canne dans le support prévu à cet effet, puis passant à tribord il se pencha à nouveau le plus près possible de la mer : une vibration sifflante et continue se superposait au ronronnement familier des diesels. La voix de Jonathan le fit sursauter. D'un bond, il fut de nouveau debout. Le Louisianais se tenait dans l'encadrement de la porte, une canette de bière dans chaque main.

Il avait l'air étonné :

— Dave ! qu'est-ce que tu fous, tu essaies d'attrapper les poissons avec les dents maintenant ?

Son sourire ironique se figea brusquement. D'un seul mouvement il déposa les deux bières sur le pont et se précipita contre la rembarde. Son bras pointait vers la surface :

— Hé... regarde... vite !

A quelques dizaines de pieds, dans l'eau tranquille et transparente, suivant une course parallèle à la leur, affleurant presque, deux formes orange filaient sous la surface sans trace de propulsion apparente. Elles étaient l'origine de cette rumeur sifflante qui avait alerté David.

Stupéfaits les deux hommes regardaient, cherchant à comprendre.

Autant qu'ils pouvaient en juger, compte tenu de la réfraction, les engins avaient une bonne vingtaine de pieds de long.

Au moment où Jerry, alerté, apparaissait à son tour sur le pont, les objets accélérèrent brusquement. Puis amorçant un virage à 90° ils piquèrent droit vers les grandes profondeurs en passant sous le Barracuda.

Ils étaient ramassés et ovoïdes plutôt qu'allongés comme des fusées ou des torpilles, en tout cas, sans ouvertures ni protubérance, ailerons ou gouvernail.

— Christ ! qu'est-ce que ça pouvait bien être ? s'exclama Jonathan.

— Cela faisait un moment que je les entendais... ils nous suivaient.

David regrettait amèrement de ne pas avoir eu sa caméra sous la main.

— Et vous, Captain, qu'est-ce que vous en pensez ?

Les yeux de Jerry vers lequel il s'était retourné brillaient d'un vif éclat. Il était tout agité :

— J'en étais sûr. Ils finiraient bien par se montrer.

David et Jonathan se regardèrent.

— Pete Petersen, dit ce dernier, un copain... un pêcheur professionnel, m'a affirmé avoir aperçu plusieurs fois exactement les mêmes engins, mais comme il était plutôt porté sur la bouteille, j'ai toujours cru qu'il racontait des histoires.

— C'est ce qu'on dira de toi aussi, Frenchy, quand tu raconteras ce qu'on vient de voir.

Le vieux, rentré dans le poste en ressortait déjà, muni d'une grosse paire de jumelles.

— J'ai branché le pilote automatique, dit-il, en scrutant

lentement le ras de l'eau. La mer restait déserte, comme indifférente à ce qui venait de se passer.

*
* *

La conversation était de plus en plus animée dans le carré. Jerry avait préparé un petit casse-croûte — salami, fromages et fruits — et pour une fois répondait aux questions du producteur.

Jonathan était à la barre.

Un moment, mis en verve par ce qui venait de se passer, le vieux leur avait laissé entrevoir le fond de sa pensée : l'existence, là, dans ce vaste périmètre des Bahamas, des Caraïbes et jusqu'au Yucatan et aux grandes et petites Antilles, d'un univers sous-marin secret.

Il avait même parlé d'un royaume dont les modalités d'existence ne s'exprimaient pas exactement dans celui de nos trois dimensions.

— Mais pourquoi ici plutôt qu'ailleurs ? avait demandé David.

— A cause de la structure géologique des sous-sols et de la présence de gigantesques cavernes sous-marines et d'un réseau de tunnels horizontaux et de puits verticaux comme les Trous Bleus par exemple.

— Et pourquoi sous la mer et pas sur la terre ferme ?

— Les races qui formaient primitivement cet immense royaume englouti étaient amphibiennes. La mythologie grecque en parle. On en trouve aussi des échos dans les très anciens textes védiques de l'Inde ainsi que dans les sagas nordiques.

— Mon vieux Jerry... lui avait dit Jonathan en se moquant, depuis que je plonge ici j'aurais dû en voir de ces amphibiens. Mais toi au fait, avait-il ajouté, n'en aurais-tu jamais rencontré dans ta vie ?

Il n'avait rien répondu. Tandis, que fort prosaïquement, il s'était préparé un énorme sandwich, il avait songé à toutes ces preuves qui, au cours des ans, s'était rassemblées implacablement autour de lui, depuis cette tragique nuit à Marseille, le faisant basculer d'un scepticisme absolu à la conviction la plus intime.

Tard dans l'après-midi, ils furent en vue du phare Great Isaac. Sa haute silhouette blanche dominait l'îlot coiffé de quelques arbres entourant la petite maison du gardien au toit pointu.

La couleur de la mer, d'un bleu presque noir, s'était éclaircie pour prendre des reflets turquoises. Les fonds se relevaient. Bientôt ils naviguaient sur les sables blancs et peu profonds du Great Bahama Bank et Jonathan s'apprêtait à céder, d'un instant à l'autre, sa place à Jerry, plus expérimenté pour diriger le Barracuda dans ses approches du port de North Birmini, souvent perturbé par des bancs de sable mouvant.

— Dave ! Jerry ! appela-t-il brusquement. L'intensité de sa voix était inhabituelle.

Il était penché sur le compas. La grande aiguille tournait comme un ventilateur.

— Je l'ai vu démarrer lentement. Puis elle a accéléré brusquement.

D'un geste sec, Jerry coupa le contact. Tandis que le bateau continuait sur son erre, le mouvement de l'aiguille prenait fin.

— On retourne, préparez-vous à jeter l'ancre, cria-t-il.

Pendant que Jonathan se précipitait dehors vers l'avant, le vieux relançait les moteurs dans un sourd grondement et David grimpait sur le Flying bridge. Amorçant un large demi-tour sur lui-même, le Barracuda pénétrait dans son propre sillage. La voix très excitée de Jerry parvint aux deux autres sur les ponts :

— Ça recommence ! Jonathan actionna le guindeau au moment même où les diesels s'arrêtaient. Dans un grand bruit de chaînes, l'ancre tomba à l'eau. Rapidement le trawler s'immobilisait ainsi que l'aiguille du compas.

— Quelle profondeur ? demanda Jonathan.

— Une vingtaine de pieds répondit Jerry après un bref coup d'œil à l'écho-sondeur.

C'était une profondeur-limite pour leurs détecteurs. Ils décidèrent de les emporter avec eux.

Tandis que Jonathan et le vieux équipés de leur bouteille de plongée, se jetaient à l'eau par l'arrière, David mettait l'annexe à flot.

Le haut-fond était tapissé d'un sable fin qui étendait sa blancheur aussi loin qu'ils pouvaient regarder. En prenant l'ancre de leur bateau comme origine, les deux hommes balayaient le sol méticuleusement de leurs disques électromagnétiques.

Les aiguilles des cadrans restaient désespérément sages. Seuls de petits sursauts sporadiques témoignaient de la présence de quelque morceau de métal ou de ferraille. Mais ceci était tout à fait normal dans cette zone de passage au trafic maritime intense.

Ils continuèrent ainsi un bon moment.

Lorsqu'il sentit qu'il devait enclencher sa réserve, Jonathan estima que l'instant était venu de remonter. Il regarda Jerry à quelques pieds de lui. Le corps en angle aigu, le nez pointé vers le sol, il dégageait de fines colonnes de sable en râclant celui-ci de son instrument, un peu à la manière d'un gros rouget.

Il se rapprocha et le tira par l'extrémité d'une palme. Du pouce levé il lui fit signe qu'il fallait refaire surface.

Lentement ils se dirigèrent vers la face miroitante d'où se détachait la petite masse sombre du fond de l'annexe qui les suivait.

— Rien ! dit Jonathan en venant s'appuyer des avant-bras sur un bord.

Il avait ôté son masque et soufflait bruyamment. Jerry vint s'accouder à son tour. Il paraissait profondément déçu.

— ... J'ai réfléchi pendant que j'attendais tout seul, dit David, on aurait mieux fait d'utiliser le zodiac. Il commence à se faire tard, mais on peut quand même essayer, je vous tirerai.

Moteur hors-bord au ralenti, les yeux rivés sur la boussole et les cadrans, ils quadrillèrent une vaste zone autour de leur point d'ancrage, mais rien, cette fois, ne vint troubler la surface des eaux.

La nuit commençait à tomber et ils durent se résigner à abandonner la recherche. Le baromètre était au beau fixe, c'était la pleine lune, on allait y voir comme en plein jour lorsqu'elle se lèverait. Allumant leurs feux de position, ils décidèrent de mouiller là où ils étaient, jusqu'au lendemain matin.

*
* *

Tandis qu'il vérifiait les différents mécanismes de sa caméra 16 mm avant de l'enfermer dans le long cylindre de son boîtier étanche, David se reprit à penser à Jerry.

Le mystère qui entourait toute une partie de sa vie le tracassait. Il en pressentait l'importance et il aurait donné cher pour découvrir ce qu'il en était réellement.

Il avait, par nature, peu de goût pour les abstractions et moins encore pour les phénomènes tels que ceux qui s'étaient produits tout au long de cette journée, à ce point qu'il lui était difficile de les admettre bien qu'ayant pu les constater.

Il secoua les épaules puis d'un claquement sec il coinça le couvercle étanche dans son logement. Quoiqu'il advienne dorénavant, il aurait sa caméra prête. Voilà au moins une chose sur laquelle il pouvait compter.

Impatients, les deux autres l'attendaient à l'arrière. Jonathan était en train de sortir les bouteilles de plongée par l'écoutille grande ouverte. Son torse luisait de sueur.

— Dépêche-toi Dave, je crois que tu vas en avoir pour ton argent, Jerry nous a ancré sur son mur, lui cria-t-il.

Par l'encadrement du passage, une tête blanche apparut.

— Je crois, Monsieur Klein, que vous allez être satisfait.

Se penchant, David jeta un coup d'œil rapide : au-delà de la surface miroitante il distingua un fond rocheux. Mais ces roches étaient énormes.

Toute proche, à tribord, l'étroite bande de terre plate de North Bimini s'étalait sur son fond de sable instable.

Ils plongèrent et leur surprise fut totale. Nageant dans l'eau limpide ils survolaient à quelques brasses sous eux une chaussée titanesque faite de blocs encastrés les uns dans les autres, selon une double ligne parallèle.

Ils la suivirent sur toute sa longueur. Elle étendait sur près de 300 mètres, une mosaïque invraisemblable de pierres, la plupart rectangulaires, d'autres carrées, ou de forme moins bien définie. Les plus grandes de 3 à 5 mètres de long couvraient toute la largeur tandis que, par endroits, de plus petites formaient un pavage de finition dont la plus grosse partie avait disparu, arrachée par le mouvement des eaux. A son extrémité sud l'ensemble amorçait une vaste courbe avant de s'enfoncer dans le sable.

Atteignant le fond pour explorer les bases, ils eurent la surprise d'y découvrir des ouvertures bien nettes. En deux endroits précis, les grandes dalles, couvrant toute la largeur, s'appuyaient à chacun de leurs coins sur des petits amas de pierres dressés verticalement. Dégageant les interstices des algues, sédiments et concrétions qui les encombraient, ils constatèrent avec étonnement que la lumière du jour apparaissait de l'autre côté.

Ils étaient sans aucun doute possible en train de nager devant des structures construites par l'homme suivant le même principe que les dolmens en Europe.

Ils remontèrent à la limite de leurs réserves.

Tandis qu'il dégageait son film, David n'arrêtait pas de murmurer :

— Fantastique… les gars… tout simplement fantastique.

Jonathan descendit chercher de la bière bien fraîche et de quoi casser la croûte rapidement. Lorsqu'il remonta, Jerry et David étaient assis côte à côte, adossés à la cloison, la chevelure blanche de l'un contrastant avec le crâne dégarni de l'autre. Les jambes allongées, se réchauffant au soleil, ils discutaient :

— Il y a longtemps que j'en avais pressenti l'existence, disait le vieux. J'ai plongé là dès 1938. A l'époque il n'y avait qu'une longue et large traînée sombre se distinguant du sable environnant. La sondant avec la flèche de mon harpon j'avais constaté qu'elle s'enfonçait dans une épaisseur de déchets d'algues et autres détritus marins, autant d'indices révélant une structure artificielle sous-jacente. Je n'y étais plus jamais revenu... lorsqu'en 68 j'appris sa découverte par l'équipe dont faisait partie ce plongeur français que tu connaissais, Jon.

— Formidable interrompit David. Il se frottait les mains. C'est une histoire qui mérite d'être racontée... ça c'est sûr, mais pour cela il faut que je retourne pour d'autres prises de vues.

En pensée il en voyait déjà les possibilités. Il paraissait tellement impatient que Jonathan se mit à rire, suivi du vieux.

— Qu'est-ce que vous avez à vous marrer ? J'ai dit quelque chose de drôle ?

— Non, non, mais reposons-nous un instant puis nous redescendrons.

Dans les heures qui suivirent David usa deux bobines. Il se servit du Pégase qui dès le lendemain de l'incident s'était remis à fonctionner sans explication apparente. Il s'astreignit d'abord à des vues panoramiques et à un travail photogrammétrique, procédant ainsi à une approche de type archéologique. Puis il donna libre cours à ses propres conceptions et se laissa aller à une débauche de cadrages et d'angles tous destinés à arracher le télespectateur de son morne fauteuil et à le faire pénétrer dans ce monde fantastique et magique qu'il n'aurait peut-être jamais le loisir de connaître.

Jerry de son côté faisait l'école buissonnière. S'écartant du mur, il n'avait pas tardé à découvrir d'autres structures révélatrices sous forme de tranchées, comblées de dépôts et sédiments, dont l'une large de 60 centimètres et profonde d'autant, toute droite et qu'il avait suivie pendant près d'un kilomètre.

Alors qu'il revenait, il fut traversé d'une intuition subite... Dégageant sa cagoule il appuya une oreille à même le sable. Très faiblement mais très distinctement le sol vibrait. Un frisson le parcourut. Il avait raison, tout ceci n'était pas aussi mort que certains le pensaient.

*
* *

CHAPITRE QUATORZE

Jonathan, étendu sur le ventre à l'avant du pneumatique qui avançait, moteur au ralenti, indiquait le chemin à suivre.

– Et si l'on essayait de modifier ton procédé, dit David subitement, nous pourrions y fixer une caméra. Quels superbes plans-séquences nous ferions depuis la surface et sans nous mouiller.

– On peut toujours essayer répondit Jonathan. L'invention n'est pas de moi : je l'ai simplement adaptée. Les pêcheurs l'ont toujours utilisée.

Il observait le fond à travers un instrument fort simple : un seau dont le fond avait été remplacé par une vitre découpée et solidement fixée.

Jerry recherchait ses amers grâce à des données mystérieuses dont il se serait refusé, de toutes manières, à révéler les origines.

Le site était encore plus spectaculaire. Un anneau double, parfois triple de taches sombres et régulières formait, d'après Jerry, les traces d'un systèmes d'enceinte géante dont le diamètre devait dépasser les 300 mètres.

Alors que David filmait, les deux autres effectuaient des sondages en différents points, à l'aide de longues tiges. S'enfonçant, elles s'arrêtaient chaque fois à mi-hauteur contre une masse dure.

De retour sur le pneumatique, alors qu'il s'extirpait de ses survêtements mouillés, tout en reprenant son souffle, Jerry gesticulait en montrant la mer :

– Si j'avais le temps et les moyens, là, sous ce sable, je dégagerais un ensemble mégalithique, comparable à celui de Stonehenge, en Angleterre. Vous rendez-vous compte de ce que cela implique… l'existence il y a plus de dix mille ans d'une culture assurant une parfaite continuité avec celle des mégalithes de la vieille Europe.

– Moi, je veux bien, répliqua Jonathan, mais j'en ai rien

à faire et j'estime qu'on perd notre temps.

— Tu exagères Frenchy, intervint David, et en ce qui me concerne on continuera tant que je pourrai filmer des choses intéressantes.

— Ne me dis pas que tu en tiens, toi aussi, pour ces conneries maintenant.

— Tu parles comme un cul-terreux, petit, intervint Jerry froidement.

Pendant un bref instant, seul le bruit du léger clapot contre le pneumatique rompit le silence total qui s'était fait.

— Tu as de la chance d'avoir trente ans de trop, vieux fils de pute. Sinon je te faisais avaler tes paroles de suite, arrosées d'eau de mer.

Jonathan avait du mal à contenir sa fureur. Il prit David à témoin :

— Quand je pense que c'est moi qui l'ai sorti de son merdier pour te le présenter.

— Du calme Frenchy, ce n'est pas le moment de s'énerver. N'oublies pas que nous avons encore beaucoup de choses à faire et nous devons les faire ensemble.

Le Louisianais jeta un regard peu amène au vieux qui gardait son air distant, puis haussa les épaules :

— Ça va grommela-t-il, mais il y a des expressions que je n'aime pas.

*
* *

Un peu plus tard Jonathan allait être à l'origine de la découverte la plus troublante.

Ils étaient remontés le jour suivant vers le Nord, naviguant en serrant la côte. Ils continuaient à repérer et filmer toutes sortes de formes plus ou moins apparentes dans les sables du Grand Bank, qui faisaient de celui-ci, selon Jerry, le site archéologique le plus étendu de tous ceux connus actuellement.

Andros passé, ils avaient mis le cap sur les îles Berry. L'après-midi était bien avancée et Jon leur avait proposé de varier le menu du soir en essayant de tirer une belle pièce au fusil harpon.

Tandis que Jerry, resté à bord, travaillait à ses notes, David et Jon mettaient à l'eau le pneumatique. Sous eux la plaine de sable déroulait sa blanche monotonie peu propice au gibier qu'ils cherchaient.

— Stop ! fit soudain Jonathan, on dirait des rochers ou peut-être une épave.

Il se pencha, le masque sous la surface tandis que David

calait le moteur.

— C'est bon... ce sont des trous...

Une fois dans l'eau, il fut saisi tout de suite par le caractère étrange du site.

Il y avait là, trois trous disposés en un triangle parfait dans une zone dénuée de toute trace de vie, comme si elle avait été ravagée par une énorme explosion. Mentalement il la compara à celle d'une grenade ou d'une charge de dynamite mais incomparablement plus puissante.

Il se rapprocha de l'un d'entre eux. L'orifice avait été soigneusement bouché par des dalles de pierres qui en interdisaient l'entrée, il en était de même avec les deux autres.

L'air lui manqua. D'un tir vertical il figea sa flèche dans le sable, puis laissant le fusil flotter entre deux eaux il remonta.

David fut surpris de son état de surexcitation :

— Mon vieux, je crois que j'ai réellement trouvé quelque chose... allons chercher Jerry.

— Je croyais que tu ne lui parlais plus.

— Ouais ? Eh bien, j'ai changé d'avis.

Il retourna accrocher une petite bouée flottante à la crosse du fusil qui leur servirait de repère.

Ils eurent vite fait de se retrouver tous les trois sur le zodiac. Une fois sur le site, ils plongèrent ensemble et entreprirent de dégager l'un des trous. Celui-ci offrait toutes les apparences d'un puits. Un courant nettement plus frais semblait en sortir. Jerry enleva son embout pour goûter l'eau. Sur son signe de tête affirmatif, ils goûtèrent à leur tour. L'eau était douce.

Ils continuèrent à dégager les pierres avec acharnement. Jonathan leur fit signe de nouveau désignant du doigt le fond. Ils eurent du mal à distinguer, du sable environnant, deux lignes plus claires. Elles partaient du plus grand des trous et continuaient absolument droites et parallèles bien au-delà de leur champ de vision.

Ils les suivirent. Sorties de la zone dévastée elles devenaient parfaitement visibles sur le fond de corail. Elles paraissaient avoir été tirées au cordeau. Sur leur parcours, leur aspect désertique contrastait avec la richesse de ce monde marin qu'elles traversaient, les rendant encore plus nettes. Elles ressemblaient à deux droites tracées par un rayon laser géant.

En un certain point, l'une d'elles s'écartait, dessinait une courbe géométrique parfaite pour revenir prendre sa course, droite et rigoureusement parallèle à l'autre.

Sur le chemin du retour ils firent une autre découverte, qui les surprit encore plus.

Jerry qui nageait en tête, fut le premier à constater le phénomène. Le fin nuage de sable qu'ils venaient de soulever à l'aller, avec leurs palmes, retombait lentement à l'intérieur des limites du trait sans qu'aucune particule ne vienne se déposer de l'autre côté. Ils firent plusieurs essais. Tout se passait comme si la poussière revenait à son point de départ, irrésistiblement reprise par une attraction invisible.

*
* *

Ils avaient contourné, en fin d'après-midi, la balise de North-West Channel, puis à la tombée de la nuit, ils étaient venus s'ancrer à l'abri de la petite anse de CHUCKPOINT, à une distance respectueuse du récif d'où leur parvenait la rumeur lointaine du ressac.

Durant la plongée, Jonathan avait réussi à tirer une belle bonite trop curieuse. L'odeur appétissante en provenance du four témoignait de ses talents de cuisinier.

— Demain, nous pénétrerons dans le North-East Providence Channel, fit Jerry.

Il était assis à la table, face à David.

— Nous passerons au-dessus de fonds vertigineux, plus de deux mille mètres, d'une seule chute, ajouta-t-il.

— Eh là, Captain, c'est le Barracuda que je vous ai confié, pas un sous-marin, j'espère bien que vous le maintiendrez en surface, j'ai pris goût aux prises de vues sous-marines certes, mais dans une certaine limite.

David était d'excellente humeur. Il regardait son havane qu'il roulait entre ses doigts mais qu'il n'allumerait qu'après le repas.

— Alors, ça vient cette bouffe ? ajouta-t-il à l'intention de Jonathan.

Jonathan fit son entrée et déposa l'énorme plat dont le fumet fortement épicé et poivré remplit immédiatement le carré.

Ils se jetèrent avec férocité sur la bonite en sauce piquante et le riz à la créole.

— Que penseriez-vous d'une escale à Nassau, les gars, demanda David brusquement.

— Tu rigoles... on n'est pas venu pour jouer aux touristes. Après on verra... Le Louisianais était outré.

— Je suis aussi de son avis... il vaut mieux continuer, opina Jerry.

David accepta le verdict à contre-cœur. Il aurait volontiers égayé cette croisière avec une une belle Bahamienne, noire de préférence. Il n'en avait guère la possibilité à Miami... c'était plutôt mal vu.

Reprenant son cigare, il l'alluma consciencieusement et souffla la fumée avec volupté.

– Et ce courant sous-marin d'eau douce, Capitaine, qu'en pensez-vous ? demanda-t-il.

– En soi, cela n'a rien d'extraordinaire, les résurgences en mer sont un fait banal, mais là, c'est quand même un peu éloigné des côtes, étrange aussi, car une source, justement ici dans ce secteur, cela fait immanquablement penser à la Fontaine de Jouvence. Jerry semblait réfléchir.

– La Fontaine de Jouvence ! s'écria David, mais je croyais que c'était un mythe.

– C'est cette fontaine où l'on se baignait tous les jours pour rester jeune... c'est ça ? Jonathan s'était rapproché de la table et s'était assis à califourchon sur sa chaise.

– C'est exact, et aussi étrange que cela puisse vous paraître cette histoire est un rêve constant de l'humanité. On en parle dans les textes Vedas de l'Inde et Hesiode le mentionne. Sans oublier le Jardin d'Eden de la Bible et le fait que Ponce de Léon, au XVIIe siècle la recherchait, justement à Bimini qu'il venait de découvrir.

Les indiens Lucayas lui avaient aussi donné leur version de la légende. Il passa le reste de sa vie à essayer de la localiser.

Pourtant nous ne devons pas oublier que dans les temps anciens toute la plate-forme du Great Bahama Bank se trouvait au-dessus du niveau actuel de l'eau et formait un vaste continent. Après la fonte des glaces la mer s'éleva considérablement et une grande partie de ce continent n'est plus visible aujourd'hui. Le vieux parlait avec sérieux.

– L'Atlantide, probablement, observa David.

– Ce n'est pas aussi simple que cela répondit Jerry avec un sourire et en secouant la tête.

Mais dis donc Jerry, intervint Jonathan, si ce que tu dis est vrai, un type qui aurait vécu à ces époques et qui se serait baigné régulièrement pourrait très bien être encore en vie... non ?

Le vieux se figea. Comment n'y avait-il jamais pensé plus tôt ? Il lui sembla soudain entendre les échos sonores d'une voix riche et grave qui lui avait dit, il y a si longtemps : Du temps des Frères de la Côte et de la Flibuste... j'étais un autre homme, Kaptân Müller.

Cette affirmation, alors incroyable, devenait brusquement plausible.

La voix de David le ramena au présent.

— Mais dites donc les gars, vous vous rendez compte de la fortune que nous pourrions faire s'il s'agissait vraiment de la Fontaine de Jouvence ? J'espère Captain, que vous avez bien fixé les coordonnées dans votre journal de bord. On ouvrirait le plus fantastique des établissements de thalassothérapie.

— Oui, et moi je ferais le garçon de bains pour être sûr de ne jamais en perdre une goutte affirma Jonathan joyeusement.

Ils rirent de bon cœur et pendant un moment, comme deux grands gosses tout heureux de vivre, frappèrent la table de leurs mains à coups redoublés.

Jerry s'était retiré jusqu'à la table à cartes. Il avait rallumé la lampe qui projetait une lumière puissante sur la surface blanche d'un rouleau qu'il venait de dérouler.

— Puisque l'on ne fait pas escale à Nassau, dit-il enfin, je suggère de passer à l'ouest de l'île, directement dans la Tongue of the Ocean*.

Les sonorités de ce nom le troublaient chaque fois.

Il frissonna, et releva un instant les yeux. Par delà les contours de la carte et ses inscriptions, un abîme effrayant se matérialisait : un gigantesque Trou Bleu qui plongeait directement vers les fonds du plateau des Bahamas et s'ouvrait à des milliers de mètres plus bas, sur d'autres cavernes immenses...

Il se sentit brusquement partir. La voix du jeune Louisianais lui parvint comme de très loin.

— Jerry, qu'est-ce qui ne va pas ?

— Capitaine, vous êtes tout pâle, vous ne vous sentez pas bien ?

Les deux hommes se précipitèrent pour l'aider. Il se ressaisit, secouant sa tête.

— Non, ce n'est rien... ça va... un simple vertige.

— Vous devriez aller vous coucher proposa David.

— Oui, c'est vrai, la journée sera longue demain confirma Jonathan.

Ils l'aidèrent à rentrer dans sa cabine.

Allongé sur sa couchette il distinguait vaguement à travers la cloison le brouhaha de leur conversation.

Ils doivent parler de moi, se dit-il.

Mais il ne réussit pas à fermer les yeux. Il avait toujours devant lui le Tongue of the Ocean. Un fait était certain pensa-

---

* « La langue de l'océan » lieu précis où l'Atlantique s'avance en pointe dans le plateau des Bahamas créant ainsi une zone particulièrement profonde et dangereuse.

t-il avec amertume : on était loin d'une simple fiction.

Il avait examiné personnellement les rapports des astronautes. Ceux-ci avaient aperçu à cet endroit même d'étranges lueurs blanches aux reflets métalliques, bien en dessous de la surface de la mer. De nombreux pilotes d'avions les avaient vues maintes fois, eux aussi.

Les White Waters !!! Ces Eaux Blanches étaient bien une preuve de plus de cette activité incroyable et pourtant réelle des forces qui se tenaient cachées là sous les eaux.

CHAPITRE QUINZE

Du haut du flying bridge David regardait à l'horizon la ligne outremer sombre de l'océan, bordée d'une frange turquoise qui tranchait avec la blancheur du haut fond de sable au-dessus duquel il naviguait.

Le contraste était rendu encore plus éclatant par la luminosité intense du soleil du matin.

— Fantastique, murmura-t-il.

— Oui répondit Jerry à ses côtés, dommage que nous n'allions pas jusqu'à l'extrémité de Tongue of the Ocean, vous auriez pu y faire des prises de vues extraordinaires. C'est un endroit spectaculaire, un cercle gigantesque, presque fermé, d'un diamètre de 50 miles. De quelques dizaines de centimètres d'eau on y tiendrait presque debout, le haut-fond s'ouvre brutalement en un à-pic prodigieux jusqu'à près d'un mile de profondeur. Il faut l'avoir vu pour le croire.

— Et... vous y êtes allé ?

Un sourire amer se dessina parmi les rides profondes du vieux.

— Plutôt deux fois qu'une, j'ai été détaché un moment à l'A.U.T.E.C. *, la base que l'U.S. Navy a installé sur la côte d'Andros, pour ses recherches sous-marines.

Les circonstances m'ont permis d'assister à des expériences très intéressantes et d'observer l'immense variété de poissons qui abondent ici. Principalement des requins, de toutes sortes.

David eut un grognement peu enthousiaste :

— Je suis content que l'on en ait pas encore rencontré jusqu'à présent, dit-il.

— Pas encore, ce sont des bestioles qui n'aiment pas les hauts-fonds. Elles ont besoin d'un grand volume d'eau pour se sentir à l'aise.

Jonathan grimpa lentement par l'échelle.

---

*. Atlantic Underwater Test and Evaluation Center.

— Le capitaine me parlait de la richesse en poisson de cette région lui dit David.

— C'est vrai, j'ai toujours tiré de belles pièces par ici, des tarpons, de beaux barracudas. Mais pour le sport, personnellement je préfère avoir affaire à quelque monstre tapi dans son antre.

— A ce niveau cela devient du travail de professionnel, commenta Jerry. De quel côté étais-tu ?

— Dans les parages de Kemps Bay.

— Oui, je vois, j'y ai fait de belles pêches, moi aussi.

— Au harpon ?

— Qu'est-ce que tu crois, petit, que vous avez inventé la pêche sous-marine, vous les jeunes ? Tu n'étais pas encore né que je chassais déjà... j'avais construit ma propre arbalète et même mon masque... je plongeais sans palmes.

— Pas ici, quand même !

Jerry hésita avant de répondre :

— Si, ici justement, avant la guerre. J'y étais d'ailleurs absolument le seul, mais c'est en Méditerranée que je me suis initié. Nous étions une poignée, là aussi.

— Et vous continuez ? demanda David.

— Pas ces derniers temps, évidemment. Mais jusqu'à une date récente, oui ! Je considère la pêche sous-marine comme le meilleur moyen pour pénétrer et connaître l'univers sous-marin.

Tous ces boys-scouts de l'eau — jeunes ou vieux — qui croient plonger parce qu'ils ont des réserves d'air comprimé accrochées dans le dos et subissent pour la plupart une initiation en piscine, me font rire. Le monde sous-marin est un univers que l'on affronte d'égal à égal, comme des hommes et non en touriste. L'apnée marque la juste limite de la pénétration de l'homme dans un milieu qui n'est plus le sien. L'artifice des réserves d'air ou de mélanges respiratoires sous pression est la porte ouverte à l'invasion et bientôt au grand saccage.

Ils le laissaient parler, étonnés de cet emportement.

— Un peu partout il est déjà question d'interdire la pêche sous-marine, un des rares moyens où l'homme, s'il veut se nourrir, est obligé de faire un puissant effort sur lui-même.

Dans le même temps on se met à parler d'aquaculture ! Pauvres hommes, s'ils ne se font pas réduire en atomes, ils ne tarderont pas à disparaître, transformés en femmelettes, puis en larves dévitalisées.

— En voilà une tirade, s'exclama Jonathan. Remarque que tu as tout à fait raison, la mer est une jungle féroce où il n'y a pas de place pour les rêveurs. Chaque espèce bouffe l'autre sans pitié et sans l'ombre d'un remord. Les hommes qui ont vécu avec elle ou par elle l'ont toujours très bien compris. Chacun pour soi, n'est-ce pas David ? Il lui donna une grande bourrade dans le dos.

– Oui, et rien pour les autres, je t'ai très bien compris.

Ils rirent tous les trois.

Le soleil était au zénith lorsqu'ils laissèrent à tribord au loin la crête sinueuse des collines de Morgan's Bluff. Une chaleur lourde et humide commençait à régner tandis qu'ils perdaient le bénéfice de la brise plus fraîche en provenance du couloir formé par le Nord-East Providence Channel. Ils avaient installé le taud et c'était à son ombre qu'ils dégustaient une bière glacée.

Jerry avait opté de rester le plus longtemps possible dans les eaux profondes du Tongue of the Ocean plutôt que d'aborder trop tôt les hauts-fonds où, avec cette réverbération ambiante, la température devait être insupportable. Puis à hauteur du White Bank il changerait de cap et piquerait directement sur les Exumas et Warderick Wells Cay.

*
* *

L'ambiance devenait de plus en plus pesante et le ciel, de clair qu'il était, s'était chargé à l'horizon d'un plafond bas de cumulus cotonneux, gonflé de pluie. L'alizé soufflant dans leur direction, le front noir et menaçant s'avançait rapidement à leur rencontre.

Ils avaient retiré tout ce qui traînait sur le pont et dégonflé le pneumatique.

Une courte rafale de vent, humide des senteurs de la pluie, vint les fouetter de face, ne laissant rien présager de bon.

– Activez ! La voix du vieux leur parvint du bridge où il avait préféré rester pour avoir une meilleure visibilité. Il avait mis son ciré et passé par dessus un gilet de sauvetage, dont les taches jaunes et oranges tranchaient sur la couleur grise environnante.

Toutes les ouvertures soigneusement bouclées, les objets lourds solidement amarrés ou bloqués à l'intérieur comme à l'extérieur, les deux hommes le rejoignirent.

David avait revêtu lui aussi son ciré et fut tout surpris de voir que Jonathan était pieds nus en vêtements de plongée.

– Je me sens plus en confiance ainsi !

Le spectacle était grandiose. Une voûte sombre de nuages en mouvement couvrait entièrement le ciel au-dessus de leur tête. Droit devant, l'horizon était encore dégagé et brillait d'une lumière intense réfractée par la surface de l'eau, elle-même surmontée d'une longue bande d'un vert translucide et irréel.

La houle se faisait sèche et le Barracuda commençait à danser.

— On a une chance de passer au travers... c'est comme un long tunnel, leur cria Jerry.

— Regardez ! Jon pointa vers l'avant, légèrement à babord.

A quelque distance, un grand cercle se formait sur la surface de la mer qui frissonnait de très courtes vagues comme l'eau d'une théière juste avant de bouillir.

Soudain l'agitation désordonnée se transforma en rotation. Le mouvement s'accéléra sous leurs yeux à une allure vertigineuse tandis qu'un tourbillon de fines gouttelettes prenait naissance. Lentement une colonne d'eau monta vers le ciel pour devenir une masse apocalyptique en mouvement.

— Une trombe, toute proche ! hurla Jerry.

— C'est dangereux ? demanda David d'une voix étranglée.

— Il faut à tout prix l'éviter, sinon c'est la catastrophe.

Le cône qui s'élevait avait rejoint celui qui descendait des nuages et ne formait plus qu'une immense colonne tourbillonnante d'eau et d'air.

— Elle se dirige droit sur nous, cria tout à coup Jonathan.

La mer, tout autour, s'était subitement calmée. Seule la spirale gigantesque pompant l'eau vers les nuages ridait la surface de son dessin immense.

Virant sur tribord, Jerry écarta le bateau d'un angle de 90 degrés ; la trombe parut s'éloigner.

— Quelle peut être sa vitesse ? demanda David.

Ils s'étaient serrés les uns contre les autres pour pouvoir se parler.

— Trois fois la nôtre.

— On dirait qu'elle revient sur nous, dit Jonathan qui l'observait avec les jumelles.

— Prenez la barre, vite ! cria Jerry à David, gardez le même cap.

Il arracha les jumelles des mains de Jonathan.

— Nous n'y arriverons pas... elle est trop proche... elle va nous passer directement dessus... j'abattrais au dernier moment pour l'éviter.

Il retourna à la barre, poussant David.

— Vite, vous deux descendez, dégagez toutes les ouvertures et les capots... si elle nous tombe dessus... nous éclatons comme une coquille vide sous l'effet de la dépression. Au dernier moment, si je n'ai pu l'éviter, jetez-vous à la mer, sans gilet et plongez le plus profond possible, larguez par dessus bord le maximum d'amarre pour pouvoir remonter et que Neptune ait pitié de nous !

Dans le grondement des moteurs lancés à plein régime, le Barracuda vira complètement de bord, et piqua droit sur l'immense menace.

Accroché à la roue, les sens en alerte et les muscles tendus, le vieux essayait de chasser de son esprit l'idée que ce monstrueux cordon ombilical, reliant le ciel et la terre, lui était adressé. Il ne croyait pas à un hasard : ce changement de route instantané, seule une force consciente pouvait l'avoir opéré.

La trombe s'approchait à grande vitesse. Les hurlements du vent et la violence des embruns qui lui criblaient le visage lui faisaient mal. Dans quelques secondes le mur colossal d'eau tourbillonnante allait frapper au droit de l'étrave.

Le vieux donna un brusque coup de barre à tribord, se couchant dessus de tout son poids pour l'empêcher de revenir.

— Non, ce n'est pas encore le tour du vieux Kurt ! hurla-t-il comme un forcené. Son cri se perdit dans le fracas.

Enclenchant à fond, d'un coup sec, le levier de marche des moteurs, il arracha d'un sursaut le Barracuda à la zone mortelle.

Dans une gigantesque tornade d'eau et de courant d'air glacé la trombe les frôla. Un moment le Trawler accusa l'impact, vibrant et oscillant dangereusement pour soudain se retrouver en eaux calmes.

David et Jon étaient descendus dans le carré. Jerry, brisé par l'intensité de l'effort, les attendait.

— J'avais déjà aperçu des trombes... mais toujours de loin, explique Jonathan.

— Moi aussi mais au cinéma... David essayait de plaisanter mais il tremblait encore du froid qui s'était emparé de lui.

Il vida d'un trait le contenu de son verre et se saisissant de la bouteille de bourbon il s'en servit une deuxième rasade.

Le vieux était tassé dans un des deux fauteuils, un verre à la main et silencieux. Le soleil et la chaleur revenaient et Jonathan ôta son pull.

— On m'a cité des cas de cruisers de 40 pieds, et plus, soulevés hors de l'eau par la trombe et rejetés en miettes, fit David.

Il fixait curieusement le vieux. Il se sentait mieux maintenant et aurait voulu féliciter son capitaine pour l'adresse et le sang-froid qu'il avait montrés dans ces circonstances terribles. Il n'arrivait cependant pas à se débarrasser de l'idée que Jerry, d'une certaine manière, était responsable de ce qui venait d'arriver. Il aurait juré que la trombe avait changé de direction pour se diriger droit sur eux comme si elle avait été guidée intentionnellement.

*
* *

— Je te dis que j'ai raison. David avait entrepris Jonathan sur ce sujet.

Ils étaient allongés sur leur couchette. Le Barracuda, les feux de position allumés, roulait gentiment sur une mer calme. Ils avaient décidé de jeter l'ancre sitôt sortis de Tongue of the Ocean pour procéder à une inspection des dégâts et aussi éviter le risque d'une navigation de nuit sur les hauts-fonds de coraux qui les séparaient des Exumas Cays. Il valait beaucoup mieux reprendre leur route au petit jour.

— Tu as bien vu, comme moi... elle a changé de cap et se dirigeait droit sur nous.

— Non Dave, ces trombes se déplacent dans des directions imprévisibles... c'est le tourbillon de la base qui veut ça.

— C'est possible, mais celle-ci avait délibérément choisi de foncer sur nous.

— Tu exagères, en tout cas c'est à lui que nous devons d'être encore en vie.

— Oui, mais il défendait aussi sa peau. Souviens-toi du pneumatique à Lucaya, la tête qu'il faisait en regardant la bouée... comme s'il avait vu le diable en personne.

— Ecoute, ça suffit ! Ce que tu dis n'a pas de sens. Et je croyais que tu jugeais toujours sur des faits, sans te laisser influencer par des superstitions.

— Justement, pour moi, manquer de clapser par deux fois en quelques jours, ce n'est pas une coïncidence mais un fait. Ecoute, Frenchy, je dois d'être ce que je suis devenu, à cette faculté que j'ai de sauter aux conclusions alors que les autres commencent à peine à réfléchir. Il se redressa, s'asseyant à demi sur la couchette et se tournant vers Jon en agitant son index. Dans ce cas précis ma conclusion est qu'il faut se débarrasser au plus vite de ce porte-malheur.

— C'est impossible.

— Et pourquoi ?

— Parce que nous allons aborder la partie la plus difficile de notre voyage. Sans le vieux à la barre le Barracuda va finir ses jours sur les têtes de coraux !

— Et tu ne te sens pas de le piloter ?

— Non, pas là où nous devons l'amener... les coins sont

terriblement traîtres.

Ce fut autour de David de garder le silence. Il était très agité. Il s'assit complètement, les deux jambes pendant hors de la couchette :

– Je crois que je vais aller fumer un cigare sur le pont avant de dormir.

– C'est une bonne idée, je t'accompagne.

Ils montèrent jusqu'au flying bridge. La nuit était étonnamment calme. Le cercle brillant de la lune, un peu entamé sur un bord se reflétait dans les eaux limpides et peu profondes au travers desquelles se distinguait la surface blafarde du sable du haut-fond.

– Calme-toi dit doucement Jonathan à David, nous sommes près du but, demain nous mouillerons à Warderick Wells Cay et après demain ce sera le début de la fortune.

– J'aimerais en être aussi certain que toi.

Ils aperçurent les feux lointains d'un bateau qui se déplaçait lentement.

– D'accord, je lui laisse une dernière chance à ton Allemand... mais contre mon gré et parce que nous sommes coincés ici... mais à la moindre manifestation bizarre je le noie sans hésiter.

Jonathan fut surpris de son animosité.

– Tu es un ingrat, tu as déjà oublié qu'il t'a permis de filmer pas mal de choses intéressantes, exceptionnelles même. On a jamais rien sans risque, Dave ! Il faut savoir ce que tu veux, l'aventure ou les pantoufles auprès du feu.

La braise du cigare rougeoya dans la nuit, illuminant les visages.

– Tu as raison Jon, mets tout ce que je viens de dire sur le compte de la fatigue... ou de l'émotion... comme tu voudras.

*
* *

Le jour suivant, ils ne purent lever l'ancre.

Surpris de ne pas trouver Jerry, toujours matinal, dans le carré, Jonathan se rendit dans sa cabine. Le vieux était encore étendu sur sa couchette et grognait dans son sommeil. Il lui mit une main sur le front ; il était brûlant de fièvre.

– Il ne manquait plus que ça ! grommela David lorsqu'il vint l'en avertir, j'espère qu'il va crever.

– On serait bien avancés ! En attendant nous sommes bloqués ici.

– Ouais ? si tu ne t'en sens pas capable, moi je vais prendre les commandes de mon vieux Barracuda... après tout jusqu'à présent je n'avais jamais eu besoin de personne...

— Pour faire des ronds dans Biscayne Bay devant Coconut Grove... peut-être, mais pas question ici... d'où nous sommes jusqu'aux Exumas, il faut naviguer à vue, le corail affleure un peu partout, surtout lorsque nous serons près des îles. C'est prendre trop de risques, il faut attendre... demain il sera sur pied, c'est un dur, il en a vu d'autres.

*
* *

La fièvre était devenue très forte. Le vieux délirait.

— Ecoute... tu arrives à comprendre ce qu'il raconte ? David s'approcha de la forme prostrée.

Ils écoutèrent un moment.

Le vieil homme avait l'air de réciter une sorte de litanie. Jonathan se pencha vers lui avec un verre d'eau et un petit flacon de pilules.

— J'ai l'impression qu'il répète un nom...

— C'est ça... un nom, on dirait un nom grec, confirma David. Qu'il aille au diable !

Ils passèrent la journée à la veiller tour à tour et à réaliser une multitude de petites tâches qu'ils avaient toujours remis au lendemain.

CHAPITRE SEIZE

David n'avait pas pu résister et ils avaient quand même fini par lever l'ancre. Ils naviguaient lentement et avec précaution se relayant à l'avant pour scruter le fond dont les changements de teintes pouvaient indiquer la présence de têtes affleurantes de corail ou une rapide diminution de la profondeur.

La navigation avait été très lente et les heures paraissaient longues sous le soleil écrasant.

Pratiquement en vue des récifs et des haut-fonds qu'il leur faudrait franchir pour atteindre leur destination, ils mouillèrent un peu avant le coucher du soleil.

*
* *

Le vieux se retourna sur sa couchette avant de se réveiller définitivement. Il avait dormi d'un mauvais sommeil peuplé de rêves étranges dont il gardait comme un goût amer. Il se sentait moite et se rendit compte qu'il avait eu de la fièvre. Le brouhaha d'une conversation lui parvenait du carré. Au léger roulis qu'il ressentait il sut que le bateau était à l'arrêt. Il soupira et remarqua qu'il était dans le noir. Allumant la veilleuse il regarda sa montre : bientôt 20 heures ! Depuis combien de temps était-il là ?

Il venait de faire un rêve affreux. Une dominante bleue lui en restait : il avait flotté à travers un univers de cristal. C'était à n'en point douter, quelque part dans les profondeurs de l'océan. Il avait vagabondé le long de couloirs interminables formés de parois transparentes qui se touchaient presque.

Des créatures des abîmes, réelles mais floues, glissaient proches de lui indifférentes à sa présence. Une luminosité diaphane et bleutée l'entourait provenant de partout comme de nulle part. Il ne ressentait ni froid ni chaud. Il était, sans être. Longtemps il avait circulé dans ce labyrinthe. Ilot conscient mais paralysé dans un univers étrange il s'était senti entouré d'une foule immense et parfaitement invisible.

Faisceau de lumière, il était enfin remonté vers la surface.

— Kaptan MÜLLER ! Kaptan MÜLLER ! une voix lointaine l'appelait.

Ce nom oublié, son propre nom l'avait frappé comme un coup violent.

A l'instant précis où il avait ouvert les yeux, s'arrachant dans un effort frénétique au domaine du songe, il avait cru voir, penché sur lui, le masque hautain et terrible du dieu Poséidon.

Il resta allongé un moment, le regard fixé vers le plafond, n'osant libérer le flot de souvenirs prêt à submerger sa conscience si par malheur le barrage que sa volonté avait érigé au fil des ans venait à craquer. Il lutta pour se lever et chancelant, il atteignit la porte dont il tourna la poignée.

La lumière qui régnait dans le carré l'éblouit.

Il ferma les yeux et lorsqu'il les ouvrit de nouveau, il aperçut deux visages étonnés qui le regardaient.

La voix de Jonathan le ramena sur terre.

— Hé, vieux, on refait surface ?

C'était exactement ce qu'il venait de faire. Il eut envie de leur expliquer mais comprit que cela était inutile.

— Nous nous sommes débrouillés sans vous, Captain, dit David, nous avons ancré en face des îles mais pour la dernière partie on vous attendait. Je tiens à ce que ce soit vous qui nous pilotiez au travers du récif.

Jerry resta silencieux un long moment jusqu'à ce que la réalité familière des voix et tout ce qu'elles signifiaient aient pénétré sa conscience et chassé les dernières brumes de son cauchemar.

— Je mangerais bien un morceau, dit-il finalement.

— Quelques œufs frits avec des tranches de bacon, lui proposa Jonathan.

— D'accord, avec un bon café.

— J'en boirai bien une tasse moi aussi, fit David.

* * *

Royal, le globe rouge du soleil s'élevait derrière les longues silhouettes sombres des Cays et leurs molles collines encore enfouies dans la demi-pénombre.

Jonathan s'était réveillé très tôt, assailli par un tourbillon de pensées. Quittant sans bruit la cabine où David dormait profondément, il avait aperçu les premières lueurs de l'aube naissante au travers des baies du carré.

Il avait fait glisser la porte extérieure et une bouffée de senteurs subtiles et capiteuses l'avait caressé, douce et enivrante respiration des Tropiques qu'il n'avait jamais oubliée. Faisant un pas sur le pont, la moiteur du bois mouillé par la rosée contre la plante de ses pieds nus l'avait surpris agréablement.

Pour Jonathan, c'était un matin plein de joie de vivre.

Debout, il admirait l'azur très pâle qui se colorait maintenant des minces stries roses et rouges de l'aurore tandis que les dernières brumes de la nuit s'estompaient et que les couleurs de l'horizon tournaient à l'ambre, à l'ocre et au jaune.

Les yeux mi-clos, il s'abandonna à la beauté qui l'entourait. Parfaitement conscient de tout son être, il lui sembla qu'il recevait de ce contact avec la nature, une onde d'énergie toute neuve.

Il savait qu'il se sentait ainsi parce qu'un moment, un grand moment de sa vie était tout proche.

Il se retourna brusquement, s'arrachant à cette brève et intense veillée d'armes. A travers le hublot ouvert du poste de navigation le visage de Jerry apparut, sombre et soucieux.

Depuis combien de temps le vieux le surveillait-il ?

Les rayons du soleil chauffaient et, comme un souffle encore timide, la brise de l'alizé se levait. Il lui faudrait se méfier de lui, David avait raison. Il était doué d'un sixième sens.

L'image de Linda lui revint en mémoire, fascinante et provocante et il eut soudain une folle envie d'elle. Mais c'était pour le moment une pensée dangereuse et il l'écarta.

— Nous appareillerons dès huit heures.

La voix de Jerry calme et lointaine, l'arracha immédiatement à ses pensées.

— Ah oui, pourquoi ?

— Nous sommes ancrés face à Norman's Cay. Nous naviguerons lentement Sud-Sud Est par le couloir des 145 degrés avec le soleil à l'est une vingtaine de miles nautiques et nous atteindrons l'entrée du chenal de Warderick vers 11 heures, le soleil toujours à babord... là nous mouillerons jusque vers 2 heures P.M. Nous nous engagerons alors dans la passe, le compas sur 55° avec le soleil à l'ouest, donc pratiquement derrière nous. Tu as compris pourquoi maintenant, petit :

— Ouais.

La navigation, plus que jamais, allait devoir se faire à vue. Avec le soleil sur le côté ou derrière ils auraient une visibilité parfaite des affleurements de coraux et des haut-fonds.

David avait préparé un casse-croûte des plus copieux.

— Les enfants, je suis dans une forme exceptionnelle. Je dors sur ce Barracuda comme un gosse. D'ailleurs, Jon, tu es une vraie sœur pour moi et le Capitaine une mère... ou plutôt une grand'mère.

Il éclata d'un rire joyeux.

— Une grand'mère en tout cas qui évitera de se faire croquer par le grand méchant loup, marmonna le vieux.

*
* *

Ils naviguaient depuis quelque temps au milieu des Petites Exumas, qui apparaissaient maintenant dans leur tranquille splendeur. Pas une coque, pas une voile en vue. Il paraissait incroyable, que si proche de Nassau, ce pôle touristique envahi toute l'année par des milliers de citadins déterminés à profiter de ce paradis terrestre, il puisse encore exister un chapelet de petites îles intactes et dans un tel isolement.

Elles se détachaient comme autant de joyaux rares, dispersés sur la blancheur immaculée des sables coralliens, des jades et turquoises des lagons limpides bordés par le bleu profond des eaux du Sound.

Jonathan, à l'avant, surveillait les fonds proches de l'étrave, alors que David, en haut, à côté de Jerry, scrutait les approches à la jumelle. Ils ne tardèrent pas à arriver au point de mouillage prévu. Ils jetèrent une ancre, puis deux, le courant de la marée montante se faisant durement sentir. Jonathan ne tenait plus en place. Warderick Wells Clay était devant lui et semblait l'attendre. Le paysage, au demeurant assez peu accueillant, contrastait avec la bonhomie verdoyante des îles et îlots qu'ils venaient de longer.

A gauche et à droite deux enfoncements laissaient deviner au fond de leur cirque des plagettes brillantes de sable fin.

— Assez étrange, ton coin, Frenchy, lui dit David. Je ne sais pas s'y on y trouvera la cargaison du Santa Isabella mais à coup sûr, les âmes de son équipage doivent rôder par ici.

Il rit mais son rire resta sans écho. Surpris, il regarda les autres. Jerry arborait sa mine sombre :

— La passe est dangereuse, les courants sont forts. Il faut souhaiter que les alizés ne nous abandonneront pas pendant notre séjour. Par vent de Nord-Ouest, le mouillage doit être intenable. La carte signale plusieurs épaves récentes.

— As-tu déjà ancré dans le coin, petit ?

— Jamais dans la crique Nord elle-même... toujours assez au large de l'autre côté dans l'Exuma Sound. Du reste c'est par là que nous travaillerons, répondit Jonathan.

David décela immédiatement dans son attitude une trace d'indécision.

Il va bientôt se trouver au pied du mur... il a un moment de doute, pensa-t-il.

Les trois hommes sur le flying bridge s'apprêtaient à appareiller. Dans cette lumière éclatante, ils pouvaient voir sans obstacle à travers l'eau limpide jusqu'au fond dont ils distinguaient les moindres détails.

Des bancs de petits poissons multicolores allaient et venaient dans un jeu incessant.

Sur les conseils de Jerry, Jon et David avaient mis des lunettes de soleil qui leur permettraient de relever avec encore plus de netteté toutes les variations sous la surface.

Un toussotement, puis la coque robuste et rassurante du Barracuda se mit à vibrer. Après que Jerry ait donné les gaz, le ronronnement régulier des moteurs rompit définitivement le silence du Great Bank.

Prestement Jonathan acheva de guider les ancres dans leur puits, puis s'asseyant, les jambes ballantes, tout à fait à l'extrémité de l'étrave, il prit son guet.

Glissant lentement sur une eau d'un jade transparent, le Trawler se dirigea vers l'entrée du chenal.

Jerry évita les nombreux bancs de sable dangereux, puis pointa son bateau vers la falaise blanche qui de loin ressemblait à un groupe de maisonnettes. Attentif aux indications de David et Jon, il maintenait son cap dans l'étroit et difficile passage.

Après qu'ils eurent laissé par tribord trois îlots bien distincts et un groupe de rochers affleurants à babord, la crique s'ouvrit devant eux. Amorçant une large courbe de nouveau vers tribord, guidé par les cris de Jonathan, ils s'avancèrent à vitesse extrêmement réduite vers une plagette de sable en suivant le vert plus sombre d'une longue bande tapissée d'algues.

— O.Kaaaay !!! C'est parfait.

Mettant au point mort, Jerry arrêta les moteurs. Un bref instant, dans un silence subit, le Barracuda continua sur son erre. Puis brusquement, le bruit des chaînes qui se déroulaient et des ancres qui frappaient l'eau se répercuta en échos contre les falaises environnantes.

CHAPITRE DIX-SEPT

Il régnait une chaleur accablante dans la petite anse.

La végétation, typique des Bahamas, montrait sa beauté verdoyante et tranquille. Les palmiers élançaient vers le ciel leurs couronnes de larges feuilles qui se balançaient mollement sous le souffle discret du large, trait d'union entre le ciel et la terre.

Tout autour, herbes grasses et drues, buissons serrés, bosquets de pins nains, palmettos et palétuviers étalant leur tapis entremêlés, descendaient jusqu'au demi-cercle de la plage de sable fin et scintillant.

Avec hâte ils procédèrent au montage du pneumatique et, sitôt mis à l'eau et le moteur hors-bord installé à l'arrière, ils partirent pour une première exploration.

Devant la plage, avant même d'avoir touché terre, David sauta à l'eau suivi de Jonathan. Riant aux éclats, l'un bousculant l'autre, ils se mesurèrent un instant à la course.

Jerry qui était resté aux commandes donna une brusque accélération au canot qui le projeta littéralement sur la plage. Il sauta sur le sable et se tourna, heureux comme un gamin qui faisait une bonne blague, vers ses deux compagnons qui arrivaient.

– Bienvenus sur mon île fit-il.

Les deux autres se regardaient ironiquement.

– Bravo Captain, vous êtes toujours le plus fort lui cria David.

Avant qu'il ne puisse esquisser un geste de défense, ils se précipitèrent sur lui. Ils réussirent à le prendre sous les aisselles et aux chevilles et le jetèrent dans le lagon, où d'un double plongeon ils allèrent le rejoindre.

L'eau était délicieuse. Riant et jouant comme des écoliers ils s'abandonnèrent à la joie du moment.

La tension de ces derniers jours avait disparu.

Lorsqu'ils en eurent assez, ils retournèrent à terre.

David resta un peu en arrière. Ramassant une poignée de sable, il laissa filer entre ses doigts la fin mouture de corail, de calcaire et de coquillages. Il était impressionné par la pureté et la beauté de ce coin d'océan, tellement différent de toutes ces plages couvertes de déchets de toutes sortes laissés par les hommes et qu'il avait seules connues jusqu'ici.

— Alors, tu viens ?

La voix de Jonathan l'arracha à ses méditations.

Il rejoignit les deux autres qui avaient commencé à grimper le long d'un étroit sentier.

Très rapidement ils atteignirent le point le plus élevé de Warderick Wells Cay. Sous eux l'île étendait sa longue et étroite bande de terre plate et calcaire.

De part et d'autre, la mer : d'un côté l'azur profond du Sound, avec tout proche, les écumes des récifs de coraux affleurants, et de l'autre l'immensité des hauts fonds du Bank et ses châtoiements de verts et de turquoise.

Pas la moindre trace d'habitation, pas un poteau, aucune fumée, aucun bruit non plus, en dehors du criaillement des vols de mouettes, et, par instants, le chant modulé d'un merle tropical.

— Personne, pas même un chat remarqua Jonathan.

— Des chats, je ne sais pas dit Jerry mais en tout cas pas d'habitant en dehors des fantômes ! Vous savez, les Annales Nautiques des Bahamas sont formelles là-dessus : l'île est hantée.

Il essayait de s'essuyer le front avec des mouchoirs en papier, mouillés par son bain forcé.

— Sommes-nous arrivés au sommet ?

— Capitaine, nous ne sommes pas venu ici en excursion grogna David. Il avait horreur de marcher.

— L'île n'est pas si grande, M. Klein. Pourquoi n'en ferions-nous pas le tour ? Nous n'aurons plus tellement l'occasion de nous dégourdir les jambes.

— D'accord, mais alors en canot, qu'est-ce que tu en penses, Frenchy ?

— O.K. à pieds ou en canot, pour moi c'est pareil. Mais c'est une chose que nous devons faire absolument. Nous devons nous assurer que nous sommes seuls.

Ils retournèrent à bord du Barracuda.

Jerry prit les jumelles. Jon rassembla l'équipement de plongée. David, réapparut avec une caméra 16 mm légère équipée d'un zoom puissant.

— A partir de maintenant, je ne la quitte plus, dit-il en plaisantant, je ne veux plus me laisser surprendre. Je crois même que je vais dormir avec.

D'une traction sèche et précise Jonathan mit le hors-bord en marche. Pendant que celui-ci tournait au point-mort, il proposa :

— Nous contournons d'abord l'île... on vérifie tout... systématiquement et puis nous allons jeter un coup d'œil à mon coin.

C'est ainsi qu'ils passèrent les dernières heures de l'après-midi. Ils trouvèrent un certain nombre de grottes s'ouvrant sur le récif à fleur d'eau et Jerry procédait à des annotations rapides et prenait des croquis. De temps en temps David faisait arrêter le pneumatique et filmait quelque séquence à son goût.

Jonathan était fort heureux de leur enthousiasme. Il valait mieux qu'ils soient de bonne humeur avant d'attaquer le long et fastidieux travail qui les attendait ! l'idée qu'ils pouvaient imaginer leur future tâche comme une partie de plaisir l'amusait beaucoup.

Ils contournèrent la pointe sud et s'engagèrent dans l'étroite bande peu profonde qui doublait la côte Est sur toute sa longueur et la séparait des dangereux coraux du récif.

Tout proche du chenal qui menait à leur mouillage, Jonathan vira sur bâbord. Il se dirigea vers une voûte arquant son entrée sombre dans les creux d'une petite anse qui se découvrait au fur et à mesure qu'ils avançaient.

— C'est là, dit-il simplement.

Il coupa les gaz et s'empara d'un des deux avirons. Jerry fit de même. Ils pagayèrent doucement. Pour pénétrer dans la cavité, ils durent légèrement baisser la tête.

Leurs yeux s'accoutumèrent rapidement à la demi-pénombre.

Comme pour une mise en scène, l'eau transparente sous la surface était illuminée par l'éclairage intense et indirect des rayons solaires venus de l'extérieur.

Une nuée de poissons bariolés évoluait avec nonchalance.

Ils descendirent lentement le grappin qui souleva un fin nuage de sable en touchant le fond.

— Je plonge ! Qui vient avec moi ? demanda Jonathan. Il avait sa torche étanche à la main.

— J'y vais répondit Jerry.

David décida de rester. Sans s'en rendre compte, ils parlaient tous à voix basse.

— Ne vous faites pas d'illusions, les gars fit Jonathan avant de disparaître, je veux simplement repérer l'endroit où j'avais trouvé mes pièces, la dernière fois. L'épave ne peut pas se trouver ici. Elle doit être à l'extérieur, contre le récif, là où elle s'est fracassée. Si nous trouvions quelque chose ici, cela nous donnerait son orientation. Sa voix résonnait curieusement contre les parois.

— Allons, Jerry.

Le vieux répliqua par un sourire. Ils firent une profonde inspiration et se laissèrent couler tranquillement, l'un après l'autre.

Sans hésitation, Jon suivi de Jerry, se dirigea vers la paroi qui formait à leur droite un renfoncement à mi-chemin de la sortie.

Là, et jusqu'à la base, ce n'était qu'un foisonnement de gorgones ocres et mauves et de coraux.

A la troisième plongée, Jerry pointa du doigt vers une masse de concrétions trop droite et trop nette pour être seulement l'œuvre de madrépores.

Jonathan retourna jusqu'au pneumatique pour prendre quelques outils.

— Alors ? lui demanda David. Ce sera encore long ? Je n'ai pas chaud à attendre ici, sans bouger.

— Je crois qu'on a trouvé un morceau d'épave. Il est complètement recouvert de corail. Passe-moi le marteau.

Il prit aussi une ceinture lestée, un sac en plastique, une paire de gants et son couteau de plongée.

David s'allongea complètement sur le ventre dans le fond du bateau, et, le visage au ras de l'eau limpide il essaya d'observer ce qui se passait.

Déformé par la réfraction et la distance Jonathan semblait danser un ballet insolite.

Plaçant la pointe du couteau de plongée à la base d'une concrétion, il la fit sauter de quelques coups secs du maillet contre le sommet du manche. Il la déposa ensuite dans le petit sac en plastique qui flottait, accroché à son poignet par le coulisseau. Il répéta l'opération plusieurs fois. Avant de manquer d'air il frappa de grands coups contre le bloc lui-même. Parmi les morceaux qui se détachaient il aperçut les boursouflures corrodées du métal.

Remontant, il détacha le sac, et le confia à Jerry qui nageait juste au-dessus de lui.

De retour au pied de la paroi, il se déplaça lentement, scrutant les moindres détails en s'aidant de sa torche sous-marine.

Au fil des années et des siècles, le moindre objet en provenance d'un naufrage se recouvre d'une gangue et s'intègre totalement au milieu. Seul un œil très averti est à même de le repérer.

Il rompit un magnifique candélabre de corail dont les enflures avaient éveillées son attention. Il regarda autour de lui une dernière fois, puis refit lentement surface.

*
* *

Ils avaient retrouvé avec plaisir le soleil et sa chaleur. Jerry avait mis le moteur en marche et Jon avait vidé le contenu du sac sur le plancher du radeau.

— Ton trésor n'a l'air de rien, remarqua David désappointé.

Jonathan préféra ne rien répondre. Penché sur le petit tas, il faisait un tri des morceaux : trois ou quatre d'entre eux au moins devaient cacher leur petit secret. Il fut tenté d'en ouvrir un de suite mais il estima plus sage de le faire méthodiquement une fois à bord.

Il suffisait d'un rien pour passer à côté d'un tout petit objet, mais de grande valeur... une pépite... une perle... une pierre précieuse.

— Il ne faut jamais se fier aux apparences et si tout ce qui brille n'est pas or, par contre, dans notre profession l'inverse est vrai : si ça brille c'est de l'or ! affirma-t-il.

Comme David étendait la main, Jon d'un brusque revers la chassa :

— Pas touche !

— Non mais, qu'est-ce qu'il te prend, tu me donnes des ordres maintenant ?

— Calme-toi, mon vicux, je voulais simplement que tu saches que cette marchandise doit être manipulée avec soin.

Une brume épaisse et humide les entourait. Une partie des structures du trawler n'était plus visible et l'île toute entière avait disparu comme escamotée. Le silence était total.

— Je n'ai jamais vu une telle purée de pois dit Jonathan. Tu en as déjà rencontré de pareilles, Jerry ?

Le vieux secoua la tête. Dans le cours de sa longue carrière de marin il avait connu toutes sortes de brumes et de brouillards, mais jamais aussi instantanés. Il n'osa le leur dire pour ne pas les alarmer.

— C'est la condensation. Il a fait une journée extrêmement chaude.

— Rentrons fit Jonathan nous n'avons pas de temps à perdre.

— Au moins ici, nous ne risquons pas la collision ajouta David en riant.

— Je vais quand même allumer les feux de position fit Jerry.

L'atmosphère intime du carré n'avait pas changée. La table

avec son étalage de corail inondé de lumière semblait les attendre.

Ils commencèrent à décortiquer méticuleusement chaque morceau.

— A votre avis, qu'est-ce que c'est que ça ?

David tenait entre ses doigts un fragment d'où saillait une petite masse de rouille. Il le tendit à Jon qui s'en saisit. Sous l'œil attentif des deux autres, à petits coups, il acheva de le dégager.

— Un clou... un très vieux clou forgé à la main.

Tout souriant il leur montra le morceau rouillé et pointu long d'un bon pouce.

... il est typique : il servait à fixer les vairures de bordage de la coque des vaisseaux en bois de l'époque. J'en ai vu des tas. C'est bon signe, continuons.

Ils reprirent leur travail. Les débris se répandaient un peu partout par terre malgré leurs précautions. Bientôt une dizaine d'autres clous vinrent rejoindre le premier.

— Ah ! Ah ! je crois que j'ai là quelque chose de plus intéressant.

Jonathan lentement acheva d'extraire de sa gangue un petit objet au contour circulaire, très frustre, qu'il posa à plat sur le drap.

— Une pièce d'argent de deux réaux, dit-il, contenant sa joie.

— Whoaa ! David poussa un véritable hurlement.

Très calme, Jerry s'était saisi de la loupe et en scrutait la surface.

— Inutile intervint Jonathan il faut la décaper. Où as-t-on mis l'acide muriatique ?

— Veux-tu que j'aille le chercher ? demanda Jerry.

— Non, pas pour le moment. Jonathan se leva, alla jusqu'au caisson au-dessus de la cuisinière et revint avec la bouteille de vinaigre et un verre dans lequel il en versa un fond. Il y jeta la pièce.

— Dave, tu ne veux pas voir si tu trouves une petite brosse...

Il agitait le verre en lui imprimant un mouvement tournant. David revint rapidement avec sa propre brosse à dent.

— Dorénavant, il va falloir que tu me prêtes la tienne, dit-il en riant.

— Ne t'en fais pas, je t'en achèterai une autre... en or.

Jonathan exultait. Il versa le vinaigre dans un cendrier, puis récupéra la pièce. La posant bien à plat, il la frotta longuement, d'un côté puis de l'autre. Comme une image sur un négatif dans son bain acide, le relief commença à apparaître. Jonathan saisit un morceau de chiffon propre et acheva de l'astiquer.

– Ça commence à venir, les gars.

Frappé dans l'argent se dessinait une croix à potences à l'intérieur d'un blason bien effacé par le temps et orné de motifs héraldiques encore moins discernables. Du côté pile s'inscrivaient en revanche très nettement les chiffres 93 et les lettres S.V.L.

Jonathan porta la pièce à son oreille et, fermant les yeux, il fit semblant de se concentrer.

– Vous savez ce qu'elle veut nous dire, la mignonne ? Ecoutez-la. C'est bien ça... elle me murmure qu'elle a plein de petites sœurs toutes aussi jolies qui attendent depuis plus de deux cent cinquante ans que des princes charmants comme nous viennent enfin les délivrer.

Tu es sûr que tu ne te trompes pas, Frenchy ?

David se frottait les deux paumes de la main d'un mouvement nerveux très rapide.

– Non... et tu sais pourquoi ? parce qu'il est impossible qu'elle soit venue là toute seule... A l'endroit où nous l'avons trouvée elle n'a pas pu tomber de la poche d'un collectionneur.

Sous les yeux de Jerry, un léger sourire aux lèvres, ils donnèrent libre cours à leur enthousiasme.

– Eh bien ! ça s'arrose, cria David.

– Ouais, prends une bouteille.

Le producteur sortit prestement du petit bar le bourbon et trois verres qu'il remplit immédiatement.

– Les enfants, fit Jonathan en levant son verre, il ne nous reste plus qu'à commencer le travail. Ce ne sera pas du gâteau. Demain nous passerons tout le fond de la grotte au détecteur magnétique. Il devrait y avoir d'autres pièces comme celle-ci. Mais le gros du magot est avec l'épave et l'épave, il faut la trouver.

Le premier enthousiasme une fois retombé, ils abordèrent de nouveau le programme des jours suivants, avant de débarrasser la table de ces débris au riche potentiel !

Le repas du soir fut simplifié : des boîtes de Chili con carne que le Louisiannais avait relevé d'une décoction aux piments rouges. L'incendie allumé dans leurs palais avait du mal à s'éteindre malgré les nombreuses boîtes de bière qu'ils avaient vidées. Le vieux sortit sur le pont pendant que Jon débarrassait rapidement la table et que David s'apprêtait à profiter de l'excellent cigare dont il approchait une allumette enflammée.

— Venez voir ! Jerry se tenait dans l'encadrement de la porte. Il avait l'air soucieux.

Le brouillard s'était partiellement dégagé et les hauteurs de l'île se découpaient sur un fond de mer scintillant sous les rayons d'une lune à demi-pleine.

— Qu'y a-t-il ? demanda David regardant tout autour de lui.

— Attendez, fit Jerry à voix basse.

Brusquement, toute proche de la coque du bateau, une lueur aussi nette que celle d'une balise creva l'obscurité suivie d'une seconde puis d'une troisième. Elles précédaient une série qui se déroula avec rapidité sur la surface de la mer en l'illuminant brièvement par endroits avant d'aller se perdre dans l'épaisse couche de brume qui stagnait encore au-dessus de l'eau dans cette zone.

— Vous avez vu ?

David grommela quelque chose d'un air interrogatif.

— Jerry me dit que ce sont des feux follets, lui expliqua Jonathan. Sans s'en rendre compte, il parlait à voix basse.

Jerry secoua lentement la tête. Il n'en était pas lui-même convaincu. Ces feux étaient beaucoup trop lumineux et soudains pour provenir d'une simple combustion spontanée. Mais il n'arrivait pas à concevoir une autre explication.

Ils rentrèrent un moment sur le pont pour voir le phénomène se répéter. Mais rien ne se produisit. Bientôt les étoiles se remirent à scintiller dans un ciel complètement dégagé. Silencieusement ils reprirent le chemin de leur carré.

***

Jonathan se réveilla en sursaut. Prolongeant son rêve, les chœurs solennels de la cathédrale de Séville résonnaient encore à ses oreilles. Impressionné, il croisa ses bras derrière sa nuque : l'Espagne et la fière Andalousie étaient pourtant loin ! Brusquement il eut conscience d'un autre bruit.

Un murmure de voix semblait provenir de l'extérieur.

Il se leva silencieusement et se glissa dans le carré. La porte du poste était ouvert alors qu'il était certain de l'avoir fermée après que les deux autres se soient couchés. Il sortit.

Quelqu'un qu'il distinguait vaguement de dos était debout appuyé contre la rambarde et se parlait à lui-même. Lorsqu'il se retourna, dans l'éclairage diffus de la lune, il reconnut Jerry. Il paraissait fébrile.

— Qu'est-ce que tu fais là, petit ? demanda-t-il.

— J'allais te poser exactement la même question.

— Je suis content de te voir, cela prouve que tu as toi aussi entendu ?

— Entendu quoi ?

Les voix en provenance de l'île. Elles m'ont réveillé, et comme je te vois sur le pont, j'en déduis qu'elles t'ont réveillé, toi aussi.

— J'en ai bien entendu, mais c'était dans un rêve, rien qu'un rêve...

Le vieux détourna la tête. Il continuait apparemment à vouloir écouter mais la nuit restait silencieuse.

Peut-être avons-nous fait le même rêve, fit Jonathan. Tu sais, ce Chili était drôlement relevé...

— Non, Jon, non... ce n'était pas un rêve, elles m'ont réveillé moi aussi et je suis monté sur le pont... elles provenaient de l'île... c'était hallucinant... irréel.

Il s'agrippa des deux mains au bras du jeune Louisiannais.

— Ecoute-moi Jon, il ne faut pas que vous restiez... ni toi, ni David. Un danger vous menace.

Jonathan chercha des mots pour le rassurer.

— Allez, va te coucher, Jerry, tu es fatigué... rendors-toi... tu te sentiras mieux demain, tu verras.

Pour éviter toute discussion avec Jerry, il alla s'installer dans le poste avant. Il regarda le chrono à côté du baromètre : presque quatre heures. Il décida de se faire du café et après la première tasse se sentit bien. Il se carra dans la banquette, comme David aimait le faire, et laissa son esprit vagabonder. Peu lui importaient les phantasmes du vieux. Demain il serait riche.

Allongeant les pieds sur la petite table il se mit à réfléchir à tout ce qui restait à faire pour récupérer ce trésor. Insensiblement le sommeil le prit.

Au moment de sombrer, il lui sembla entendre des chœurs lointains, très beaux, très tristes.

CHAPITRE DIX-HUIT

Le râtissage de la grotte fut long et méticuleux. Ils utilisèrent les détecteurs mais sans rien obtenir de spectaculaire.

Le résultat pourtant n'avait pas été entièrement négatif : ils avaient arraché au sable des ferrures diverses, des clous, beaucoup plus gros que ceux trouvés la veille, une petite cuillère et surtout, une pointe-sèche en bronze servant à faire les relevés sur les cartes. Autant d'indices qui tendaient à prouver qu'un vaisseau avait sombré non loin.

Ils décidèrent finalement d'arrêter leurs recherches dans ce coin et se dirigèrent vers le récif.

Lorsqu'ils n'en furent plus très loin, Jonathan mit à l'eau l'aile sous-marine, puis, légèrement équipé s'y accrocha.

Le moteur du pneumatique au ralenti, sous la conduite de Jerry, ils avançaient doucement. Sans effort, tracté par l'aile, Jonathan couvrait les hauts-fonds de sable qui se déroulaient sous ses yeux. De temps en temps il imprimait un angle à la planche tout en prenant sa respiration, et descendait comme une flèche vers une tâche plus sombre ou un renflement anormal, susceptible de cacher quelque objet.

Ils firent le va-et-vient sur un demi-mile nautique environ, se rapprochant petit-à-petit de la ligne bleu sombre des grands fonds.

Coraux, millepores, éponges, cerveaux de Neptune, commençaient à gagner sur les nappes de sable, lorsque Jonathan fit un grand signe.

– Hey cria-t-il.

Jerry arrêta le pneumatique. Quatre brasses puissantes et le Louisiannais tout souriant, d'un rétablissement s'affalait sur le plancher.

– J'ai repéré quelque chose, dit-il essoufflé.

Le vieux avait déjà relancé le moteur, viré de bord et, reprenant leur propre sillage, remontait doucement. Jonathan se mit à l'avant, et penché au-dessus de son seau à fond de verre recherchait l'emplacement.

Il leva un bras qu'il agita en tous sens. Jerry coupa à nouveau les gaz tandis que David balançait au loin le grappin qu'il avait préparé.

— Descendons tous les trois, je crois que j'ai trouvé quelque chose répéta-t-il, prenez les maillets, je prépare un balisage.

Il gonfla une bouée en plastique orange à laquelle il accrocha du filin de la même couleur.

Les bi-bouteilles endossées, sangles et ceintures bouclées, les trois hommes se retrouvèrent sous l'eau.

Sous la conduite du Louisiannais ils s'attaquèrent immédiatement à une masse oblongue recouverte de concrétions. Sous les coups, la carapace s'effritait laissant apparaître du métal non corrodé et recouvert d'une patine verdâtre. Jonathan la râcla avec son couteau de plongée. C'était du bronze.

Il acheva de dégager complètement le pourtour en un point, puis y passa le bout relié à la bouée et l'amarra solidement.

Ils remontèrent à la surface.

— C'est un canon de bronze expliqua Jonathan et il y en a plusieurs. Ils valent au moins 3.000 dollars pièce. Redescendons... nous prospecterons chacun de notre côté. On se maintiendra à l'intérieur d'un cercle de cent mètres maximum à partir de cette bouée. Le premier qui aperçoit quoique ce soit accroche son ballon et le gonfle avec son arrivée d'air... On se retrouve ici dans une demi-heure très exactement... O.K. ?

Bientôt l'œil expert de Jonathan découvrait à la lisière du sable un amas de grosses pierres, long d'une vingtaine de mètres : le ballast du galion. Preuve que l'épave était toute proche.

Il fit signe à David qui se déplaçait à la limite de son champ de visibilité. Ensemble ils descendirent fouiller l'enchevêtrement des coraux. Ils les brisèrent méthodiquement et dégagèrent des fragments de bois.

Jerry de son côté, faisait signe du bras. Jonathan nagea jusqu'à lui. Le vieux lui désigna un monticule indéfinissable d'une vingtaine de mètres de diamètre. L'avant ou l'arrière du navire.

Ils s'attaquèrent immédiatement à cette masse.

David tout excité vint les rejoindre.

Un peu plus loin, droit devant eux, se dressait plus haut qu'un homme, un des bras à l'extrémité recourbée de l'ancre. L'autre devait être enterré. Ils avaient trouvé la proue.

Laissant derrière eux un triple sillage de bulles ils nagèrent dans la direction opposée à la recherche du château-arrière ou de ce qui pouvait en rester.

Avec l'océan tout proche, le nombre de poissons augmentait considérablement. Chaetodons, balistes, chromis multicolores nageaient par centaines, indifférents à leur présence. A une distance peu respectueuse, un banc de barracudas, rideau mouvant aux longs fuseaux argentés, les suivaient avec curiosité. Une grosse tortue décolla brusquement du sable et de sa nage maladroite et saccadée, s'enfuit à leur approche. Ils se lancèrent à sa poursuite, lorsque Jonathan en passant au-dessus d'un énorme tumulus comprit qu'il venait de découvrir ce qu'ils cherchaient.

Il piqua dessus suivi des deux autres.

Les premiers sondages donnèrent immédiatement des résultats : fers et ferrures divers, moignons de planche, une énorme poulie qui s'effrita, des morceaux de poterie en quantité.

Les trois hommes ne virent pas le temps passer. Les réserves d'air épuisées, Jonathan donna le signal de retour.

L'excitation atteignait son comble. David était en pleine euphorie.

— Battons le fer pendant qu'il est chaud. Il faut retourner. Prenons d'autres bouteilles.

— C'est trop tard. On en a assez fait pour aujourd'hui. Jonathan calma son enthousiasme... je retourne placer un repère. On continuera demain.

Il prit une petite bouée rouge et plongea pour la fixer. Il se sentait léger et heureux. Ils avaient réussi.

L'épave avait de fortes chances d'être la sienne. Elle était certainement antérieure à 1650. Le fait que les canons étaient en bronze tendait à le prouver.

Il retrouva dans le zodiac un David toujours aussi joyeux et agité. Le vieux avait repris son air froid et lointain. Il lança le moteur, le faisant ronronner au point mort.

— Je pense qu'il va falloir amener le Barracuda directement au droit de l'épave. Notre travail en sera facilité, dit Jonathan.

— D'accord mais il faut lui repérer un bon passage de repli. Une tornade subite ou même un mauvais Nord-Ouest et nous serions drossés sur la barrière. Vous pourriez alors dire adieu à votre trésor !

— Ouais, j'ai connu ça, on va baliser tout de suite.

*
* *

Ils étaient en train de sortir à grande peine le gros compresseur sur le pont à l'arrière lorsque la brume fit son apparition.

Comme la veille, elle surgit simultanément des deux pointes qui délimitaient la crique au centre de laquelle le Barracuda était mouillé. Deux grosses masses sombres et cotonneuses convergèrent vers eux à grande vitesse. Elles débordèrent des sommets de l'île puis retombèrent silencieusement comme un rideau.

— Eh bien ? fit Jon.

— Que je sois damné explosa David. Captain, qu'est-ce que cela peut bien être ?

— Je pensais à quelque chose que vous n'avez pas connu. Les fumigènes que nous utilisions pendant la guerre. Naturellement en beaucoup plus puissant. Pourtant ce n'est pas de la fumée. Il n'y a pas trace d'un quelconque produit. Jerry bougeait les lèvres rapidement comme pour goûter l'air. C'est de la vapeur d'eau, rien que de la vapeur d'eau.

— On dirait presque que vous espériez autre chose, Captain !

Le vieux ne répondit rien. Il se retourna et s'accroupit près du compresseur afin de poursuivre son réglage interrompu.

*
* *

La nuit se passa sans autre incident.

Dès le matin, précédé par le pneumatique, le Barracuda se fit son chemin dans le chenal balisé la veille jusqu'au droit de l'épave. Ils mouillèrent deux ancres, une à la proue, l'autre à la poupe puis entamèrent les travaux d'approche : un labeur pénible sous le soleil qui se faisait de plus en plus brûlant. Pour se rafraîchir, ils se jetaient régulièrement à l'eau.

L'installation de la suceuse * prenait beaucoup de temps.

Vers midi, Jonathan décida que tout était prêt pour un premier essai.

— Tu as vu ton dos, Dave ? Il est rouge comme un homard. Il est temps que tu viennes plonger avec moi !

— Dans ce cas, je reste à bord et je m'occupe du compresseur, fit le vieux.

Il attendit que les deux autres aient pris leurs positions sous la surface pour mettre le compresseur en marche. Après quelques hoquets, celui-ci finit par démarrer dans un bruit assourdissant.

Jonathan, ignorant un poisson perroquet un peu trop cu-

---

*. Suceuse : Gros aspirateur sous-marin.

rieux se saisit des poignées et dirigea la buse contre le sable. David de son côté bloqua le flexible sous un de ses bras et s'y aggripa fermenent. Le Louisiannais ouvrit la vanne d'arrivée d'air. Le long tube se raidit sous l'afflux brutal et ils durent lutter pour le maintenir en place.

Tout autour d'eux, l'eau se troublait. Face à l'extrémité de la buse, un trou se creusait lentement. Dans un grondement sourd, débris et morceaux de calcaire se bousculaient devant l'entrée, semblaient hésiter un moment, puis dans une accélération soudaine, disparaissaient, happés par la suceuse.

En haut, dans le tintamarre du moteur qui s'emballait par à-coups, le gros tube souple vomissait un flot constant dans le panier, sous l'œil indifférent de Jerry qui, un chiffon graisseux d'une main, une clef de l'autre, procédait à divers réglages.

Au bout d'un moment, David fit signe à Jonathan, qu'il en avait assez.

Le Louisiannais lui proposa de faire surface et au passage, à travers son masque, lui fit un clin d'œil amical.

De retour à bord, le silence paraissait encore plus grand depuis que le compresseur s'était tu.

— C'est encore plus crevant que ce que je croyais dit David. Il posa sa bière à côté de lui et se massa les côtes. J'avais du mal à tenir ce maudit tuyau en place... et avec ces vibrations, j'avais l'impression d'avoir la danse de Saint Guy !

— Je t'avais averti que cela ne serait pas de tout repos. Tu vas y perdre quelques kilos. Linda ne te reconnaîtra plus, quand tu seras de retour.

— J'espère que ce sera bientôt ! Quelque chose me dit que nous devrions nous dépêcher, et comme tu le sais, Jon, je suis toujours mes intuitions.

— Tes intuitions ! Dis plutôt ton envie de baiser !

David fit comme s'il n'avait pas entendu. Linda commençait à lui manquer.

— Bon dit-il brusquement. Voilà comment nous allons faire : si dans trois jours nous n'avons pas plus de résultat, on se tire, purement et simplement.

Ce fut au tour des deux autres de rester silencieux.

Jonathan se leva en s'étirant. Il se saisit d'une orange et la fit sauter dans une main.

— Aujourd'hui, nous allons utiliser le narghilé. Il faut absolument déblayer le tumulus en profondeur. David restera à bord pour surveiller la bonne marche du compresseur.

Quand Jerry en aura marre, il changera de place avec toi, Dave.

David marmonna une réponse incompréhensible. L'idée

de se reposer un peu ne lui déplaisait pas.

*
* *

Il n'y avait désormais plus de doute : ils se trouvaient bien sur l'arrière de l'épave. Grâce à sa sonde — une longue tige d'acier souple terminée par une poignée — Jonathan avait découvert sous la première couche des masses solides qui n'avaient normalement rien à faire dans ce genre de fond.

Ils avaient de la chance. La galion avait sombré en dehors de la zone de prolifération du corail. En 300 années, il s'était enterré lentement dans le sable et les apports charriés par les courants. Le chantier ne devait représenter aucune difficulté particulière.

De temps à autre, Jonathan relevait la tête et regardait Jerry. Relié au monde de la surface par le long cordon d'arrivée d'air, celui-ci opérait avec une concentration et une régularité étonnante chez un homme déjà âgé et qui n'était lui-même qu'une épave, il n'y avait pas si longtemps encore.

Une heure passa et Jonathan décida de remonter. Il se reposerait un peu et puis redescendrait, cette fois-ci, avec David.

Il leur restait encore énormément à faire avec la suceuse. Sélectionner les points précis où il leur faudrait attaquer le tumulus. Ils en avaient déjà balisé plusieurs à l'aide de petits ballons rouges ou oranges. Il sourit. De loin ils ressemblaient à des fleurs de sable insolites portées par de longues et fines tiges.

Cette heure passée seul avait fait du bien à David. Il avait réfléchi à son envie de rentrer à Miami et en avait abandonné l'idée. Malgré les résultats peu convaincants, il décida d'un plan pour le lendemain.

Quand les deux autres refirent surface, il les accueillit avec jovialité :

— Alors, ça c'est bien passé ?

— Ce soir tu vas pouvoir bouffer comme au temps des rois. Jonathan lui tendit une fourchette en argent.

— C'est tout ?

— D'accord, c'est peu, mais c'est la clef de la chambre au trésor.

Après deux ou trois tasses de café le Louisiannais se sentit de nouveau en forme pour redescendre.

— Dave, dit-il, tu te sens toujours d'attaque ?

— Plus que jamais, ça fait une heure que je ne fous rien.

— Bon... nous allons continuer avec la suceuse.

Il alla chercher une veste de plongée sèche. Lorsqu'il revint, Jerry était en train d'expliquer au producteur la manière de respirer avec le narghilé.

David était ravi : il lui semblait accéder au statut de professionnel de la mer.

Une heure plus tard, lorsqu'ils remontèrent, le panier était plein. Jerry, lui, avait déjà commencé à briser des concrétions calcaires.

Jonathan renversa le contenu sur le pont.

– La première chose à faire demain sera de travailler là-dessus. Ensuite on s'attaquera au reste.

*
* *

La nuit descendit rapidement mais cette fois-ci sans effet de brume. La silhouette sombre de Warderick Wells Cay se découpait contre un ciel clair illuminé par la lune qui commençait à se lever.

Les deux autres dormaient depuis longtemps lorsque le vieux qui n'arrivait pas à trouver le sommeil monta sur le pont. La voûte du ciel au-dessus de lui fourmillait d'étoiles. Brusquement, il se figea, les sens en alerte : lointains, très faibles, les chants d'un chœur lui parvenaient, comme portés par un souffle.

Il eut une brève hésitation et s'engouffra dans le carré. Il entrouvrit la porte de la cabine avant et dans la pénombre s'approcha de la couchette où dormait Jonathan. Il le toucha au bras.

– Jon, murmura-t-il, Jon.

– Qu'est-ce qu'il y a ?

– C'est moi, Jerry, viens !

Les deux hommes se retrouvèrent côte à côte sur le pont.

– Les chœurs, je viens encore de les entendre.

Ils prêtèrent l'oreille un long moment sans résultat.

– Ecoute, Jerry... fit finalement Jonathan je veux bien te croire. En revanche promets-moi de ne plus parler de tout cela à David.

Nous cherchons chacun quelque chose et nous avons malheureusement besoin de lui. Tout ce qui se passe autour de toi depuis que tu es à bord le rend nerveux. Tu l'as entendu, il nous a donné trois jours, et, crois-moi, il fait toujours ce qu'il dit.

Plaçant sa main sur l'épaule du vieux, il ajouta :

– Jerry, je veux savoir si je peux compter sur toi... en

aucun cas nous ne devons perdre le contrôle de ce bateau. Tu vois ce que je veux dire ?

Silencieusement Jerry fit un bref signe affirmatif de la tête.

CHAPITRE DIX-NEUF

Ils s'étaient levés avant l'aube et, sitôt le petit déjeuner avalé, ils s'attaquaient au tas imposant de fragments de corail empilés sur le pont.

Presque tout de suite Jonathan mettait la main sur une pièce plate et noirâtre, encore enchâssée dans sa gangue de calcaire mort.

Trempée dans l'acide, elle révélait rapidement son relief.

Une pièce de huit réaux fit le Lousiannais, plein d'une joie contenue.

– Bravo petit, dit Jerry.

David s'en empara prestement, ouvrit son coffret à cigare et la plaça sur la première : Maintenant, mignonnes, croissez et multipliez. Nous tenons à avoir beaucoup de petits enfants.

La journée s'annonçait bien sous la chaleur du soleil matinal.

Sous l'eau, Jonathan avait repris le travail avec ardeur. Passant au travers de l'épaisse couche de limon et de sable, il avait atteint le bois vermoulu d'un plancher. Sous l'effet de l'énorme aspiration, celui-ci s'effritait comme du buvard mouillé. La buse, maintenue par des mains fermes, élargissait sans cesse la cavité. Légèrement en retrait, David filmait. Il était de nouveau plein d'idées. Sujets et personnages ne manquaient pas. Pour l'instant il faisait un cadrage sur Jon et la suceuse.

Il pensa au Louisiannais. Dans quelle mesure pouvait-il être de mèche avec cet Allemand ? Tous deux semblaient s'entendre d'instinct malgré leur différence d'âge. Que se passerait-il s'ils découvraient vraiment un trésor. Il leur serait facile de l'éliminer dans une de ces îles désertes. Ni vu, ni connu.

Un frisson lui passa dans le dos. Il n'allait pas se laisser faire. A la moindre alerte, il frapperait le premier. Au moment où ils s'y attendraient le moins, il les abandonnerait sur place à leur propre sort. Réconforté par cette résolution, il remonta vers la surface pour relayer Jerry.

*
* *

Depuis un bon moment, Jonathan dégageait de nombreux ustensiles ménagers : cuillères, plats en étain, pichets, bols, poteries en mille fragments. Autant de preuves qu'ils se trouvaient exactement sur le carré des officiers et passagers de marque.

Les cales de chargement devaient se situer un peu plus loin vers l'avant. Il allait falloir déplacer le chantier.

Lorsqu'il regagna le bord, David était en train d'astiquer un morceau de métal : Alors, quoi de neuf ? Où en sont nos espoirs ? J'ai vu que de temps à autre tu dégageais quelque chose.

— Oui, justement. Je viens chercher un récipient.

Il disparut par l'écoutille pour reparaître presque aussitôt un panier pliant à la main. Il y accrocha un bout en nylon dont il confia l'extrémité à David.

— Tiens bon, je vais faire la cueillette.

Il plongea, le panier à la main, sans aucun équipement. Il aimait de temps à autre souter ainsi comme les pêcheurs d'éponges ou de perles de jadis. Une dizaine de mètres de profondeur. Un jeu d'enfant !

Il prit son temps pour tout ramasser et tira sur la corde pour donner le signal à David. Pendant que le panier remontait lentement, il poursuivit sa petite promenade, poussant son apnée jusqu'à son extrême limite. Il se contrôla jusqu'à la surface où il émergea en poussant un sifflement long et strident. David s'était précipité à l'arrière pour l'aider :

— Mais tu es cinglé ! Je t'ai cru noyé.

Jonathan soufflait comme un phoque.

— Tu devais plutôt penser : ouf... bon débarras !!!

— Tu as raison. Mais c'était quand même encore un peu trop tôt !

Il éclata de rire, satisfait de sa rosserie et Jonathan suivit.

— Je te retrouve Dave. La vie n'est qu'une mascarade et le cynisme la meilleure preuve de santé. L'homme fort vit pour lui seul et au jour le jour. Si tu veux que ces magnifiques Caraïbes te reconnaissent comme un des leurs, il faut que tu rejettes ta mentalité de petit bourgeois. N'oublies jamais, pirates et flibustiers furent les seigneurs de ces eaux.

David fixa Jonathan tandis qu'il s'éloignait en se frottant avec une serviette : Une chose était dorénavant certaine, il lui faudrait maintenant être sur ses gardes. Le Louisiannais était certainement capable de tout.

***

Les trois hommes admiraient la fine porcelaine du plat bleuté aux motifs plus sombres que Jonathan avait dégagé de son panier.

— Du Delft dit David au bout d'un moment. Il est beau. Il est ancien. Mais il est hollandais et ton galion espagnol... un simple pirate batave.

Jon restait muet et songeur. Si cet idiot disait vrai, adieu les rêves !

Jerry intervint :

Je ne crois pas, Monsieur Klein. Le Delft est bien plus tardif. Cette porcelaine fine est chinoise. Du Ming. Elle était fabriquée dans la province du Kiang-Si en Chine au XVIe siècle et exportée sur toute l'Europe via les Philippines, Acapulco et Vera-Cruz. Au contraire, elle tendrait à prouver que nous sommes sur la bonne voie. Un plat comme celui-ci vaut à lui tout seul dans les 500 dollars pour le collectionneur averti.

Le visage de David s'illumina :

— Ah ! Ah ! mais ça commence à devenir interessant : Deux canons de bronze à 3.000 dollars pièce, de la vaisselle à 500 dollars le plat. Vous avez raison : c'est un filon. En attendant le trésor de Frenchy, je rentrerais dans une partie de mes frais.

Jon bénit intérieurement le vieux. Celui-ci relançait la machine et David, surtout, était repris par la fièvre des recherches.

Sur son insistance Jonathan et lui retournèrent à l'eau pendant que Jerry remettait le compresseur en marche. Durant les deux heures qui suivirent, s'aidant de la suçeuse mais opérant aussi à mains nues, ils fouillèrent le sable avec précaution.

Une magnifique théière intacte fut extraite ainsi que deux bols à riz en tous points semblables à ceux d'un quelconque restaurant chinois de Miami, avec la seule différence qu'ils étaient plus vieux de 300 ans !

Deux bouteilles carrées érodées par la mer, trois cuillères de tailles et de formes différentes ainsi que deux fourchettes identiques à celle extraite la veille vinrent confirmer qu'ils devaient se trouver sur les restes de ce que l'on appellerait aujourd'hui le mess des officiers.

Ils continuèrent à travailler d'arrache-pied. Ils avaient atteint une deuxième couche de bois vermoulu.

Gravats et morceaux de toutes origines s'entassaient dans

le panier et dans le pneumatique tandis que les retombées du sable et de la vase dans l'eau obscurcissaient le chantier.

*
* *

Ils venaient à peine de retourner à bord lorsque cette brume soudaine, une fois de plus les entoura de toutes parts.

Le soleil n'était pas encore complètement couché et, par intermittence, le pâle halo de son globe se laissait deviner à travers l'épaisse couche cotonneuse.

Ils allumèrent le projecteur et s'astreignirent à briser et trier tout ce qu'ils avaient accumulé depuis le matin. Les résultats furent plutôt décevants : des clous de toutes tailles et des morceaux corrodés et indéterminables.

Malgré une carangue que Jonathan avait tirée lors d'une courte plongée, puis préparée selon sa recette habituelle, le climat dans le carré était morose.

– Ecoute, Dave, si tu veux réellement partir, nous ne pouvons rien contre ta décision. Mais je pense que c'est une grossière erreur. Il est absurde de croire que nous allons mettre la main sur le magot du premier coup. Nous avons déjà eu les indices, demain ou après-demain le sable nous livrera son secret.

– Demain ou après-demain… d'accord Frenchy… mais pas un jour de plus. J'en ai marre !

Je suis en train de perdre mon temps et mon argent ici.

Pour David, sa décision se renforçait. Les jours passaient, et en se décantant, les différents événements lui apparaissaient dans toute leur nouvelle clarté… il avait cédé à une impulsion, inhabituelle chez lui… un coup de folie subit. Chez tout homme sommeille ce besoin de rupture avec la monotonie de la vie quotidienne. Il s'était laissé griser par ce parfum d'aventure comme aux charmes secrets d'une troublante inconnue.

– Ecoute, Jon concéda-t-il finalement, je ne suis évidemment pas à un jour près, mais il nous faudra des résultats très rapides.

*
* *

Le lendemain Jerry et Jonathan s'attaquèrent à l'autre extrémité du tumulus.

Très vite, ils dénudèrent des longs morceaux d'un métal noirâtre et mou : le plomb du doublage de la coque, méthode employée à l'époque pour protéger les œuvres vives des grands vaisseaux de bois contre les perforations des grands vers tropicaux, les tarets.

La couche de sédiments était beaucoup plus souple et ils la traversaient facilement. Ils récupéraient au passage les objets les plus hétéroclites mais toujours à usage strictement domestique et le panier pliant remontait régulièrement vers la surface plats, pots, gobelets, morceaux de chaudrons, pièces d'ustensiles divers en étain, en fer, en terre cuite ou en porcelaine fine.

L'éclat de l'or se réflétait parfois brusquement dans les débris grisâtres de la gangue corallienne. Une chevalière aux armoiries peu discernables, trois boutons disparates, une broche sertie mais dont la pierre avait été arrachée furent autant de pièces qui soulevèrent des cris enthousiastes.

Vers le tard, Jonathan dégagea de sa gangue calcaire un bloc de pièces en argent soudées les unes aux autres. Collées par les sels et sulfates elles formaient un lingot de 4 à 5 centimètres de long.

David laissa éclater son contentement :

– Frenchy, tant que tu trouveras ce genre de monnaie, on continue.

Jonathan esquissa un sourire sans répondre.

Ces pièces étaient presque toutes différentes. Elles ne pouvaient provenir que du gousset de l'un des naufragés. Un doute commença à le gagner : ce galion n'était probablement pas le sien. Il était fort possible que celui-ci ait sombré sur la route de l'aller de Cadix vers la Nouvelle Espagne et non sur la route du retour. La conclusion faisait mal. En dehors des quelques bijoux et objets de valeur personnels appartenant aux naviguants, il ne pouvait y avoir d'or à bord et à plus forte raison de trésor.

Il réagit rageusement. Non, cela ne pouvait pas être. Le destin ne pouvait pas lui jouer un tour pareil. Il ne pouvait admettre que son rêve poursuivi pendant des années puisse de nouveau s'évanouir ainsi dans le néant. Il se ressaisit. Il fallait continuer jusqu'à ce que le tumulus ait été complètement éventré et en tout cas ne rien montrer qui puisse éveiller un soupçon quelconque chez David.

La brume épaisse et pesante était une nouvelle fois revenue.

Jonathan s'était levé énervé, et, à la recherche d'un peu d'air à respirer, il était monté sur le pont. Un léger bruit le fit se retourner. Dans l'encadrement de la porte, la longue silhouette de Jerry surgit.

– Tu ne dors pas, petit ? C'était plutôt une constatation qu'une question. Je te sens tracassé. Il n'y a rien de valable dans l'épave, n'est-ce pas ?

– Qu'est-ce qui te fait dire cela. Nous n'avons pas encore

fini de déblayer.

— J'ai bien peur que si.

Jonathan le regarda d'un air surpris.

— Oui, continua Jerry le temps va se gâter, c'est plus que certain. Cette brusque montée de la température… et puis tu as regardé le baromètre ? Il est en chute libre. Il ne doit pas être loin de quatre heures. Vers six heures on écoute la météo et on appareille, dare-dare. Il sera toujours temps de revenir.

Il se reprit avec un sourire narquois :

— Si tu crois que cela en vaut vraiment la peine.

Vers cinq heures, un petit clapot régulier vint imprimer un lent mouvement d'oscillation à la coque du Barracuda.

Un flacon posé sur l'extrémité de l'étagère du lavabo, après avoir glissé, vint s'écraser par terre dans un grand bruit d'éclats de verre, réveillant d'un sursaut David qui dormait encore profondément. En un bond il fut debout et se rendit compte qu'il faisait encore nuit et que Jon n'était pas là. Il se saisit de son pantalon et n'avait pas encore terminé de boucler sa ceinture lorsque la porte de la cabine s'ouvrit sur Jonathan et son regard des mauvais jours.

— Grouille ! d'après le vieux, on va avoir du gros temps.

Il suivit le jeune Louisiannais dans le carré ; Jerry de dos, assis sur le siège tournant, les écouteurs aux oreilles se concentrait sur les échanges radiophoniques dont le haut parleur commun leur renvoyait le fond sonore nasillard. Il se retourna vers eux, faisant retomber d'un geste le casque autour de son cou :

— Je viens de joindre Freeport Pilot sur 2.738 kHz… c'est bien ça. Ils annoncent la formation d'un cyclone. On aura des détails plus complets au bulletin météo de Radio Bahamas à 06.30. Vous avez vu le baromètre Monsieur Klein ? nous n'avons pas une seconde à perdre… il faut rejoindre les pleines eaux puis un port et mieux un hurricane hole *.

— Ça risque d'être mauvais ? demanda David.

— Nous avons tout intérêt à nous mettre à l'abri.

Le vieux était laconique.

Ils endossèrent rapidement leurs vêtements isothermiques de plongée. Dehors et dans l'obscurité presque totale, de courtes bouffées de vent leur apportaient la moiteur salée du « Sound » qui paraissait décidé à secouer vilainement sa léthargie des derniers jours. Jon alluma le projecteur, illuminant soudain le zodiac et le gros panier.

---

*. Trou à ouragan : petite anse totalement à l'abri des tempêtes.

— Dave, je crois qu'il vaut mieux que ce soit toi qui plonge avec moi. Jerry restera à bord pour tout préparer et aussi pour parer à toute surprise.

Les deux hommes s'équipèrent et se mirent rapidement à l'eau. C'était la première fois que David se trouvait ainsi dans le noir sous la surface, mais il n'avait ni le temps ni le goût pour profiter du spectacle fantasmagorique de ce plafond liquide illuminé au-dessus d'eux. Le courant se faisait sentir et éclairé par les faisceaux de leur torche, tout le petit monde en suspension dans l'élément marin semblait danser le lent ballet du va-et-vient.

Les tuyaux et la buse remontés à bord, ils s'attaquèrent au panier dont ils démontèrent chaque face. Le tout fut descendu par la trappe et solidement arrimé dans la salle des moteurs.

Le trawler roulait avec de plus en plus de force. Tenu à l'avant et à l'arrière par ses mouillages il marquait de dangereux temps morts dans ses oscillations. Jerry fit remonter les ancres arrières et le Barracuda vint se placer dans le lit du vent. Par courtes rafales, celui-ci annonçait ses intentions agressives.

Ils eurent beaucoup plus de mal à faire passer le lourd compresseur par le panneau d'écoutille. Suspendu par ses élingues au mât de charge, sous l'effet du roulis, il balançait sa masse hors du passage étroit.

Ils perdirent ainsi un temps précieux avant de réussir à le rentrer au plus juste par l'ouverture. Le jour commençait à poindre, lorsque le pneumatique fut dégonflé et solidement fixé dans ses sacs sur le roof.

Jerry lança enfin ses deux moteurs. Ils piquèrent vers l'Est. Ecrasée par les masses sombres des cumulus, une ligne jaunâtre, sous l'effet du soleil qui se levait, barrait l'horizon.

Les vagues courtes mais sèches semblaient venir d'un peu n'importe où se superposant parfois à une houle qui se creusait rapidement dans une direction nord-ouest sud-est.

A six heures trente un bulletin spécial leur précisait la formation d'une dépression cyclonique dans le Golfe du Mexique et se dirigeant par le détroit de Floride vers le Nord des Bahamas et l'Atlantique.

— Il y a de fortes chances pour que ce Hurricane contourne la Floride vers le Nord mais on ne peut rien prévoir dit le vieux, de toute manière il faut fuir dans la direction opposée. Plus nous serons loin de l'épicentre, moins les vents seront violents.

— Pas question ! David l'interrompit d'un ton cassant, puisque nous avons levé l'ancre, on retourne au bercail. Captain je veux que vous mettiez immédiatement le cap sur Miami.

Le vieux le toisa ironiquement.

— Je regrette, mais dans des circonstances pareilles et en tant que commandant, c'est moi qui donne les ordres. Retourner serait un suicide.

D'un bond inattendu David se rua sur Jerry et le bouscula hors du siège. Le vieux tomba, l'entraînant dans sa chute.

Jonathan se précipitait pour les séparer lorsqu'un choc sourd à tribord ébranla tout le bateau. Le carré se remplit soudain du tumulte des objets qui dégringolaient d'un peu partout et des éclats du verre qui se brisait tandis que le Barracuda gitait dangereusement.

Il trébucha à son tour, allant rejoindre les deux autres au sol. Abandonnée, la roue de la barre s'affolait.

D'un coup de rein Jonathan se redressa et, dans une position acrobatique réussit à s'en saisir et à la bloquer. Puis de toute sa puissance il redressa leur bateau.

— Arrêtez, vous êtes fous !

Blanc de colère, David se releva à son tour :

Je ne permettrai à personne de me donner des ordres sur mon propre bateau.

— C'est pour notre sécurité à tous dit Jerry. Il s'était relevé à son tour. Le fait que le Barracuda vous appartienne, Monsieur Klein, ne vous donne aucun droit.

Il vint reprendre la barre des mains de Jonathan.

— Rends-moi ça, petit, si tu veux qu'on s'en sorte tous les trois vivants.

Avant que David ne puisse revenir à la charge, un nouveau coup de bélier encore plus puissant que le premier secoua le Barracuda.

Déferlant par dessus l'étrave un paquet de mer vint frapper les vitres du poste.

Ils s'accrochèrent pour ne pas perdre l'équilibre.

— Que peut-on faire ? David se cramponnait à la table à cartes.

— Arrimez tout ce qui bouge ! vous, Monsieur Klein, vérifiez tout ce qui est à l'intérieur. Toi, Jon, jette un coup d'œil à l'extérieur. Sois prudent !

Un coup de vent violent s'engouffra dans le poste faisant voltiger cartes, nappes et journaux lorsque Jonathan fit glisser la porte.

Un bref instant ils eurent la vision directe des éléments qui se déchaînaient et des vagues grises qui se ruaient à l'assaut.

— Ferme ! ferme ! tant pis, hurla Jerry.

Les trois hommes s'étaient regroupés à l'avant contre le

poste de pilotage. Jerry qui tenait la barre se faisait souvent relayer par Jonathan pour s'affaler quelques minutes dans le fauteuil.

David, le casque d'écoute sur les oreilles s'était plongé dans une veille attentive à la radio tout en gardant les yeux sur le petit écran radar.

Les premiers moments d'émotion passés, Jerry avait pris la décision de se mettre en fuite et bataillait pour maintenir ce cap.

Il se sentait inquiet, fatigué aussi. Les creux s'accentuaient. Il s'en rendait compte à l'affolement du régime des moteurs lorsque les deux hélices tournaient hors de l'eau : la vibration se prolongeait un peu plus chaque fois. Par instants aussi, une lame plus grosse que les autres les rattrapait et les frappait à l'arrière, ébranlant dangereusement la carcasse du Barracuda.

Il céda sa place à Jonathan, ouvrit le caisson du bar et s'empara de la bouteille de Bourbon. Le bouchon qu'il avait posé sur la table roula immédiatement sur le plancher. Portant le goulot directement à ses lèvres, il en but une lampée. Rarement l'alcool lui avait donné une telle sensation de bien être. Il tendit la bouteille :

— Quelqu'un en veut ?

David s'en saisit sans rien dire et fit de même.

Jonathan se retourna un bref instant, regarda Jerry, apparemment hors de combat.

— Ça ne va pas vieux ?

— Ce n'est rien... juste un peu de fatigue.

Le Louisiannais lui avait dit « vieux » comme d'habitude. Mais cette fois-ci cela lui fit mal. C'était bien vrai : il devenait un vieux. Pourtant ce n'était pas un fait aussi naturel que de vieillir qui le tracassait.

Sournoisement une sensation qu'il avait cru ne devoir jamais connaître commençait à le gagner : la peur !

Il n'avait pas voulu l'admettre mais l'angoisse ressentie à la suite de son rêve ne l'avait plus quitté et les chœurs cristallins mais lugubres, presque funèbres, entendus depuis l'île lui avait scellé définitivement au creux de l'estomac la vrille de la frayeur.

Ce n'était ni le danger physique ni la mort par elle-même — il l'avait cotoyée tellement de fois — qu'il appréhendait ainsi de toutes ses fibres, mais la menace sournoise de forces qu'il se sentait coupable d'avoir déchaînées.

Elles n'avaient jamais cessé d'être proches depuis la mort du grand Crétois à Marseille, se laissant deviner plutôt que se manifestant réellement dans l'ombre de sa vie. Curieusement même, et il en était persuadé, elles avaient facilité, après la chute du IIIe Reich, son arrivée dans le Nouveau Monde. Des obstacles juridiques et politiques qu'il n'aurait jamais dû surmonter, avaient disparu comme par enchantement jusqu'à ce qu'il ait occupé ce poste important à la N.A.S.A.

Un matin alors qu'il avait passé la nuit absolument seul dans une chambre d'Hôtel à Nassau, la porte fermée à clef de l'intérieur, la plaque en orichalque qu'il portait précieusement en médaillon autour de son cou, avait disparu.

Sans qu'il le sache, cela avait été le signal de la chute. Ces forces avaient commencé à se manifester plus ouvertement, cherchant à l'affoler. Depuis son départ de Miami elles jouaient avec lui. Lentement, par des manifestations tout à fait naturelles, elles refermaient sur lui leur étau. Cet ouragan dans lequel ils se débattaient maintenant en était la dernière preuve. Il n'avait rien à voir avec le cyclone annoncé. Il était trop éloigné de l'épicentre. Mais cela il n'avait pas voulu le leur dire. Il ne pouvait pas le leur dire. Ils le prenaient déjà pour un vieil illuminé !

Un nouveau coup de boutoir, suivi d'un craquement sinistre et d'une gîte brutale du bateau, l'arracha instantanément à son engourdissement.

Il se leva d'un bond. Jonathan s'appuyait de tout son poids à la barre et David était venu l'aider. Le visage livide il essayait de parler :

— Le radar... on en a plus parvint-il enfin à prononcer.

— Ouais, dit Jon tout aussi blanc, la vague a du arracher notre mât.

Ils le regardaient tous deux comme s'il était leur dernière chance.

Jerry s'était ressaisi et ses réflexes de vieux marin, conditionné par des années de mer, jouèrent.

— Nous allons prendre la cape, il n'y a plus d'autre solution que de jeter une ancre flottante. Il s'exprimait lentement, pour les rassurer, se rassurer lui-même aussi.

— Ce n'est pas un voilier et la manœuvre est dangereuse, poursuivit-il, quand nous passerons par le travers nous recevrons tout l'impact de la tempête. Sitôt que nous serons face au vent, vous balancerez l'ancre flottante, elle doit se trouver stockée dans un des coffres avant.

Il retourna à la barre tandis que les deux autres se préparaient. David sur les conseils de Jonathan se revêtit comme lui, de sa combinaison de plongée. Puis ils extirpèrent le long cône de toile muni de ses flotteurs. Revêtus des harnais raccordés par un long bout à une grosse poignée au-dessus de la porte, ils se préparèrent à sortir sur le pont.

Jerry abaissa légèrement le régime des moteurs et amorça lentement son changement de cap. Presque tout de suite le Barracuda prit du gîte et se mit à rouler bord sur bord. Il le sentait secoué par les déferlantes sèches et courtes auxquelles il offrait de plus en plus de prise. Par le plein travers, une lame énorme vint les frapper. Sous le choc le trawler bascula sur tribord dans l'eau. Se couchant de tout son poids sur la roue il contra la gîte et au moment où, dans un lent mouvement de balancier le Barracuda, au milieu des craquements et des gémissements de toute sa coque, amorçait son retour, il accéléra à fond les diesels et d'un dernier effort il le plaçait, barre en dessous, contre le lit du vent.

— Allez ! rugit-il, maintenant !

Une trombe d'air, de pluie et d'embruns s'engouffra dans le carré par la porte ouverte tandis que Jon et David se précipitaient à l'extérieur. Ils progressèrent rapidement à quatre pattes le long du passavent traînant avec eux l'ancre flottante, mais sitôt sur la plage avant, ils furent bloqués par la furie du vent et les paquets de mer qui, par dessus l'étrave se fracassaient sur eux chaque fois que le bateau piquait du nez.

A travers les vitres, Jerry suivait avec anxiété leurs efforts. Ils étaient trop lents !

Un instant ils disparurent à ses yeux, submergés par une lame. Lorsqu'ils furent de nouveau visibles, il comprit qu'ils avaient réussi : par-delà le davier, l'ancre tendait déjà son câble que Jonathan frénétiquement achevait d'enrouler à la bitte.

Soulagé il releva les yeux vers l'horizon.

Il resta bouche bée, secouant la tête. Ce n'était pas possible. Dans la lumière livide, éloignée mais précise dans chacun des détails, une trirème crétoise, sa grande voile rectangulaire gonflée par la tempête, se déplaçait comme dans un songe. Sa longue coque avec sa triple rangée de rames, filait avec aisance sur les flots déchaînés.

Quand Jonathan et David revinrent après avoir refermé la porte sur les rafales et les embruns ils le retrouvèrent, prostré, pâle et rigide. En quelques mots hâchés il leur expliqua ce qu'il venait d'apercevoir.

— Mais c'est impossible, Captain ! c'est un mirage dû à la fatigue.

— David a raison et d'ailleurs une galère d'il y a quatre mille ans ne tiendrait pas dix minutes dans ce cyclone.

Le vieux gardait sa tête enfouie entre ses mains : ils avaient peut-être raison tous les deux mais lui aussi était sûr, il s'agissait bien d'une trirème crétoise.

Un frisson le parcourut : elle était là pour lui, il le savait, mais il ne pourrait jamais le leur dire et partager son terrible secret.

CHAPITRE VINGT

Pendant que Jerry se reposait, David et Jonathan remettaient un peu d'ordre.

Les dégâts étaient minimes : le mât était toujours à sa place, seule la bôme arrachée pendait par dessus bord retenue par ses manœuvres. En tombant elle avait dû décrocher les fils du radar, ce qui expliquait la panne de ce dernier.

Au fil des heures, le vent semblait perdre sa force et les vagues leur hargne. Bien accroché à son ancre flottante, le Barracuda étalait parfaitement.

Ils avaient longuement discuté sur le vieux et épilogué sur sa dernière vision.

– Je t'assure, Jon, disait David, tu me connais, j'ai les pieds sur terre mais ton schleu me ferait croire au surnaturel : toutes les choses bizarres qui n'arrêtent pas de se passer autour de lui... regarde : même cette tempête qui se calme déjà... ce n'est pas possible que ce soit un vrai cyclone ! je ne cherche pas à comprendre, je ne veux pas comprendre, j'ai horreur de ce qui est compliqué. Seul le résultat compte pour moi. Et en l'occurrence ce qui importe, c'est de rester en vie et pour cela rentrer à Miami le plus tôt possible.

Jon riait, de la facilité avec laquelle il se laissait impressionner, mais se heurtait aussi au mur de son refus. Il maudissait intérieurement ce grain qui avait fait beaucoup plus de mal qu'un véritable hurricane : il avait brisé l'élan de David alors qu'il semblait revenu sur sa décision.

Ils furent de nouveau salement secoués, par le passage répété de mauvais grains. Le vieux s'était levé chaque fois pour se recoucher ensuite.

– Rien de vraiment sérieux maintenant... de toute manière on n'a rien d'autre à faire qu'à attendre, l'accalmie définitive ne tardera pas, avait-il affirmé.

Malgré tout, ils avaient décidé qu'il y aurait toujours

quelqu'un de quart, et dès 10 heures Jonathan s'était trouvé seul avec le vent qui mugissait, les craquements de la coque et ses pensées aussi sombres que les nuées.

Il s'était trompé, il n'y avait pas l'ombre d'un doute. L'épave n'était pas la bonne et Jerry lui-même s'en était rendu compte. Que faire ?

Retourner à Waderick Wells Cay avec ou sans le consentement de David et chercher une autre épave sur la même ligne de récifs ? Cela pouvait prendre des semaines et même des mois.

Il alla chercher son petit dossier et l'ouvrit. Une chose le frappa tout de suite : le dessin qu'il avait fait de l'île suivant la description de l'Amiral Espagnol était rond et non allongé en forme de cigare comme la leur. Comment avait-il pu commettre une telle erreur ? Il s'était laissé obnubiler par la réputation de fantastique qu'avait cette île... Mais elle n'était pas la seule !

D'un geste rageur il rabattit la couverture. Tony allait bien se foutre de lui... il était même capable de lui proposer d'élever ses alligators en commun. Il se leva et arpenta le carré dans tous les sens.

Contraindre David par la force à retourner à Warderick ? A deux ils n'arriveraient pas à le garder constamment sous surveillance et puis dans quelques jours ils allaient commencer à manquer de vivres. Non, encore une fois ! il avait échoué, mais n'était-ce point presque toujours la règle dans cette voie difficile de chasseur de trésors qu'il avait choisie ?

Lorsque, un peu avant minuit, Jerry vint le relayer, il trouva un Jonathan étonnamment tranquille et détendu. Il s'était repris et souriait.

— Ça va, fils ? lui dit le vieux. Inconsciemment, il avait dû se rendre compte de son changement d'humeur.

— Ouais, mais je vais me coucher j'ai besoin de dormir.

— Tu as l'air bien désabusé, Jon.

— On le serait à moins mais j'accepte toujours ce que le destin me donne.

Le vieux le fixa. A sa manière, le petit était une vivante réplique du héros grec de l'antiquité : jeune, beau et puissant, mais vulnérable aussi, à la fois épée tranchante et victime expiatoire.

— Notre Fatum nous réserve parfois d'étranges volte-faces, dit-il.

Jonathan s'arrêta, la main sur la poignée de la porte qu'il s'apprêtait à pousser et tourna la tête.

— Qu'est-ce que tu veux dire ?

— Ton sort est lié au mien, Jon, et en ce qui me concerne le coup de gong qui annonce le dernier round vient tout juste de retentir.

Jonathan ne voulut rien répondre et pénétra dans le noir de la cabine. Tâtonnant dans l'obscurité, il se déshabilla et s'allongea sur la couchette. Ecrasé par la fatigue, il sombra dans le sommeil.

***

Vers quatre heures, David vint prendre la place de Jerry.

— Ça se calme, lui dit ce dernier, j'ai écouté la météo. Le cyclone qui d'ailleurs n'est qu'une tropical storm avec des vents moins dévastateurs, remonte vers le nord comme je le prévoyais. Nous allons pouvoir appareiller dès la première heure de la journée.

Le vieux tourna en rond encore un moment, écrivant dans le Log Book, étudiant ses cartes puis, déduisant que David qui ne répondait que par des grognements à ses quelques questions avait envie d'être seul, il finit par aller se coucher.

David décida que le moment était venu de se détendre un peu et pour cela fumer un bon cigare, ce qui ne lui était pas arrivé depuis l'avant-veille. Il ouvrit le caisson pour se saisir du Bourbon, la bouteille était vide. Il se leva pour aller en chercher une autre : à travers les vitres une pâle lueur au ras de l'horizon annonçait les prémices de l'aube.

Il s'enfonça dans son recoin favori de la banquette, tout en notant que le bateau ne bougeait plus que faiblement. Sa pensée trotta de nouveau vers ses deux compagnons.

Il n'aimait pas le vieux. C'était un fait. Sa présence le mettait mal à l'aise sans qu'il puisse en connaître la raison exacte. Pour Jonathan, au contraire, il s'estimait parfaitement heureux de l'avoir rencontré. Grâce à lui, pour la première fois, il avait côtoyé le danger physique. Grâce à lui aussi, il avait goûté à un tout autre genre de vie, faite d'imprévu et d'aventure, bien éloignée de la routine et de la mesquinerie de son train-train habituel. Il tenterait certainement autre chose plus tard en association avec lui.

Ses pensées le ramenèrent à leur situation actuelle. Il eut un brusque frisson en songeant à tout cet argent qu'il avait perdu pour rien. Se ressaisissant brusquement il décida que le mieux était encore de repasser à Warderick récupérer les deux canons et tout ce qu'ils pourraient remonter en deux ou trois journées. Content de sa décision, il but son verre d'un trait, puis sourit en pensant à la tête qu'allaient faire les deux autres lorsqu'il leur annoncerait la nouvelle.

*
* *

Des bruits et des cris venant de l'extérieur l'arrachèrent subitement à ses pensées.

Il se leva d'un bond.

Dans la grisaille de l'aurore, à contre du Barracuda, il aperçut un mât où s'accrochaient des lambeaux d'une voile déchirée. Il hésita une fraction de seconde sous le coup de l'étonnement lorsque, simultanément, Jon et Jerry firent irruption dans le carré. Ils se précipitèrent tous les trois à l'extérieur.

— Un sloop bahamien, dit Jerry.

— Ouais, des pêcheurs de conques ou de tortues confirma Jonathan qui lovait déjà une amarre et s'apprêtait à la lancer.

— Il a l'air en mauvais état. David s'était saisi d'une gaffe et procédait vers l'avant. Il s'arrêta : mais j'y suis, Captain, reprit-il tout joyeux, là voilà votre trirème : Dans le lointain, la pluie, les creux des vagues, votre imagination aidant, vous avez confondu...

Le vieux s'abstint de répondre et haussa les épaules.

L'embarcation approchait et les voix des cinq ou six noirs qu'ils apercevaient se démenant, leur parvenaient distinctement, entrecoupées des teufs-teufs d'un moteur essoufflé.

Avec son étrave finement relevée terminant une coque en forme bien marquée, son grand mât nettement déporté sur l'avant et la longue bôme débordant sur l'arrière à laquelle s'accrochait sa voile bermudienne en lambeaux, elle était typique de ces voiliers des îles conçus aussi bien pour filer aux sollicitations des moindres alizés que résister grâce à la largeur de son assise et la solidité de ses bordages aux assauts brutaux des tornades tropicales.

De grands sourires illuminaient les visages sombres et les bras s'agitaient en signe d'allégresse tandis que les deux bateaux venaient se toucher bord-à-bord.

Le carré fut envahi en un clin d'œil et des cris de satisfaction éclatèrent à l'annonce, par Jonathan, qu'une tournée générale de café brûlant se préparait.

Comme eux, les gars s'étaient laissés surprendre par l'ouragan et comme eux ils avaient d'abord fui pour se mettre ensuite à la cape.

Celui qui les commandait, un vieux aux rares cheveux crépus et grisonnants leur expliqua qu'ils pêchaient les conques le long du récif. Ils avaient fait aussi ample provision de tortues, prolifiques à cette époque de l'année.

— Man ! on est resté bêtes quand le mauvais temps s'est levé à toute vitesse très tôt le matin. La nuit était magnifique et les étoiles brillaient et puis tout d'un coup, le diable et ses créatures se sont déchaînés.

David l'interrompit :

— Vous dites que la nuit était claire... nous, nous étions enfoncés dans les brumes... comme tous les soirs.

— Dans les brumes ? Le vieux noir le regardait avec des grands yeux étonnés. Il réfléchissait, semblant hésiter :

— Vous n'étiez pas à Wad'wik Wells Cay, peut-être... Mistah !

— Si, justement !

Il secoua ses épaules et sa tête et prit les autres à témoin :

— Vous entendez les gars !!! Ces américains ! vous connaissez rien des choses du démon, cette île en est toute pleine, vous avez beaucoup d'chance d'être encore là.

Cela déclencha un tohu-bohu général. Chacun y alla de sa petite histoire effrayante. Tous se détendaient après les heures de tension et de lutte contre les éléments en furie. Lorsque David se leva et ramena du bar deux bouteilles, une de Rhum, l'autre de Bourbon, ce fut un hurlement général. L'atmosphère commença à chauffer, et le vieux noir jugea prudent de donner l'ordre à ses hommes de réintégrer leur sloop. Il resta à bord en compagnie de son lieutenant, un grand escogriffe balafré.

Puis, autour d'un dernier pot, assis à la table basse, il proposa aux trois hommes un lot de carapaces de tortues.

— C'est une affaire unique, Mistah ! j'ai besoin de l'argent tout de suite pour réparer, sinon j'aurais attendu le grand marché annuel.

David avait fort envie de se laisser tenter. Sans être au courant des prix pratiqués il lui semblait que celui demandé par le vieux pêcheur était raisonnable. Il consulta du regard Jonathan et Jerry. Et puis tout ça sentait encore l'aventure. Bientôt il pourrait réintégrer ses studios et son appartement douillet.

— D'accord ! dit-il, on va les voir.

Ils montèrent sur le voilier dont Jerry, au passage, admira le galbe profilé, accentué par la voûte très rentrée du tableau arrière. Dépassant le roof, surplombant la cabine et son grouillement bruyant, ils allèrent directement à la cale centrale. Le noir et son lieutenant dégagèrent deux panneaux et ils descendirent. La puanteur de poissons et de coquillages desséchés les prit à la gorge. Ils s'approchèrent de deux lots d'une douzaine de carapaces de tortues empilées les unes sur les autres. Le vieux pêcheur les présenta une à une. Les écailles étaient très belles et les voûtes en parfait état. Un très beau choix et de première main... évidemment !

David, pour la forme, entama la discussion sur les prix. Mentalement il se voyait au milieu de ses amis et connaissances, faisant état fièrement de cette marchandise et des circonstances de leur achat.

Tout était finalement conclu à la satisfaction apparente des deux parties lorsque Jerry qui s'était écarté un moment du groupe, survint. Il avait l'air très excité et David comme Jon comprirent que quelque chose de très important tout au moins à ses yeux, venait de se passer.

Il s'adressa directement au vieux pêcheur et David remarqua qu'il lui agrippait littéralement l'avant-bras.

— Dites, ces barres de métal que vous avez comme lest dans le fond de cette cale, où les avez-vous trouvées ?

— tu veux dire, ces barres de plomb... Capt'n ?

— Oui... oui... c'est ça... de plomb... où ça ?

Le vieux noir râcla sa gorge et cracha sur le pont ; puis regardant tour à tour son lieutenant et les autres, il finit par dire :

— Alors... on est d'accord sur mon prix ?

David fit signe que oui puis il ajouta :

— Je vous règle cash, en dollars et tout de suite.

Jerry intervint nerveusement.

— Donnez-lui quelques dollars en plus. Ces barres de plomb vont nous servir.

David regarda son skippeur. Jerry devait avoir une raison majeure pour faire ce troc. Il se tourna vers le vieux Bahamien.

— Que dirais-tu de cinquante dollars en plus ?

— D'accord Mistah.

Il donna l'ordre à son lieutenant de faire transborder le tout, puis, ouvrant la voie, suivi de Jon, David et Jerry, remonta sur le pont puis sur le Barracuda.

Lorsqu'il eut enfin en mains la liasse de dollars, il ne s'arrêta pas de la feuilleter mais sans compter, uniquement pour le plaisir du toucher. Il accepta une dernière rasade de Rhum :

— Maintenant je vais vous dire où nous les avons trouvées, dit-il. Il existe une île, Mistah, où les zombies sont les maîtres... ils apparaissent presque tous les soirs et malheur à celui qui se trouve seul, on ne le revoit plus jamais. Un jour, il y a bientôt cinq ans, n'est-ce pas Bill, (il prit son lieutenant à témoin) nous nous étions complètement perdus dans le brouillard et le matin quand on a relevé nos filets... nous avons retrouvé ces barres de plomb. On en a perdu plusieurs parce qu'elles ont troué les mailles... du mauvais travail !! Quand le brouillard est complètement parti on a vu l'île. Nous étions tout près alors que normalement on aurait du être à des dizaines de miles de là. Comment et pourquoi Mistah ! Seuls les sinistres « chicshawness » qui commençaient à voler partout autour de nous auraient pu le dire. Sans doute c'étaient eux qui nous avaient attirés, pour nous faire disparaître dans leur enfer.

Le vieux pêcheur s'effrayait au fur et à mesure qu'il parlait. Il s'interrompit soudain et reprit en s'adressant directement à Jerry :

– Ces barres, Capt'n, méfiez-vous, elles doivent être ensorcelées !!!

Jerry s'obligea à sourire pour le rassurer :

– Mais non, mais non, j'en ai besoin pour mes travaux. Ça vous ennuierait chief de nous dire quand même comment s'appelle cette île ensorcelée ?

– Guinchos Cay ! mais ne vous en approchez pas trop. Il eut un gros rire joyeux et se leva.

Il avait l'air brusquement pressé de partir. Ils se serrèrent vigoureusement les mains et les trois hommes l'accompagnèrent jusqu'à son bord.

Les amarres furent larguées et, contre le soleil qui se levait dans le ciel de nouveau radieux, le sloop s'éloigna lentement hors de leur vue, élégant et solide.

– Cinquante dollars ! mais qu'est-ce qu'elles ont de si spécial ces barres, Captain ?

Jerry en avait déposé une sur la table devant Jonathan et David. Il tenait sa preuve et retardait le moment de sa vérité. Jonathan l'avait soulevée et la tournait en tous sens. Sous la lumière crue de la lampe elle apparaissait sombre, presque noire, et pourtant chatoyait des couleurs de l'arc-en-ciel comme brille une flaque de mazout ou d'essence sur l'eau ou le sol mouillé.

– C'est effectivement curieux fit David... alors... vous nous dites ce que c'est ?

– Oui, commença Jerry d'une voix presque solennelle. Ce que vous voyez là, mes amis, (il semblait vraiment ému en prononçant ce mot amis) aucun homme ne l'a vu dans sa vie, aussi incroyable que cela puisse paraître ; il eut un moment d'hésitation avant de continuer. Ceci est... de l'orichalque... le métal sacré des Atlantes.

Ils le regardèrent, surpris. Il tremblait, au bord des larmes.

Ensemble ils s'étaient emparés de nouveau de la barre et

la tournaient de tous les côtés en la scrutant. Jonathan s'était levé pour chercher une loupe.

– Le métal des Atlantes ? ça paraît incroyable.

– Et ça vaut quelque chose ? demanda David prudemment.

– Je vous le répète : personne n'en avait encore vu... c'est hors de prix... hors-cote... plus rare que le plus gros des diamants !

Il y eut un long moment de silence. David avait pris la loupe à son tour et étudiait le bloc d'encore plus près.

– Guinchos Cay, Captain, vous savez où c'est ? demanda-t-il enfin, un étranglement dans la gorge.

– Oui.

– Eh bien, si tout le monde est d'accord, on s'y rend tout de suite !!

CHAPITRE VINGT ET UN

Ils avaient repris la mer rapidement, mettant le cap sur le Old Bahama Channel et leur nouvelle destination.

Le beau temps était revenu. Green Cay fut bientôt dépassé et ils retrouvèrent les profondeurs, d'un bleu royal, du Tongue of the Ocean. Des bancs de dauphins joueurs les escortèrent pendant des heures, joyeux et bondissants, tout contre l'étrave comme s'ils étaient heureux, eux aussi, du beau temps retrouvé.

La ligne turquoise des hauts fonds du Great Bank leur apparut à l'horizon alors que le globe rougissant du soleil s'apprêtait à disparaître. Ils naviguèrent encore quelques heures jusqu'à ce qu'il fasse nuit noire.

A cause du danger que représentaient les coraux affleurants, ils décidèrent de mouiller dans ces eaux tranquilles. Après un repas rapide, ils se couchèrent exténués.

Les trois hommes se réveillèrent avant le lever du jour. L'atmosphère de bonne humeur autour du café matinal tranchait avec celle des heures lourdes qu'ils avaient passées.

– Je connais Guinchos Cay de réputation dit Jerry en se versant une troisième rasade, c'est effectivement un coin étrange. D'après certains ce serait un Trou Bleu, anciennement creusé à travers le plateau calcaire sous-marin du Great Bank et inexplicablement comblé. Avec sa voisine éloignée Key Lobos, elles sont comme deux sentinelles avancées en bordure des tombants gigantesques du Old Bahama Channel. Je vous l'ai déjà dit, selon moi, c'est là que s'ouvrent les portes du mystère.

– Captain, je vous en prie, vous n'allez pas recommencer !

– C'est vrai, Jerry, fous-nous la paix avec tes histoires.

Le vieux les regarda : tant pis pour eux. Il cherchait seulement à les avertir du danger, leur donner une chance d'en réchapper.

Du haut du flying-bridge d'où il surplombait les eaux peu profondes et transparentes, Jerry à la barre devinait au travers des renflements du sable, des longues bandes plus sombres et des pans se coupant en angles, comme autant de vestiges enfouis d'une très puissante civilisation dont villes et monuments devaient s'étendre sur la totalité de ce haut-fond calcaire il y avait seulement encore 10 ou 12 mille ans ; souche probable des grandes cultures aztèques et maya, beaucoup plus tardives.

Vers le milieu de la journée, un petit îlot surgit dans le lointain.

— Guinchos Cay ! hurla Jonathan.

— Guinchos Cay ! reprit le vieux sourdement.

L'îlot parfaitement rond, couvert d'un maquis serré se détachait solitaire et vert, sur l'immensité du Bank. Immédiatement derrière, comme à Warderick, la longue ligne bleue sombre des grands fonds barrait tout l'horizon.

Ils mouillèrent près d'un léger promontoire à tribord masquant une plagette de sable s'ouvrant au Nord et protégée par trois affleurements de coraux.

*
* *

C'est David qui découvrit le premier indice du trésor.

Ils avaient parcouru à la nage la centaine de mètres qui les séparait de la crique. Alors qu'ils marchaient sur la grève, prenant plaisir au contact doux et chaud du sable fin, David sentit quelque chose se coincer entre deux de ses orteils. Il se baissa pour la dégager...

Un bref éclat jaune dans le soleil. Sans pouvoir prononcer un mot, il leur tendit sa trouvaille : une pièce, et en or, de toute évidence !

D'un geste brusque, Jon s'en empara.

— Un doublon !... Je vous le dis, on a enfin trouvé notre trésor.

— Eh là ! c'est ma pièce, c'est moi qui l'ait trouvée ! David essaya de la lui arracher en riant.

Pendant un instant l'excitation fut à son comble. Le vieux essaya de les calmer.

— Attendez ! une pièce ne veut rien dire.

— Mais si, c'est lui... j'en suis sûr... c'est comme ça que Kip Wagner a découvert le sien, une pièce sur une plage de Floride alors qu'il ne cherchait même pas.

Jonathan s'arrêta un instant et regarda la mer en direction du bateau :

— Vous voulez que je vous dise... l'épave est là... je la sens... contre ces trois têtes de coraux.

— Comment se fait-il que personne ne l'ai trouvée avant nous alors qu'elle est si proche ? demanda David toujours prudent.

– D'abord personne ne vient jamais ici... ensuite la tempête nous a rendu service... quelque chose dans l'épave a dû se libérer... et puis tu sais... nous sommes trop près de Cuba et trop loin du reste.

Sans perdre plus de temps ils retournèrent à bord. Dans le carré ils étudièrent la pièce sous la loupe. Elle était dans un état de conservation exceptionnel.

En fait, elle paraissait fraîchement sortie des moules d'une presse moderne. Lorsque David la déposa solennellement dans le coffret à cigares vide, à côté des autres, elle les surprit par sa perfection.

– On dirait une Cadillac neuve à côté de vieux tacots constata Jonathan.

Poussé par leur enthousiasme ils s'équipèrent sans perdre de temps. Les trois derniers monos pleins furent jetés à bord du pneumatique. En quelques tours de moteur ils furent à pied d'œuvre tout contre les trois masses de coraux repérées par Jonathan.

Ils avaient pris avec eux les deux détecteurs magnétiques et entreprirent de fouiller systématiquement toute les failles de ce mur de corail qui dressait, au milieu des sables environnants, sa façade aussi complexe et tourmentée que celle d'une cathédrale gothique.

Au-dessus d'une longue tranchée remplie de morceaux d'Acraporas branchues, l'aiguille du cadran du magnétomètre que Jon glissait devant lui se mit brusquement au beau fixe.

Posant son engin, il se mit à dégager le dépôt de corail. Il retrouva le sable, qu'il gratta. Et puis tout de suite des pièces : innombrables... Il en ramassa une, la rapprochant de son masque : une pièce de huit reaux. Il commençait à les connaître ! Il dégagea de sa ceinture la petite bouée flottante qu'il gonfla à l'aide de son embout et qu'il accrocha tant bien que mal.

Dans un mouvement puissant de ses palmes il se mit à la recherche des deux autres qui sondaient ensemble. Jerry et David avaient déjà compris. Ils se dirigèrent vers lui.

De loin, la petite bouée orange, flottant entre deux ondes, au milieu des coraux, leur apparut comme le pavillon de la victoire.

David et Jon restèrent à gratter le sable et amasser les pièces pendant que Jerry retournait au zodiac pour le mouiller juste au-dessus d'eux. Puis, jusqu'à épuisement de leur air ce fut un va-et-vient de paniers pleins de réaux.

Le soir, à bord, ce fut la liesse.

Ils avaient vidé en vrac sur la table les paniers dans un ruissellement de métal qui s'entrechoquait, bien agréable à leurs oreilles.

Il s'agissait uniquement de pièces de huit réaux en argent, n'ayant jamais servi, en provenance directe sans doute d'une fonderie du Pérou ou du Mexique. Jerry avait ramené des morceaux de poterie, preuve, selon lui, d'un transport d'origine car, contrairement à ce que l'on pouvait croire les pièces étaient emmagasinées dans des pots ou des boîtes en bois plutôt que dans des sacs pour leur traversée par-delà l'océan.

Elles portaient toutes la même date 1633 qui correspondait bien à celle du dernier départ de la Santa Isabella.

Dehors, la pétarade du petit compresseur en train de charger les bouteilles troublait, seul, le silence de la nuit. De temps en temps Jerry ou Jonathan se levaient pour surveiller le gonflage ou remplacer une bouteille.

— Nous ne pourrons pas garder tout cela à bord dit brusquement le vieux tandis qu'il astiquait les pièces sorties du trempage.

— J'espère bien que nous allons continuer à en amasser... pourquoi dis-tu ça Jerry ?

— Oui, pourquoi, Captain ?

— Vous êtes-vous demandé ce qui arriverait si nous étions brusquement surpris en plein travail par une vedette des Coast Guards ou une patrouille de la police maritime des Bahamas, ou même pire : les Cubains... qui peuvent très bien venir ici en douce.

— Je n'y avais pas pensé, c'est vrai dit David tout en considérant la braise de son cigare. Ils nous confisqueraient tout, y compris le Barracuda. Nous serions dans de jolis draps.

— Sans parler de l'amende ! renchérit Jonathan. Il nous faudrait toute une vie pour la rembourser !

— Alors qu'est-ce qu'on peut faire. David commençait brusquement à s'inquiéter.

— Très simple, il nous faut tout planquer. Quelque part à terre dans une bonne cache.

— Je n'aime pas beaucoup cette idée, Captain, il n'y a vraiment pas d'autres solutions ?

— Je n'en vois pas d'autre. Jerry réfléchit un instant puis ajouta : je pense qu'il faudra prendre un tour de garde la nuit : un homme à terre et les deux autres à bord.

Ils discutèrent un moment puis tombèrent d'accord. L'idée était finalement bonne, avec une variante : deux hommes à terre en bivouac et un seul à bord.

Dès les premières heures du jour, ils furent tous au travail.

Le mât de charge était hors d'usage, ils ne pouvaient plus hisser leur compresseur sur le pont et de ce fait employer la suceuse. La difficulté fut tournée par Jonathan. Au lieu d'aspirer, on utiliserait pour déblayer le sable, le principe du jet sous l'eau. L'auto-pompe portative trouvée dans la salle des machines ferait parfaitement l'affaire. Le vieux, très rapidement, bricola les longueurs de tuyaux et les différents raccords nécessaires.

Ils travaillèrent toute la journée sans interruption et les paniers pleins se succédaient sans discontinuer. Le premier filon fut rapidement épuisé mais, sous le jet d'air, le sable et les débris s'écartaient devant de nouvelles découvertes.

Jonathan avait raison. A la suite de la tornade, tout un pan de ce glacis corallien avait du céder. Ils avaient eu une chance incroyable car, à un jour près, ils passaient à côté de la fortune.

Les pièces s'entassaient maintenant par centaines. A la fin de la journée ils firent un premier bilan : 2.347 pièces de quatre et huit réaux. Ils les empilèrent dans les cartons de bières après avoir vidé ceux-ci de leur contenu. Plusieurs tours de cordelette en renforcèrent la solidité. Placées à bord du zodiac ils mirent le cap vers l'îlot à la recherche d'une cachette.

Celle-ci fut rapidement trouvée. Légèrement en retrait de la petite plage où ils avaient abordé la veille, derrière le premier écran de la végétation, ils repérèrent une anfractuosité dans la roche calcaire dans laquelle il était facile de pénétrer à quatre pattes. De l'avis unanime on ne pouvait rêver mieux.

Le dîner du soir fut somptueux. Jonathan avait ramassé d'énormes langoustes aussi facilement que des coquillages et les avait préparées dans une sauce au piment rouge et au whisky. Trois bouteilles d'un excellent claret californien achevèrent de mettre l'ambiance.

Le café et le bourbon qui suivirent portèrent les échanges de propos à leur paroxysme. Enthousiasme et exagération étaient de mise pour célébrer un tel événement.

Ils s'étaient passablement calmés et avaient repris presque tous leurs esprits lorsque Jonathan et David s'embarquèrent pour se rendre sur la petite grève.

La nuit était profonde. Le mince croissant d'une lune qui l'éclairait se levait à peine.

Avec le bois qu'ils avaient préparé dans l'après-midi, ils allumèrent rapidement un bon feu et bien emmitouflés dans leur couverture ils s'allongèrent de part et d'autre du foyer.

Il y eut un long moment de grand silence rompu simplement par le rythme discret de l'eau venant mourir sur le sable juste à leurs pieds, le grésillement des criquets et des insectes innombrables et, de temps à autres, le cri d'un oiseau de nuit.

— Frenchy... les paroles de David se détachaient dans l'obscurité, toute ma part du trésor ne serait pas suffisante pour te remercier de m'avoir fait connaître des instants comme celui-ci.

Un grondement lui répondit. Jonathan dormait déjà profondément. Il rêvait de Linda.

*
* *

Jonathan se réveilla brusquement. Il faisait toujours nuit et il était certain d'avoir entendu des voix. Lucide, tendu, il resta sur ses gardes. Le souvenir des longues veillées de guerre dans la jungle vietnamienne lui remonta en mémoire.

Un son diffus, indéfinissable, lui arrivait en provenance d'un petit tertre dont il apercevait le sommet se détachant contre le ciel étoilé. Sans qu'il puisse vraiment distinguer des mots, il lui sembla percevoir comme un chuchotement. Puis, plus rien.

Il s'en voulut. Ils n'avaient pas pensé à explorer l'île, alors que c'était la première chose à faire. Pas un instant il leur avait semblé possible qu'elle puisse être habitée.

Au lever du jour, les trois hommes armés de Winchesters étaient déjà à pied d'œuvre. Ils ne trouvèrent rien. Pas la moindre trace indiquant que quelqu'un se trouvait ou s'était trouvé là à une date récente.

Pendant trois heures, ils passèrent la petite île au peigne fin. Chaque crique en particulier fit l'objet d'une observation minutieuse. Rien ne laissait supposer un passage récent. Il fallut se rendre à l'évidence : Jonathan avait dû rêver ou tout au moins confondre les bruits d'un animal nocturne avec le son de voix humaines.

Beau joueur le Louisianais avait conclu : on verra bien ce soir.

Sitôt de retour dans l'eau, ils oublièrent l'incident. La découverte presque immédiate par David d'une statuette précolombienne en or massif allait marquer le début d'une incroyable série de trouvailles.

Objets sacrés ornés de pierres précieuses, torques, colliers, bracelets, une chaîne de près de six pieds, personnages stylisés et animaux fantastiques façonnés à plat dans des moules de cire selon une technique perdue, leur précisa le vieux, tous en or et finement ciselés, constituèrent en fin de journée un butin d'une exceptionnelle richesse.

Dans le carré, David n'arrêtait pas de se frotter les mains et Jonathan de lui frapper dans le dos. Seul Jerry paraissait de plus en plus préoccupé.

Ce soir-là, après un barbecue sur la plage, composé cette fois de langoustes grillées, il resta avec David tandis que Jonathan retournait à bord.

C'est vers minuit que le vieux fut arraché à son sommeil par un bruit de voix lointaines. Le petit n'avait pas menti. Il ramassa sa Winchester et arma une balle dans le canon. Un instant, il pensa réveiller David... A quoi bon !

Il se leva, et s'avança vers les taillis.

Un bruit de sanglots étouffés, lointains, l'arrêta net. Les merles des îles, se dit-il, ils sont maîtres dans ce genre de cris.

Il frissonna quand même. Il continua d'avancer. Une branche l'accrocha au passage. Alors qu'il cherchait à la décrocher, des rires lui parvinrent encore, puis des murmures et des chuchotements plus proches. Il sentit qu'il transpirait mais garda son sang-froid.

Il se remémora son premier séjour dans la jungle d'Amazonie. Il n'avait pas fermé l'œil à cause du concert fantastique des êtres de la nuit.

Il marcha un bon moment entouré de bruits indéfinissables puis décida qu'il retournerait au camp. Quoi qu'il puisse se passer, il voulait voir et comprendre. Sur le chemin du retour, était-ce un effet de ses sens ? il fut certain d'être suivi.

Ce n'est que près du feu qu'il se retourna. Rien ! Il s'accroupit raviva le foyer puis s'assit, mais face à la colline, dos à la mer... Il y eut un hululement de chouette puis, plus un son jusqu'au petit matin. Cela aussi était étrange...

— J'ai très mal dormi, mais je n'ai rien entendu affirma-t-il à Jonathan lorsqu'il vint les rejoindre.

Jonathan le dévisagea : le vieux mentait, ça se voyait, mais il estima qu'il devait avoir ses raisons.

— Oh moi, fit David, encore dans sa couverture, j'en ai tellement écrasé qu'on aurait pu m'étrangler sans que je m'en rende compte.

Il s'étira tout en bâillant : je me demande si je ne suis pas fait pour cette vie là !

— Tu en aurais vite marre d'être célibataire ! Jonathan, du pied, le poussait pour qu'il se lève.

— Oh tu sais en cherchant bien, je suis certain qu'on finirait par dénicher des sirènes ! dans le fond, c'est peut-être elles qui faisaient tout ce randam l'autre soir... elles avaient senti le mâle. Il se leva d'un bond.

— D'ailleurs poursuivit-il j'ai bien réfléchi et j'ai finalement compris le secret de notre skipper. C'est avec elles qu'il a son rendez-vous secret. N'est-ce pas, Cap ?

Le vieux pâlit. D'une certaine manière, David sans saisir la portée de ses paroles était en train de l'avertir de ce qui allait se passer. Il essaya de garder sa contenance et balbutia quelques mots de protestation sous les rires des deux autres.

Ils se remirent très rapidement à l'eau. Très rapidement encore ils tombèrent sur un nouveau filon de pièces, cette fois en or, et passèrent la matinée à remonter des paniers entiers de doublons et d'escudos.

Durant l'après-midi, alors qu'il sondait avec sa tige d'acier, Jonathan sentit celle-ci s'enfoncer presque complètement dans une faille de coraux morts. Il déblaya fébrilement puis commença à creuser avec sa dague de plongée. Brusquement il sentit contre sa lame le crissement du métal. Il acheva de dégager à la main. Ses doigts saisirent la bordure d'un objet. Il le fit jouer dans tous les sens et parvint à l'extraire. C'était un disque d'environ 30 cm de diamètre. Perplexe il le rapprocha de son masque. Le métal sombre et luisant était recouvert de motifs gravés. Il fit signe à David tout proche. Ensemble ils s'attaquèrent au petit chantier. Ils agrandirent le trou et découvrirent huit autres disques. Une fois absolument certains qu'ils n'en trouveraient plus d'autres, ils remontèrent à la surface.

*
* *

A bord, David avait allumé son projecteur. Sous son faisceau puissant la face du disque qu'ils étudiaient s'irisait des feux de l'arc-en-ciel.

Aucun doute possible, c'était de l'orichalque !!!

Sur un côté se détachait au centre une fleur stylisée à douze pétales. De là se déroulaient en spirale, à la façon d'un jeu de l'oie, 360 casiers contenant chacun un motif, dessin ou hieroglyphe inconnu. Certains se répétaient : petit cercle enfermant sept points, tête de personnage à crinière, dauphins.

Sur l'autre, une double spirale inversée couvrait toute la surface du métal.

— Quelle fantastique continuité ! murmura Jerry.

Il expliqua rapidement aux deux autres que l'on retrouvait ce symbole magnifique gravé dès la plus haute antiquité sur toute la façade maritime occidentale de l'Europe.

— Depuis la chambre funéraire de Gavrinis en Bretagne, 5000 ans avant Jésus-Christ, jusqu'aux palais crétois du roi Minos en passant par les grands temples de Malte, construits avant même que ne fut conçue la Grande Pyramide de Cheops !

Par certains côtés le disque lui rappelait celui de Phaïstos, encore indéchiffré, et qu'il avait eu l'occasion d'étudier au Musée d'Hérakleïon en Crète. Et puis aussi et surtout, ce médaillon, triste héritage de cette tragique nuit de janvier 1943 à Marseille.

— Avez-vous remarqué dit-il, se parlant plus à lui-même qu'aux deux autres... l'alternance des motifs est différente sur chaque disque. Il y a certainement là un rapport avec le Zodiaque et j'ai l'impression que chacun pourrait représenter le thème d'un personnage différent.

Il regarda Jonathan en réfléchissant.

— Nous en avons trouvé neuf, mais je crois qu'il devrait y en avoir dix. Dix ! comme les Dix Rois de la Mer !

— Mais en fait nous n'en avons que neuf... répéta David.

— C'est qu'il en manque un dit le vieux, un regard soucieux sur le front. C'est curieux en effet.

— Ce serait donc vraiment l'épave de la Santa Isabella. Le galion de Jonathan et le trésor répertorié sur les Archives de Séville ?

— Je dirais que oui, Monsieur Klein.

— Mais comment pouvez-vous en être certain, Captain ?

— Ces indices et des signes qui ne peuvent pas me tromper. D'ailleurs vous vous souvenez de la plaquette dont je vous ai souvent parlé et que je portais autour du cou avant qu'elle ne disparaisse dans cet hôtel de Nassau ? Elle est indéniablement de la même origine.

— Si je comprends bien, ces disques ne s'apparentent à rien de connu ?

— Oui, petit, oui, et ils risquent de nous propulser au sommet de la gloire et de la renommée.

— C'est bien ce que je craignais.

— Ce que tu craignais ? qu'est-ce que tu veux dire, Jonathan ? demanda David.

— Ils ne sont pas monnayables.

— Il ne s'agit pas de les vendre. Jerry intervint d'une voix calme.

— Ah bon ? parce que tu t'imagines que je vais en faire cadeau ?

— Mais Jon, ceci appartient au patrimoine universel. Tu as peut-être entre les mains la clef à des questions que des générations d'historiens et de chercheurs se sont posées... et que moi-même...

le jeune Louisianais survolté, lui coupa brutalement la parole :

— Je n'en ai rien à foutre. Je crois vous l'avoir déjà dit :

la gloire, l'héroïsme, l'altruisme, ce n'est pas pour moi... j'ai décidé cela il y a longtemps... durant cette sale guerre du Vietnam très exactement. Se faire trouer la panse, couper en rondelles, crever les yeux par des sauvages, et j'en passe, pour que les autres puissent continuer à vivre dans l'opulence et l'indifférence, pour qu'un gouvernement de pourris sacrifie à sa politique la victoire de sa propre armée... Non. Jamais plus. Des pigeons il y en aura toujours. Mais pas moi !

Il laissa déborder une longue colère qu'il avait pu jusqu'ici contenir. Martelant la petite table de son poing, il continua, le visage crispé par la rancœur :

— Jerry, j'ai choisi une vie sans concession. Je ne demande rien à personne en revanche je ne veux rien devoir à personne. Je vis dans le présent. Il se saisit d'un disque et le brandit. Ça, pour toi c'est une relique. Pour moi elle n'a d'autre qualité que de m'appartenir. C'est moi qui l'ai trouvée. Elle m'appartient. Au diable ton patrimoine universel.

Le vieux le dévisagea puis se tourna vers David :

— Vous êtes d'accord avec lui ?

David hésita avant de répondre :

— Sur certains points... oui.

Il prit Jonathan par le bras :

— Frenchy, il ne faut pas t'emballer, il y a certainement une solution, il y a toujours des solutions.

— Ah oui, tu veux perdre tout le bénéfice de nos efforts en allant claironner partout ; on a découvert le trésor des Dix Rois Atlantes. Je te croyais plus malin que cela. Ces disques je les ferai fondre et nous les revendrons au poids du métal, ni vu ni connu. Comme l'ont fait les Espagnols, bien avant nous.

D'ailleurs c'est un service que nous rendrons à leurs dieux. La place des objets religieux est dans un temple face aux fidèles et non dans un musée devant un défilé de crétins et de mécréants.

— Tu es bien mal placé pour parler de crétins et de mécréants, petit.

Furieux, Jonathan se retourna et saisit le vieux à la gorge. Il commença à serrer puis le rejeta sur la banquette. David se précipita pour les séparer.

— Tu es fou ! Jon, laisse-le... il n'a pas tout à fait tort. Que tu le veuilles ou non. Nous n'avons pas le droit d'escamoter une découverte pareille. Il suffira de laisser les disques et tout ce qui appartient à cette civilisation inconnue. Nous les planquerons dans la cache. Après notre départ, nous reviendrons quelque temps plus tard, tous les trois, et nous pourrons les découvrir au grand jour. Après le pognon, la gloire ! Allons, Frenchy, sois raisonnable !

— Et sur la part de qui sera pris le manque à gagner ? Toi tu t'en fous, David, tu es déjà plein d'argent.

— Sur la mienne ! Jerry s'était relevé et se frottait le cou.

— Toi ? mais on te doit rien... d'après nos conventions.

— D'après les conventions non... mais moralement oui.

Jonathan se calma et le regarda avec amusement : il avait quand même du cran, ce vieux.

— D'accord, grand-père, mais c'est bien parce que c'est toi.

David, conscient qu'il avait trouvé la seule solution, chercha à calmer la tension qui continuait à régner :

— Allons, ressaisissons-nous, dit-il, nous avons presque tout, ce n'est pas le moment de se disputer.

Il offrit un cigare au vieux qui semblait récupérer et commençait à se détendre.

La fumée du tabac s'élevait en contre jour de l'éclairage électrique.

David ressentit tout à coup le besoin d'en savoir plus.

S'adressant intentionnellement à Jonathan, il lui dit :

— Je me demande parfois, Frenchy, devant tous ces phénomènes... s'il n'existerait pas quelque part sous la croûte terrestre ou sous la mer, un empire caché, des êtres supérieurs totalement différents de nous, ou même peut-être des extraterrestres qui nous surveillent, nous autres humains, les petits voyous de la création ! Ses yeux brillaient, contents de sa trouvaille.

Le vieux retira son cigare de la bouche pour en secouer méticuleusement les cendres dans le cendrier :

— C'est pour moi que vous dites cela, n'est-ce pas, Monsieur Klein ?... eh bien je vais être beau joueur mais je sais que vous faites l'âne pour avoir du foin.

Il regarda fixement, un moment silencieux, comme s'il hésitait encore.

Il est très difficile, sinon impossible à un homme du XXe siècle de concevoir un monde qui ne soit strictement matériel et à plus forte raison une société où êtres et choses ne seraient pas, comment dirais-je... complètement solidifiés. Pour lui, comme pour moi jadis, avant d'avoir "compris", et comme pour vous aujourd'hui, la matière est une donnée des sens, une notion irréfutable, alors qu'elle n'est en fait qu'une sensation, comme les autres, c'est-à-dire une vue de l'esprit. En définitive, pas plus "solide" que le reflet de sa propre image dans un miroir. Pour la science et pour tous nos contemporains qu'elle a assommé de ce dogme l'homme n'a pu aboutir à la perfection de notre merveilleuse société industrielle qu'à la suite d'une longue adaptation à un milieu hostile. Absurde ! comme si un milieu quelconque pouvait être hostile à ses propres composants !

En fait, c'est exactement le contraire qui se passe : chaque nouvelle espèce apparaît parfaitement programmée dans ses gênes en fonction du nouveau milieu et c'est dans un processus implacable de dégradation de la lumière vers la matière que celles-ci se succèdent.

En un mot, l'avenir est bel et bien derrière nous. L'Age d'Or précède tous les autres : dégradation et dégénérescence sont les seules grandes règles du jeu cosmique. Notre propre civilisation technologique et industrielle n'est, comparée aux sociétés de lumière originelle dont elle est issue, que le lointain et fatal aboutissement d'un long pourrissement... une défécation... Une grosse merde !

Au milieu des rires et des protestations des deux autres, il se dirigea vers sa cabine. Il en referma la porte d'un geste rageur.

CHAPITRE VINGT-DEUX

Les cris incessants des mouettes éveillèrent David et Jon qui avaient passé la nuit de garde à terre.

Une brise légère s'était levée. Le temps allait changer. Jonathan se tourna vers David qui commençait à ouvrir les yeux. Entre eux des spirales de fumée bleuâtre s'élevaient du foyer éteint. Il se souleva à demi et regarda la mer. D'une brusque détente il se mit sur ses pieds. Le Barracuda avait disparu !

— David ! Vite !

Il grimpa sur un mamelon. La mer était déserte. Seuls quelques cumulus blancs s'accrochaient au ras de l'horizon.

— Il a peut-être estimé qu'il fallait changer le mouillage...

David était venu le rejoindre et son visage laissait percer son anxiété...

— Penses-tu, sans nous avertir ? Il s'est taillé ce salaud !

Ils se chaussèrent et grimpèrent rapidement au point culminant de l'île, quelques pieds seulement, d'où leur vue s'étendait sur le néant immense du Bank. Leurs regards se croisèrent simplement et ils redescendirent sans dire un mot.

David fulminait. Il était persuadé que le vieux avait pris cette décision à la suite de sa dispute avec Jon, la veille au soir.

— Tu aurais dû fermer ta grande gueule !

— Tu ferais mieux de fermer la tienne, tout de suite ! Nous sommes coincés, il faut voir les choses en face. Je n'ai aucune inquiétude pour ton bateau, sitôt qu'on sera sorti d'ici. Ta déclaration aux Coast Guards déclenchera les recherches et puis même si ne on le retrouvait plus, les assurances payeront. Tu n'en es pas à ça près ; en tout cas on a toujours le trésor.

Jon avait raison, la situation était critique mais pas désespérée. Il ne servait à rien de pleurer... Pour des raisons qui lui étaient propres le vieux s'était enfui en les abandonnant.

Ils firent un rapide bilan.

Rien dans la cache n'avait bougé. Ils avaient le pneumatique et deux jerricans pleins. En revanche, il ne leur restait pas grand chose comme provisions de bouche : une grosse boîte de crackers, le café, quelques boîtes de lait condensé et de bière, un pot de miel fortement entamé.

Jonathan cependant avait tout son équipement de plongée, y compris son arbalète sous-marine. Comme eau douce, il n'y avait plus que celle du gallon en plastique et le reliquat des dernières pluies dans les infractuosités de rochers.

Il fallait partir le plus tôt possible chercher un autre bateau et le ramener avec des vivres pour récupérer le trésor. Puis, réorganiser toute l'opération pour une autre fois.

Il ne pouvait être question d'emmener leur butin avec eux maintenant et encore moins de le laisser sans protection dans sa cache. Le point le plus proche, à part Cuba, était l'îlot de Key Lobos à une quarantaine de miles à l'Est, habité par les gardiens du phare.

— Je pense qu'il va falloir que l'un de nous deux reste jusqu'à ce que l'autre revienne, affirma Jonathan. Le vieux sans doute n'attend que notre départ pour venir tout ramasser.

— Oui, mais lequel ?

— Moi, si tu es d'accord, proposa Jonathan. Comme David tardait à répondre il ajouta : Sinon, on tire au sort. Tu as une pièce ?

David ébaucha un pâle sourire et sortit une pièce de huit qu'il avait dans la poche.

— En trois coups et c'est toi qui sers, dit Jonathan.

— Face pour moi, la croix potencée et pile pour toi, donc le blason.

David lança la pièce... trois fois... deux fois pile.

— Tu as gagné, dit-il en reprenant la pièce d'un geste las et désabusé.

Sans perdre de temps ils chargèrent le zodiac. Au moment de l'enjamber, une idée fulgurante traversa l'esprit de David. Le Louisianais pouvait très bien être de mèche avec le vieux.

Il redescendit sur la plage et se planta devant Jonathan, qui, surpris, le regarda.

— J'espère, Frenchy, que tu n'es pas en train de me jouer un coup d'arnaque avec ton Allemand !

— Tu plaisantes, non ?

En fait, il avait souvent échafaudé toutes les combinaisons possibles pour rester le seul maître du trésor, mais il n'avait jamais pensé mettre Jerry dans le coup.

— ... et si tu as des doutes, je te laisse ma place.

David sembla hésiter, mais il n'avait plus le choix.

— Non, mais n'oublie pas, je te retrouverai toujours, aussi malin que tu puisses être. J'en ai les moyens.

— Allez... tire-toi et sois prudent. Je ne tiens pas à rester crever de faim sur cette île.

Jonathan rentra jusqu'à mi-eau pour pousser le pneumatique, puis quand David lança le moteur, il resta là, à le regarder s'éloigner.

Après avoir amorcé un long virage à gauche, le canot disparut derrière la petite pointe. Lorsque son sillage se fut résorbé dans le clapot, Jon revint lentement vers le campement.

*
* *

Le dinghy filait sur la surface de l'eau, effleurant à peine la crête des vagues. Le ronronnement du moteur continu et sa vibration retransmise par la barre remplissait David d'un agréable sentiment de sécurité.

Le soleil était au zénith, et seul le vent déplacé par la course du bateau atténuait l'effet de ses rayons de plus en plus brûlants.

Le producteur vérifiait constamment son cap sur le compas. Quelle heureuse idée ils avaient eu en l'installant sur le pneumatique à Warderick Wells Cay. Il se sentait optimiste : si tout continuait à marcher aussi bien que son petit bateau, il se trouverait en vue du phare avant la tombée du jour.

Il perça le couvercle d'une bière avec un ouvre-boîte et la porta précipitamment à ses lèvres de peur d'en perdre une goutte. Ce n'était certainement pas aussi rafraîchisssant que les bières glacées à bord du Barracuda, mais c'était au moins quelque chose à boire.

Il essaya de ne plus penser au vieux. Il ne comprenait toujours pas les raisons qui avaient pu le pousser à leur jouer un tel tour. De toute manière ce n'était pas le moment de se laisser dominer par la sourde colère qui bouillonnait en lui.

Au moment où David se laissait enfin aller à une tranquille détente, le moteur eut une brusque ratée. Il repartit de nouveau, puis toussa encore pour s'arrêter complètement.

Paniqué, le producteur s'acharna pendant quelques minutes à le relancer par une série de violentes tractions qui le laissèrent sans souffle et en nage. Il eut un soupir de soulagement lorsqu'il se rendit compte que son brave moteur n'avait rien. Il était simplement à sec d'essence.

Il en fut surpris et remplit le réservoir avec le contenu du deuxième jerrican. La vapeur des gaz donnait un aspect tremblotant et irréel à ce qu'il voyait.

Il était seul, absolument seul. Perdu dans cette immensité il prenait conscience de sa petitesse.

Le moteur repartit dès la première sollicitation et reprit son rythme régulier et rassurant.

David jeta un regard au compas et but encore une bière. Il était en train de se dire qu'elle était encore plus chaude que la précédente, lorsque le moteur eut de nouvelles ratées puis cala.

Cette fois-ci et malgré tous ses efforts, ce fut définitif.

David lutta pour garder son sang-froid. Autour de lui il n'y avait rien d'autre qu'une mer qui s'assombrissait lentement sous un ciel se chargeant de nuages.

Key Lobos, de toute manière, ne pouvait plus être bien éloigné. Il se leva, se maintenant à la glissière qui faisait le tour du pneumatique. Il fit un tour d'horizon : rien sinon de l'eau. Il s'assit de nouveau.

Avant tout, il ne fallait pas céder à la panique. Une fois la nuit venue il repèrerait certainement la lumière du phare. Il essayerait alors de le rejoindre en ramant. Et puis il y avait toujours la possibilité qu'il aperçoive un bateau. Il tirerait alors une fusée.

Il essaya de s'allonger plus confortablement et pendant un court instant une petite brise surgie de nulle part vint le caresser.

Court répit. Le vent forcit et sous sa poussée le pneumatique commença à se déplacer mais dans la mauvaise direction.

Au bout de deux heures, avec un soleil maintenant au ras de l'horizon, David sentit le désespoir le gagner. Durant tout ce temps, le pneumatique s'était déporté à une allure constante. Il n'avait maintenant plus aucune idée de l'importance de sa dérive.

Il scruta désespérément l'immensité. Il massa ses yeux fatigués. Partout et toujours la mer.

*
* *

La journée s'était passée fort agréablement pour Jonathan. Il était retourné sur l'épave et, décontracté, avait poursuivi ses explorations en plongée libre.

Une faune nombreuse, mise en confiance par le silence retrouvé, lui avait tenu compagnie. Après toutes les tensions de ces jours passés, il se retrouvait enfin dans son véritable élément : l'eau.

Le soir venu, il regarda le grand disque orange du soleil couchant disparaître lentement derrière la ligne bleue de l'horizon. Il se sentit brusquement partie intégrante de cet univers qu'il ne pouvait expliquer mais dont en aucun cas il ne voulait se préoccuper. Vivre, en toute lucidité, sans aucun complexe ni aucun regret : il n'y avait de toute façon rien à devoir à personne.

C'est dans d'excellentes dispositions qu'il alluma son feu puis attendit que les braises fussent suffisantes pour y faire griller son plat devenu quotidien : deux magnifiques langoustes. Il avait aussi recueilli quelques baies sauvages ressemblant à celles qu'il connaissait pour les avoir souvent achetées sur les marchés ou vu manger par les indigènes. Avec ça et le poisson à satieté, il était tranquille.

Il pensa à Jerry.

Qu'était vraiment devenu le vieux ? Il n'était pas possible qu'il se soit enfui à cause de leur querelle de la veille. Les disques étaient dans la cache avec le reste. Il n'était donc pas parti pour les sauver de la destruction promise. Il eut un bref sourire, à cette évocation. Jerry n'était pas un homme à réaction subite. Il avait d'ailleurs agi tous ces temps-ci comme si depuis leur départ de Coconut Crove il s'attendait à quelque chose.

Peut-être cela s'était-il effectivement produit sans qu'ils s'en soient rendu compte ? Un fait primait pourtant sur toute autre considération. Le vieux était profondément, sincèrement, un homme de la mer. Jamais il n'aurait abandonné des amis sans leur donner une meilleure chance de survivre. Non. Plus le temps passait plus Jonathan devenait convaincu que le vieux avait agi contre son propre gré. Mais que s'était-il alors produit ? Un ricanement lointain le fit sursauter. Il se releva lentement de sa position accroupie et écouta. Rien ne troublait le silence de la nuit, hormis ses bruits habituels.

Il se penchait de nouveau sur le feu, lorsque l'air qu'il respirait lui parut brusquement différent. Il était devenu lourd et pauvre, comme lorsqu'en plongée à l'air comprimé il lui fallait passer sur la réserve de son scaphandre autonome.

La fumée du feu le fit tousser. Une série de frissons traversa son corps, accompagnée de sueurs froides. Il décida qu'il était vraiment fatigué et qu'il valait mieux chercher le sommeil tout de suite.

Il se leva, ramassa un tas de branchages. Il les mit en réserve près du foyer qu'il activa, puis tirant la couverture il s'en enroula et s'allongea le plus près possible de la chaleur.

Couché, à même le sable, il se sentit un peu mieux. Son regard embrassait directement le ciel au-dessus de lui. Un long trait lumineux traversa soudain toute la voûte nocturne. Un autre, parallèle au premier, suivit. Des tremblements se saisirent de tout son corps tandis que le ciel s'embrasait d'un feu d'artifice.

Brusquement conscient d'un danger, il tenta de se mettre debout. Ses yeux brûlaient. Il chercha à se saisir de la carabine qui se trouvait à ses côtés. Le sable se déroba sous lui et il s'écroula.

Avant de sombrer il lui sembla que l'espace entier résonnait de ces chœurs qu'il détestait.

*
* *

David se sentait terriblement seul. Le pneumatique continuait à dériver sur cette mer sans fin. Il ne restait plus du soleil qu'une pâle traînée de lumière au bas d'un ciel devenu noir.

Il avait renoncé à scruter la surface de l'eau. Il s'était rendu compte qu'il prenait trop souvent une ombre ou la crête d'une vague un peu éloignée pour un navire sauveteur.

Comme il se laissait aller dans le fond du radeau, sa main rencontra la surface lisse et métallique de sa dernière boîte de bière. Il décida qu'il ne la boirait pas tout de suite. Demain, au moins, au petit matin, elle serait plus fraîche. Il éclata d'un rire nerveux à cette idée.

Non, il n'abandonnerait pas la partie. Il ne pouvait pas mourir d'une manière aussi grotesque. Ses efforts constants pour chasser de son esprit sa situation présente en pensant à son travail ne servaient à rien. Ses pensées retournaient aux journées passées et surtout au vieux.

Il leur avait joué vraiment un sale tour. Qui sait pourquoi ?

Patience. Il ne leur avait apporté que des ennuis mais il finirait bien par payer un jour.

Lorsqu'il crut percevoir le ronronnement d'un moteur qui s'approchait, David Klein se mit sur ses genoux. Il eut peur que ce soit encore une hallucination. Mais pas du tout : laissant un double sillage d'écume blanche derrière lui, un large cabin-cruiser se dirigeait droit sur le pneumatique. Sa coque était d'un bleu bizarre. Sur la proue peint en larges lettres, David lut : "Poséidon". Debout il se mit à rire et à agiter ses bras frénétiquement.

*
* *

La chaleur du soleil sur sa nuque finit par réveiller Jonathan. Il avait dormi sur le ventre, ce qui ne lui arrivait jamais, une joue contre le sol. Il se retourna et s'assit. La mer, devant lui, était bleue, plate et belle et l'astre du jour déjà bien haut dans le ciel.

Il se remémora les événements de la nuit. Ce n'était pas un rêve mais il n'arrivait pas à trouver une explication. Il pensa aux baies qu'il avait mangées. Certes, elles lui avaient parues identiques à celles que mangeaient les pêcheurs locaux mais il avait pu se tromper. Ces baies devaient être nocives et contenir un produit hallucinogène comme certains champignons. Rassuré, il décida de retourner plonger. Il se sentait de nouveau en parfaite condition physique. Il passa toute cette deuxième journée dans l'eau.

En dehors d'une longue et profonde faille qui au Sud du récif paraissait s'enfoncer vers les grandes profondeurs depuis le glacis, et qu'il se promit d'explorer avec les bouteilles qui lui restaient, les fonds étaient fort banals.

Une fois de plus, il soupa de deux énormes langoustes et sourit à l'idée qu'il finirait par détester cette chair blanche qu'il adorait s'il continuait à abuser de ce régime lorsqu'il se sentit de nouveau repris par les mêmes frissons et les mêmes tremblements. La soudaineté de l'attaque le surprit et il essaya de lutter de tout son être contre l'envahissement du délire. La vue déchirée par les traits fulgurants dans le ciel et les tympans brisés par les clameurs et les hurlements, il sombra comme une masse.

*
* *

A sa grande surprise, il se réveilla en forme, le matin suivant, comme si rien ne s'était passé. De nouveau il passa méticuleusement en revue toutes les circonstances de la veille, ce qu'il avait pu manger, boire, toucher ou respirer. Il devait y avoir sur cet îlot un microbe ou un virus qui provoquait ces accès de fièvre subits, quelque chose comme la malaria ou peut-être pire.

Il décida de ne plus consommer autre chose que le reste des provisions du Barracuda. Certes, pas de quoi attraper une indigestion mais il mangerait ainsi en toute sécurité.

Pour s'occuper l'esprit, il reprit ses battues dans l'île. Il visita la cache. Rien n'avait bougé et il se sentit rassuré.

De retour au campement et à la vue de son bi-bouteille, il pensa à la fracture repérée la veille dans le récif.

Il passa sa veste de néoprène, fixa sa dague au mollet, accrocha sa ceinture, puis, après avoir pris son arbalète, plus pour se défendre que pour chasser, il charria son bi jusqu'au bord de l'eau où il s'assit. Il cracha dans le verre de son masque, ajusta les palmes aux pieds, vérifia une dernière fois le détendeur puis endossa ses bouteilles. Il avait déjà oublié tous ses malheurs lorsqu'il se laissa glisser dans l'onde merveilleuse et cristalline. Pour économiser son air il nagea en surface respirant à travers son tuba.

Comme toujours, le contact de l'eau le cingla, lui apportant une joie de vivre intense dont rien à terre ne se rapprochait.

Il prit son temps avant d'arriver au-dessus du coin qu'il avait repéré tout en observant le sable, le long du parcours, à la recherche des traces d'un mouillage récent. En dehors des sillons laissés par les ancres du Barracuda et des empreintes du passage d'étoiles de mer et des holothuries, rien de particulier ne lui apparut.

Arrivé sur son coin, il fut frappé par cette trouée, franche et nette à travers la pente externe de la muraille de corail et qui se perdait dans le Grand Bleu *. Il s'y engagea.

Labres et balistes aux violentes couleurs broutaient de leurs dents pointues au milieu des immenses gorgones ocres ou mauves qui tapissaient les flancs de ce véritable corridor. Le long de la paroi, des centaines de petits serranidae orange cherchaient refuge à son approche dans les bras de colonies d'acroporas ou parmi les longues tiges velues des hydraires tentaculaires.

Troublés, actinies et vers tubicoles se rétractaient d'un geste soudain pour s'épanouir de nouveau, le calme revenu.

Un coup de nageoire furtif et puissant et la masse énorme d'un mérou fila devant lui.

Il le suivit. Le poisson s'enfonçait toujours plus bas. Un court instant Jonathan hésita : il n'avait pas de profondimètre. Il releva la tête vers la surface. Tout en haut son miroir dépoli brillait. Il estima qu'il se trouvait déjà à une trentaine de mètres.

Il continua de descendre vers le fond. Ce passage était trop parfait, trop régulier. Ce canyon vertical ne paraissait pas naturel. Pourtant l'épaisseur de la couche de corail témoignait de son ancienneté.

Les parois se trouaient d'une multitude de renfoncements. De nombreux hôtes s'y blotissaient : langoustes innombrables, murènes tachetées. Presque invisibles, leurs corps hérissés de pointes vénéneuses, rascasses volantes et scorpions des mers le regardaient passer de leurs gros yeux protubérants et faussement indifférents.

---

*. Zone imprécise où la lumière du soleil se confond au bleu des grandes profondeurs.

Le sable qu'il finit par atteindre étendait son impressionnante solitude. Pour la première fois depuis qu'il plongeait Jonathan éprouva une sensation inhabituelle d'hostilité. Au loin des fuseaux sombres s'éloignaient pour se perdre dans l'indigo — des requins — Il aurait mieux valu remonter en restant contre la paroi plutôt qu'en pleine eau. Il préféra céder à la curiosité et explorer le fond comme il en avait d'abord eu l'intention. C'est au moment où il s'en approchait qu'il distingua un peu plus loin l'entrée béante en forme d'arche parfaite d'une imposante grotte sous-marine. Il allait s'y diriger lorsque le son lui parvint. Stupéfait, il s'arrêta de nager. Un sifflement continu paraissait provenir de la caverne. Le souvenir des deux engins oranges vus après leur départ de Lucaya traversa son esprit. Le bruit était identique. Il prit une ampleur soudaine. Il lui remplissait la tête lorsque tout se déforma devant ses yeux. Le rideau de petits poissons chamarrés qui flottaient tranquillement sembla brusquement happé dans une subite et folle farandole. Dans une réaction désespérée, il lutta d'une nage puissante pour échapper au tourbillon dans lequel il se sentit pris. D'un geste instinctif, il largua sa ceinture de plombs et confusément il comprit qu'il s'était dégagé de l'étreinte. Il palma de toutes ces forces pour s'élever. A quelques mètres de la surface, ses réflexes lui dictèrent de marquer un palier.

Les minutes s'écoulèrent dans une demie torpeur. Au moment où l'air commençait à lui manquer, il tira sur sa réserve. Vide. Sans paniquer, il attendit jusqu'à la dernière bouffée, dégagea ses bouteilles. Après avoir vidé complètement ses poumons, il se propulsa comme une flèche. En crevant la surface, il poussa un long cri.

La clarté du soleil et du ciel bleu retrouvé lui donnèrent la force de nager jusqu'à la petite grève. Il aborda à quatre pattes et, en s'appuyant sur un rocher, essayait de se relever lorsque tout son univers bascula.

*
* *

Le sable qu'il faut pour atteindre cet [illegible] … Pour la [illegible] … [illegible] pour se [illegible] …

[illegible] plutôt en [illegible] … en [illegible] … un peu plus loin [illegible] … [illegible]

[illegible] la fin [illegible] … de la surface [illegible] …

[illegible] Après avoir [illegible] … le [illegible]

La suite [illegible] …

[illegible]

CHAPITRE VINGT-TROIS

Dans la brume épaisse, sur la mer étale, encalminée depuis plusieurs jours, la "Santa Isabella" agonisait. A la proue, le beaupré dressait un moignon de bois brisé. Le tillac n'était qu'un enchevêtrement de vergues cassées, de voiles déchirées et de haubans entremêlés après la chute du mât de misaine.

Depuis la tourmente horrible et subite du cyclone, le lourd galion mourrait lentement, frappé d'une étrange fièvre pernicieuse.

Des ombres furtives circulaient encore sur le pont parmi les corps en putréfaction des passagers, des membres de l'équipage et des esclaves frappés par l'épidémie. La coque pansue faisait eau de toutes parts et les derniers marins envoyés pour manœuvrer les lourdes pompes dans la sentine, s'étaient écroulés depuis longtemps. Le vaisseau dérivait, poussé par les courants, vers les récifs et les hauts-fonds que l'homme de veille, tout au bout de l'étrave, dans sa barrique, avait décelés avec sa sonde avant de se jeter à la mer dans un dernier cri.

Impuissant à se l'expliquer, Jonathan assistait, lucide et tous les sens exacerbés, à cette scène échappée du passé et qui pourtant se déroulait dans son présent sous ses yeux.

Une série de craquements et d'éclatements sinistres, le navire heurtait les affleurements de coraux. Dans le fracas des bordages qui s'arrachaient, des voix, mêlées à des cris de désespoir et des prières, hurlaient des ordres en espagnol. Des ricanement et des chants incompréhensibles dominaient le vacarme. Ceux-là même qu'il avait entendu sur l'île.

Un tourbillon d'eaux en furie s'ouvrait devant le navire naufragé, entraînant dans son mouvement morceaux de bois, cadavres, épaves de toutes sortes. Inexorablement la "Santa Isabella" était drainée puis happée par les courants tournoyants.

A son tour Jonathan se sentit saisi. Il se débattit. Insidieusement le mouvement s'accélérait. Désespérément il tenta de nager afin d'échapper à cette spirale mortelle. Il commençait à étouffer. Il allait lui aussi se noyer. Disparaître avec tous ces damnés. Loin, très loin dans sa mémoire, il revit le visage de Jerry. David avait deviné. Il aurait dû l'écouter : le vieux était maudit...

DAVID !!!

*
* *

— Hey... Jon !

Jonathan se releva péniblement en s'appuyant sur un coude. Il se passa la main sur le visage.

David était là et lui souriait.

— David... Dave... tu es revenu.

— Mais oui. Et je ne suis pas seul.

La voix forte et un peu stridente lui fit mal aux oreilles. Il se releva légèrement : Linda ! C'était bien elle debout devant lui. Il nota instantanément son short ultra court et cette apparition soudaine des longues jambes nues jusqu'au haut des cuisses acheva de le réveiller.

— Jon... pauvre Jon !

Elle avait toujours cette voix de gorge, chaude et sensuelle. Il lutta contre le vertige et réussit à se remettre sur pieds.

Légèrement en retrait, un type immense et barbu, les mains appuyées sur le haut des cuisses, solide sur ses jambes légèrement écartées, le dévisageait, un demi-sourire esquissé dans les rides profondes de son visage de baroudeur.

— Je te présente Mark. C'est lui qui m'a repéché et qui nous a ramenés ici.

La voix de David lui parvenait dans un brouillard de sons et d'impressions. Il esquissa un signe de tête que l'autre lui rendit.

— J'ai eu de la fièvre, beaucoup de fièvre et du délire.

— Pauvre Jon, répéta Linda en le prenant par un bras. Je... nous allons te remettre en forme. Elle se colla à lui pour mieux le soutenir. Pour une fois, son parfum, loin de l'étouffer comme jadis, lui insuffla un regain de force.

Il essaya de faire quelques pas mais tituba. Les deux autres se précipitèrent, pour le soutenir. C'est à ce moment-là qu'il prit brusquement conscience de la masse puissante et de la force du nouveau venu. Celui-ci l'avait saisi par un poignet et il ressentait l'étau de sa main qui s'était refermée.

— Ça ira. Jonathan regarda sa montre de plongée. Elle s'était arrêtée.

— Quel jour sommes-nous ? »

— Le 24, lui répondit David. Je t'ai quitté le 16.

Jonathan secoua lentement la tête. Il était resté au moins cinq jours dans cet état comateux.

Il commença à raconter ce qui lui était arrivé mais David l'interrompit immédiatement.

— Ne t'excites pas, Frenchy. On va aller à bord. Un bon café te fera du bien.

***

— Bienvenu sur le "Poseïdon", Monsieur Larue.

Jonathan sursauta. Ce géant connaissait donc son nom. En soi cela pouvait n'avoir rien d'étonnant, les autres avaient dû l'en informer. Mais cette manière cérémonieuse ! Il n'aimait pas ça. Et, réflexion faite, il n'aimait pas ce type non plus. Il le jaugea. Bien deux mètres ! Les muscles des biceps que révélait le polo à manches courtes laissaient pressentir une force dangereusement au-dessus de la moyenne. Il paraissait sûr de lui et riche, à en juger sa manière de s'habiller. C'était dans tous les cas un personnage inquiétant. Il se demanda soudain s'il n'allait pas représenter cet obstacle final qu'il redoutait toujours : l'épreuve que lui réservait chaque fois, tout près du but, un destin malin qui ne lui avait jamais jusqu'ici fait la moindre concession.

***

Tout, à bord de ce yacht, équipé pour la pêche au tout-gros, respirait l'aisance et le luxe. Dans le salon richement décoré de cuir et d'acajou, Jonathan se restaurait devant un breakfeast copieux préparé par Linda. Il savourait ses œufs au bacon et ses toasts beurrés tandis qu'il échangeait des précisions avec les autres sur leurs aventures réciproques.

David expliquait comment il avait abandonné tout espoir d'échapper à une horrible mort par inanition lorsque le "Poseïdon" avait brusquement surgi comme par magie. Jonathan jeta un regard vers le géant qui souriait vaguement.

— Il y avait pourtant longtemps que je vous avais repéré, dit celui-ci.

— Moi, par contre, je n'avais absolument rien remarqué.

David se tourna vers le Louisiannais et poursuivit :

— Mark est d'origine grecque.

— Crétoise.

— Oui. C'est ce que je voulais dire. Il est armateur et vit en ce moment à Miami. Il a deux passions : la pêche au tout-gros et sa collection d'antiquités marines. D'ailleurs, tu vois ça ? David pointa son index vers une fresque polychrome représentant des dauphins joueurs. C'est du vrai, pas du toc !

Un déclic dans son subconscient alerta Jonathan.

Il s'arrêta de mâcher.

— Vous n'êtes pas chasseur d'épaves par hasard ?

— D'épaves ? Non.

— De trésors alors... si vous préférez.

— Je ne vois pas ce que vous voulez dire. Pour moi, tous les objets ont la même valeur. Qu'ils soient d'or ou de plomb.

Le géant ostensiblement le narguait.

Linda, consciente de l'hostilité spontanée entre les deux hommes intervint.

— Mark, voyons... Jon est encore fatigué. Ce n'est pas le moment de le chatouiller avec vos subtilités !

Elle s'était penchée vers le Crétois et Jonathan crut surprendre un regard complice. Elle devait coucher avec lui. Il en était certain. Il lisait dans le regard des filles comme dans un livre et connaissait celui de Linda par cœur.

La voix de David l'arracha à son animosité.

— Et toi, Frenchy, donne-nous un peu plus de détails.

Jonathan se secoua. Il fallait qu'il reprenne le contrôle de ses nerfs. Il revint sur les circonstances qui avaient précédées sa fièvre et s'étendit sur les bruits et les sensations qui l'avaient assailli durant deux nuits consécutives. Lorsqu'il en vint à sa dernière plongée, à l'instant où, devant la grotte, il allait remonter en catastrophe, il remarqua le sourire condescendant du Crétois.

— Vous avez été imprudent, Monsieur Larue. C'est un cas de narcose classique. Il se tourna vers David puis vers Linda qui buvait ses paroles : ivresse des profondeurs, si vous préférez. Vous n'auriez jamais dû descendre si profond dans l'état où vous étiez !

Jonathan l'interrompit : — Si profond ! qu'est-ce que vous en savez ?

— Ce n'était qu'une simple supposition.

Jonathan se tut, sans quitter son vis-à-vis des yeux. Il était certain d'y avoir vu une lueur de dédain amusé.

C'était vraiment un homme dangereux...

Une idée germa brusquement dans son esprit. Le hasard n'était probablement pour rien dans le fait que cet homme et son bateau se soient trouvés dans leurs parages et au moment propice.

CHAPITRE VINGT-QUATRE

L'annexe pneumatique filait vers l'île, laissant derrière elle le Poseïdon.

— Tu aimes vraiment ce type ? demanda Jonathan.

— Pourquoi pas ? Il est très connu à Miami. Il est très riche. Armateur, il construit aussi des bateaux. On dit qu'il a plus de milliards qu'Onassis lui-même.

— Moi, il ne m'impressionne guère.

— Tu as toujours été méfiant, n'est-ce pas Frenchy ?

— Si tu veux... Mais, tu le laisses seul avec Linda ?

David souriait bizarrement.

— Non rien... je pensais seulement.

— Tu pensais de travers, mon vieux... car c'était ça ou rien. Je ne vois d'ailleurs pas comment nous aurions fait, toi et moi, pour retourner seuls à la cache. Il faut bien que les bonnes femmes nous servent de temps en temps à quelque chose. Il ne nous aurait jamais lâchés, si je ne lui avait pas refilé Lindy.

Jonathan regarda son ami.

— Tu as drôlement changé David.

— Ouais. J'ai appris beaucoup de choses à ton contact. Et pas les plus belles ! Ils éclatèrent de rire. Ils se sentaient unis dans cette complicité. Ils coururent pour franchir la distance qui les séparait de leur cache, et pénétrèrent dans le trou obscur avec précipitation.

Le coup cette fois-ci fut très dur : le trésor n'était plus là !

Les deux hommes sortirent. Livides, malgré leur hâle. Sans un mot, pétrifiés, ils cherchèrent une trace susceptible de les éclairer. Il fallait se rendre à l'évidence : la chose était incroyable. Ils avaient été refaits.

Les richesses fabuleuses qu'ils avaient amassées s'étaient envolées. Le sol de la cachette, sous le faisceau des torches, apparaissait tel qu'il était avant qu'ils ne le creusent, avec ses cailloux, ses coquillages, ses brindilles et feuilles poussées par le vent.

— C'est de la sorcellerie, du maléfice ! David bredouillait.

Ils se regardaient sans comprendre. Sans oser comprendre. David recula, cherchant à se rapprocher d'une des carabines qui dépassait de dessous la toile qui leur avait servi de tente.

— Jon ! tu es un vrai fils de pute. Je m'en doutais. Je m'en suis toujours douté : tu étais de combine avec ton sale Boche !

Jonathan se déplaça pour lui barrer le chemin.

— Ne fais pas l'idiot, Dave. Tu es fou ! Je n'y suis pour rien. Comment aurais-je pu dans l'état où j'étais ? D'ailleurs, je pourrais penser la même chose de toi.

Ils entreprirent une fouille minutieuse de l'îlot, mais en vain.

Le travail avait été effectué avec raffinement ou relevait du prodige. Après avoir effectué le tour complet, ils se retrouvèrent sur la petite plage. Ils ressentirent une impression d'impuissance et de ridicule.

— Christ... christ ! répétait le Louisiannais à voix basse. Il ouvrait et fermait rageusement ses poings, jouant de ses muscles puissants sous son T shirt blanc.

— Si c'est Jerry, je le retrouverai tôt ou tard et je lui ferai la peau. Il était pourtant convaincu du contraire. Comme eux, le vieux avait dû être la victime de cette immense et inexplicable farce.

En dernier ressort, ils décidèrent d'effectuer une plongée sur le chantier de leur découverte. Là non plus rien ne transparaissait de leur récente et fébrile activité. Entonnoirs et tranchées ouvertes par la lance à jet avaient disparu. Le corail lui-même était intact. C'était comme s'il ne s'était jamais rien passé ! Comme s'ils avaient fait un mauvais rêve. Le même mauvais rêve... ensemble !

*
* *

Linda, qui les attendait à la coupée, comprit tout de suite à leur air que tout était loin d'aller pour le mieux. Dans leur cabine, mise au courant hâtivement par David, elle le couvrit de sarcasmes et d'injures et seule l'arrivée de Jonathan coupa court à l'orage. Il les incita au calme, les adjurant de ne considérer que les faits. Leur butin avait disparu. Si cela constituait une énigme tant la subtilisation avait été parfaite, il refusait d'envisager une intervention autre qu'humaine. La rage au cœur, ils convinrent d'une attitude à adopter afin d'éviter de se trahir devant leur hôte.

— Retournons à Miami, dit Jonathan. Rien n'est fini.

Nous pouvons revenir et continuer nos fouilles. Il y a certainement encore beaucoup à sortir. Il manque d'ailleurs un disque. Même tout seul il représente une fortune. Tu dois te souvenir, Dave, Jerry nous a affirmé qu'il devait y en avoir encore un.

David l'interrompit brutalement :

— Comment peux-tu parler de ce salaud. Tu ne vois pas qu'il est la source de tous nos problèmes ?

Jonathan se tourna vers Linda pour la prendre à témoin, un sourire forcé sur les lèvres. Avant qu'il ne puisse prononcer un mot, elle lui tourna le dos.

— Tais-toi !... tu me fais pitié.

Il pâlit sous l'injure et la saisit brutalement par le bras pour la gifler lorsqu'un coup sec retentit sur la porte de la cabine. Elle s'ouvrit livrant passage à la masse impressionnante du propriétaire du "Poseïdon". Il souriait.

— Si tout le monde est prêt, dit-il nonchalamment. Nous levons l'ancre.

*
* *

La journée s'annonçait éclatante. Le soleil radieux transperçait les eaux turquoises. Bientôt, la couronne verdoyante de Guinchos Cay s'estomperait définitivement par bâbord arrière.

Les trois hommes s'étaient réunis dans le poste de pilotage.

Linda s'était retirée. Mue par on ne sait quelle intuition féminine, elle avait préféré s'isoler sur la plage arrière et parfaire son bronzage.

David avait allumé son cigare.

Il s'était installé dans le meilleur fauteuil. Jonathan, penché sur la table à cartes, étudiait la route du retour. Le Crétois tenait la barre. Sa voix de basse rompit le silence qui régnait depuis un moment.

— Je passe en pilotage automatique, cela ne vous ferait rien de jeter un coup d'œil de temps à autre ?

Jonathan grommela un vague acquiescement. Il y eu un claquement sec de manette enclenchée.

La haute silhouette de leur hôte s'apprêtait à disparaître au-delà des trois marches menant aux cabines lorsque la voix du Louisiannais l'arrêta net.

— Mark. Je regrette... mais j'ai une question à vous poser.

David leva les yeux. Ce ton glacial de Jonathan qu'il avait appris à connaître ne laissait rien présager de bon.

— Oui... plaît-il ?

— Cet objet... là. Où l'avez-vous trouvé ?

— Oh ça !...

D'une enjambée, il avait remonté l'escalier et rejoint Jonathan.

David s'était levé précipitamment.

Jonathan tenait à la main un petit pendentif. Il l'agitait et son métal châtoyait des couleurs de l'arc-en-ciel.

Sur le rebord plat en bois vernissé qui courait sous les ouvertures vitrées du poste avant, le petit écrin d'où Jonathan l'avait sortie, était ouvert. Une plaque, à l'intérieur du couvercle, portait un nom : GIORGIOS MARKANTAKIS.

— Oui, ça, comme vous dites ! Le Louisiannais tendit le bijou à David. Regarde bien, Dave, elle ne te dit rien ?

David s'en saisit. Il remarqua tout de suite la double spirale finement gravée sur une face et le curieux motif formé des deux dauphins en tête-bêche.

C'était exactement le pendentif dont leur avait parlé si souvent le vieux.

— On dirait tout à fait notre pièce en orichalque, fit-il. Sa voix tremblait légèrement. Il se tourna vers son sauveteur.

— Mark... c'est quand même curieux. Notre skipper, celui qui a disparu avec mon bateau, nous en a décrit une qui ressemble point par point à celle-ci. Pas une fois, cinquante fois... Il la portait en médaillon autour du cou. Elle lui a quand même été inexplicablement volée. Il dormait dans une chambre d'hôtel, la porte fermée au verrou de l'intérieur. Quand il s'est réveillé, le matin, il ne l'avait plus.

— Oui, c'est exactement ça ! Jonathan fit un large pas pour s'éloigner de la cloison. Les deux hommes se regardaient maintenant droit dans les yeux.

— Et d'après lui, c'était une pièce tout à fait exceptionnelle. Unique même.

— Effectivement !

— Effectivement ! qu'est-ce que vous en savez ? Jonathan jeta un bref coup d'œil à David qui, en réponse, se rapprocha de lui.

Le grand Crétois redressa le torse. Il croisa les bras donnant encore plus de relief à ses biceps noueux. Derrière la barbe touffue et les épaisses arcades sourcillières, une lueur amusée brillait au fond de ses yeux.

— Je vais vous surprendre, dit-il, je connais cette pièce dans ses moindres détails. Pour la bonne raison qu'elle m'appartient. En fait c'est votre ami qui me l'avait volée.

— Vraiment ! C'est donc bien la même. Jonathan fit un bref signal à David pour qu'il se tienne en alerte. Tout devient clair David, tu ne crois pas ? Jerry et ton sauveteur occasionnel se connaissent. Et cela, depuis longtemps ! N'est-ce pas, Monsieur Markantakis ?

— Si vous parlez du Kaptan Leutnant Kurt Müller, alias Herman Schmidt, alias Peter Braun, alias Jerry, bien sûr que je le connais, et beaucoup mieux qu'il n'a jamais pu s'en douter.

Il riait maintenant. Franchement. Comme d'une bonne et énorme farce.

— ... malheureusement il a toujours eu un grave défaut qui lui a coûté cher : il était trop curieux !

Jonathan l'interrompit avec hargne :

— Que voulez-vous dire ? A quoi jouez-vous ? Le capitaine Müller est-il mort ou vivant ? Sans répondre, leur hôte, de toute sa masse impressionnante, s'éloigna de quelques pas vers la porte du poste grande ouverte. Il eut l'air de réfléchir un bref moment en regardant la mer au loin. Puis il fit volte face. Les deux mains dans les poches il les dévisagea calmement :

— Vous aimeriez bien savoir. Eh bien disons qu'il est ailleurs !

— Il nous prend pour des idiots.

Jonathan fulminait : Ou Jerry était encore vivant et les deux étaient de mèche, ou bien ce salaud l'avait tué et avait tout gardé pour lui-même. De toute manière, il n'allait pas s'en tirer comme ça. Il fallait qu'il parle ! Et tout de suite ! Comme s'il avait lu dans sa pensée, l'autre reprit la parole.

— Il y a heureusement des niveaux de connaissance qui vous sont interdits à vous autres profanes. Curiosité et cupidité destructives mènent votre petit monde. J'avais mis Müller en garde il y a bien des années, comme je vous mets en garde aujourd'hui.

— Ne vous fatiguez pas avec vos sermons. Vous me rappelez Jerry. Je sais reconnaître un truand quand j'en vois un. Dave ! ne cherche plus... c'est lui notre voleur. Jonathan ne quittait plus son adversaire des yeux. Tendu et vigilant celui-ci avait perdu toute trace de sa bonhommie.

Le Louisiannais s'avança imperceptiblement. Il frapperait le premier avant que ce géant n'ait le temps de réagir.

Il ne put mettre son plan à exécution. L'autre d'un geste vif avait déjà dégagé de sa poche un revolver à canon court. Il le braqua sur les deux hommes.

— Doucement, pas de gestes idiots. De toute façon vous ne seriez pas de force.

Il recula d'un grand pas pour mieux les couvrir.

— C'est vous qui allez me rendre des comptes. Vous êtes

venu piller sans vergogne, vous emparer impunément de richesses millénaires. Vous avez toutes les audaces, comme les autres ! Mais j'étais là. Tout le temps. Dans l'ombre de Müller, puis dans la vôtre.

Le Smith et Wesson pointé sur David et Jonathan allait de l'un à l'autre.

— La Mer restera intacte. Malheur à ceux qui la touchent. Aux misérables pilleurs d'épaves, malheur aux technocrates et scientifiques qui s'apprêtent à l'immoler au nom d'une pseudo conquête de ses richesses et de ses réserves ! Elle est notre dernier espace sacré. Notre matrice originelle à tous. La fin de votre vermine, de toute manière, est là proche, toute proche... Il ne put continuer.

En un demi-tour fulgurant sur lui-même, Jonathan, lancé de toute sa puissance voulut d'un coup de pied désarmer le géant.

Mais il ne frappa que le vide. Déséquilibré, il tituba. Il chercha à se redresser mais une sensation de lourdeur l'envahit. Il suffoqua. A court d'air. Comme à Guinchos Cay.

Le Crétois qui lui apparaissait à travers un brouillard laissa tomber dédaigneusement le 38 sur la moquette.

— Vous avez vraiment cru pouvoir faire quelque chose contre moi. J'ai utilisé cette arme ridicule pour vous mettre à l'épreuve, vous pousser dans vos derniers retranchements, découvrir vos véritables réflexes, votre véritable nature. Vous êtes courageux. Dommage. Vraiment dommage...

La voix retentissait comme autant d'éclats aux oreilles de Jonathan. Il essaya de lutter. Brasser ses forces. Il se tourna vers David.

A genoux, la bouche ouverte, les mains étreignant sa gorge, Dave était au bord de l'asphyxie.

Une impression de fatigue écrasante s'empara de Jonathan et sa vision devint de plus en plus trouble. Une main gigantesque semblait maintenant lui serrer l'épaule et il en ressentait l'étau implacable.

— Mais vous, qui êtes-vous donc ? parvint-il à prononcer.

L'air dans ses poumons était devenu du feu. Avant de sombrer dans un vortex sans fin les mots lui parvinrent lointains et distincts à la fois :

— Je suis le dernier des Dix Rois de la Mer.

*
* *

Linda se demanda pourquoi aucun des hommes ne s'était encore montré sur le pont. Voilà maintenant deux bonnes heures qu'elle était allongée au soleil.

Elle décida que le moment était venu de faire sa réapparition. D'un gracieux mouvement elle se remit debout. Devant la cabine de pilotage, elle passa la tête par l'un des hublots. La cabine était vide.

Stupéfaite, regardant la barre, elle appela David.

Sans réponse après plusieurs essais, Linda s'impatienta. La plaisanterie était stupide. S'ils voulaient l'effrayer, elle ne leur donnerait pas cette satisfaction. Elle retourna sur le pont et se pencha par-dessus la rambarde. Le vent jouait avec les longues mèches de sa chevelure flamboyante.

Son premier étonnement finit par se transformer en irritation. C'était vraiment ridicule de voir trois hommes adultes jouer comme des gamins.

Dix minutes plus tard ce fut une peur panique. Linda était passée dans tous les postes. Elle avait fouillé tous les recoins. Jusqu'à la salle des moteurs.

Fébrile, de retour dans le poste de pilotage, elle fut saisie d'une idée subite. Elle souleva d'un coup sec la manette des gaz. Moteur coupé brutalement, le Poséidon plongea du nez. Le tremblement qui le traversa la força à s'accrocher à la barre. Si c'était vraiment une plaisanterie, ils se précipiteraient pour le remettre en marche.

Mais personne n'apparut. Affolée, elle se livra frénétiquement à une deuxième inspection mais sans plus de résultats. Linda retourna au grand salon. Ses lèvres tremblaient et elle pleurait. Elle se mit à hurler les noms des trois hommes. Des dizaines de fois. Sa voix devenait de plus en plus perçante.

En proie à une crise de rires et de pleurs hystériques elle finit par s'écrouler à l'extérieur sur le pont de teck, définitivement inconsciente.

EPILOGUE

Crète, automne 1973

Il faisait encore chaud en cette belle journée de mi-novembre et le soleil généreux inondait de ses rayons brûlants les murs de la vieille forteresse vénitienne et l'ensemble du vieux port pittoresque d'Hérakleion.

Face au débarcadère, étalées dans un désordre sympathique, tables rustiques, chaises et tabourets modestes, sur toute la largeur du fronton de mer, étaient occupés par le petit monde gesticulant et bruyant des habitués de midi.

Se balançant nonchalamment sur l'un des sièges, les mains derrière la tête, un homme s'étirait de toute sa taille immense.

Son regard semblait flotter par-delà l'agitation et les badauds. Il contempla un moment ses souliers puis allongeant complètement ses longues jambes, il posa un pied sur l'autre. Sans presque bouger, il tourna sa tête barbue vers le fond de l'établissement.

– Zé dit-il, tu pourrais me trouver un cireur ?

Un homme sortit de derrière son comptoir, un torchon propre jeté par-dessus une épaule. Petit, mais trappu, la fatigue de l'âge l'avait marqué et son visage ravagé de rides profondes portait la trace des longues années passées au contact de la mer.

– Je t'amène ton courrier, Giorgios. Tout des USA.

– On ne doit pas souvent t'appeler Zé par ici. Au fait cela fait combien de temps que tu es revenu en Crète ?

Bientôt trente ans que j'ai quitté Marseille... Je croyais te l'avoir déjà dit. Et toi, Giorgios, où étais-tu passé depuis cette nuit mémorable. Tout ce temps là et tu n'as pas changé ! C'est même extraordinaire ! Tu as l'air d'avoir toujours le même âge. Tu n'aurais pas fait un pacte avec le diable, par hasard ?

Une note de déférence en même temps que de légère appréhension transperçait dans sa voix.

— Avec le Diable, non ! Le géant le fixa. Malgré sa barbe épaisse et ses traits durs, une profonde affection s'exprimait dans son visage.

— Zé... Ce n'est pas le temps qui passe, mais les hommes et pas toujours de la même façon...

Giorgios s'était plongé dans la lecture des journaux qu'il venait de recevoir pendant qu'un petit cireur à peine arrivé, s'activait.

Il en parcourait rapidement les titres lorsque son attention fut attirée par l'un d'entre eux s'étalant sur trois colonnes du MIAMI HERALD.

Il se mit à le lire et une lueur amusée brilla dans son regard.

NOUVELLES ET MYSTERIEUSES DISPARITIONS DANS LE TRIANGLE DES BERMUDES.

Une vedette des Coast Guards, le 28 octobre dernier, a trouvé le yacht Poseidon flottant à la dérive dans le Gulf Stream. Il n'y avait qu'une seule personne à bord. En grave état de choc Mme Linda Klein raconta plus tard à l'hôpital de Miami une bien étrange histoire.

D'après elle il aurait dut y avoir aussi à bord trois autres passagers : le propriétaire, M. Mark Antakis, un énigmatique armateur grec résidant provisoirement en Floride et recherché par l'Interpol, M. David Klein, son mari, fameux producteur à la Télévision de Miami, et le Louisiannais Jonathan Larue, spécialiste de plongée sous-marine.

Aucun des trois n'a encore été retrouvé, mais une enquête préliminaire a permis d'établir certains faits. Le mois dernier MM. Larue et Klein étaient partis à bord du bateau de ce dernier, piloté par un certain Capitaine Kurt Müller, pour une croisière dans les Bahamas.

Aux dires de Mme Klein, M. Müller aurait abandonné ses deux compagnons de voyage sur un îlot au Nord de Cuba en s'emparant du bateau.

Il fut décidé qu'un seul des deux naufragés, M. Klein, quitterait l'îlot à bord du dinghy pour aller chercher de l'aide.

Deux jours plus tard, à la dérive, il fut secouru par M. Antakis qui pêchait à bord de son yacht qu'il ramenait justement à Miami pour y faire des provisions. Là, Mme Klein se joignit au groupe qui repartit tout de suite pour sauver M. Larue qu'ils retrouvèrent seul et dans un état critique.

Le groupe appareilla de nouveau pour la Floride et c'est durant le voyage que Mme Klein constata, au réveil d'une longue sieste que les trois hommes n'étaient plus à bord.

Entre temps, on se perd en conjectures sur les circonstances et les raisons de cette quadruple disparition en deux épisodes...

— Sic transit, murmura le géant. Son visage était redevenu sérieux. Zé, appela-t-il d'une voix forte, apporte-nous une bouteille de Retsina. Ton meilleur. On trinquera ensemble. Son regard s'abaissa vers le petit cireur.

— Combien je te dois, mon garçon ?

Il avait sorti une poignée de pièces de sa poche. Dans le creux de son énorme main, au milieu du lot, apparaissait une plaquette châtoyante. Le jeune cireur s'en empara.

— Qu'est-ce que c'est que ça M'sieu ?

Avisant le motif des dauphins, il ajouta : Un souvenir ? Tu me le donnes ? Comme ça, tu m'auras payé !

Soulevant un pied, puis l'autre pour apprécier le travail, son impressionnant client se tut un moment. Puis il se leva d'une manière qui parut interminable au jeune garçon accroupi près de sa boîte à cirage.

— Tiens ! et qu'à toi, elle puisse porter chance...

Il eut un rire bref et il ajouta, presque pour lui-même :

— De toute manière, cela n'a aucune valeur... C'est de l'orichalque !

Achevé d'imprimer le 27 avril 1989
sur les presses de l'Imprimerie A. ROBERT
116, boulevard de la Pomme - 13011 Marseille
pour le compte des Editions Jeanne LAFFITTE
25, cours d'Estienne-d'Orves - 13001 Marseille